AI 시대,
예술가처럼 경영하라

AI 시대, 예술가처럼 경영하라

초판 1쇄 발행 2025년 8월 15일

지 은 이	서광일
발 행 인	권선복
편 집	권보송
디 자 인	김소영
전 자 책	서보미
발 행 처	도서출판 행복에너지
출판등록	제315-2011-000035호
주 소	(07679) 서울특별시 강서구 화곡로 232
전 화	0505-666-5555
팩 스	0303-0799-1560
홈페이지	www.happybook.or.kr
이 메 일	ksbdata@daum.net

값 30,000원
ISBN 979-11-993921-1-3 (93320)

Copyright ⓒ 서광일, 2025

* 이 책은 저작권법에 따라 보호받는 저작물이므로 무단전재와 무단복제를 금지하며, 이 책의 내용을 전부 또는 일부를 이용하시려면 반드시 저작권자와 〈도서출판 행복에너지〉의 서면 동의를 받아야 합니다.
* 잘못된 책은 구입하신 곳에서 바꾸어 드립니다.

도서출판 행복에너지는 독자 여러분의 아이디어와 원고 투고를 기다립니다. 책으로 만들기를 원하는 콘텐츠가 있으신 분은 이메일이나 홈페이지를 통해 간단한 기획서와 기획의도, 연락처 등을 보내주십시오. 행복에너지의 문은 언제나 활짝 열려 있습니다.

AI 시대, 예술가처럼 경영하라

서광일 지음

**35년
예술현장의
노하우
예술가를 위한
예술경영 가이드**

〈프롤로그〉
AI 시대,
예술가처럼 경영하라

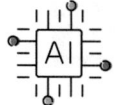

시간은 참 빠르게 흐른다. 1986년 처음 장구채를 잡았다. 그때 풍물은 민주화의 '수단'이었다. 1990년대 풍물은 먹고 살기 위한 '생존'이었다. 전통연희단 잔치마당을 창단할 때만 해도 이 길을 35년 넘게 걸어가리라 생각하지 못했다. 저자는 35년 동안 예술현장에서 창작과 기획, 교육과 경영을 병행하며 무(無)에서 유(有)를 만들어내는 고된 여정을 이어왔다.

아무것도 없는 상태에서 단체를 만들고, 공연장을 운영하며, 콘텐츠를 기획하고, 해외에 진출하기까지 모든 과정이 처음이었다. 시행착오는 수없이 반복되었고, 참고할 만한 가이드도 없었다.

그 시절, 지금과 같은 실전 예술경영 지침서가 있었다면 잔치마당은 더 빠르게 성장하고, 더 넓은 무대로 나아갈 수 있었을 것이다. 이 책은 그 아쉬움에서 출발했다.

예술과 경영은 결코 대립하지 않는다. 창작의 자유를 지키기 위해서는 경영의 구조가 반드시 뒷받침되어야 한다. 저자는 지난 35년간 현장에서 그 사실을 온몸으로 체감했다. 이 책은 그 경험을 농축해, 더 많은 예술가가 시행착오를 줄이고 예술경영의 길을 단단하게 걸어가길 바라는 마음으로 집필되었다.

예술경영은 감성과 전략이 결합된 실천의 기술이다. 예술은 감동을 창조하는 행위지만, 감동만으로는 지속될 수 없다. 창작은 자유에서 시작되지만, 지속과 확장은 체계적 구조 속에서 완성된다. AI 기술이 예술의 창작 방식, 유통 경로, 소비 형태를 빠르게 바꾸고 있는 지금, 예술은 더 이상 고립된 표현이 아니다. 기술, 시장, 사회와 유기적으로 연결된 생존 전략의 일부가 되었다.

이 책은 이러한 변화 속에서 예술가가 어떻게 살아남고 성장할 수 있는지를 현장의 시선으로 풀어낸 실천적 해답이다. 35년간 전통예술 현장을 이끌어온 저자가 예술가이자 기획자, 경영자로서 체득한 경험을 바탕으로, 도전과 실패, 그리고 생존의 노하우를 사례 중심으로 담았다. 감성과 전략이 조화를 이루며 예술경영이 실천될 수 있음을 보여주는 기록이다.

AI 시대, 이 책은 세 가지 중요한 질문에 대한 답을 찾고자 한다.

첫째, 예술적 가치는 어떻게 가격 경쟁을 뛰어넘는 힘이 될 수 있는가? 감동을 중심에 둔 예술이 어떻게 시장에서 설득력 있는 구조로 전환될 수 있을까.

둘째, 예술단체는 빠르게 변하는 시장에서 어떻게 지속 가능성을 확보할 수 있는가? 예술성과 운영 전략, 디지털 전환과 사회적 역할은 어떻게 조화를 이룰 수 있을까.

셋째, 다양한 제도와 공공 지원은 예술가의 성장을 위해 어떻게 전략적으로 활용되어야 하는가? 예술가는 행정과 제도를 단순한 수단이 아닌 생존의 자원으로 바꿀 수 있을까.

AI는 예술의 표현 방식을 바꾸고 있다. 자동 작곡, 이미지 생성, 관객 분석 등 기술은 예술의 도구이자 경쟁자가 되었다. 이제 예술가는 감성뿐 아니라 구조와 전략을 갖춘 실천가여야 한다. 이 책은 예술가가 스스로 기획하고 운영하며 살아남기 위한 감각과 기술을 담았다.

이 책은 총 7장으로 구성되었다. 예술과 경영, 공연제작, 공연장 운영, 창작 콘텐츠 개발, 재원 조성, 지원사업 전략 등 예술경영의 핵심 영역을 중심으로 실무적 해답을 제시한다. 각 장은 독립적 주제를 다루면서도 하나의 연결된 흐름을 이룬다. 결국 예술가는 스스로를 경영해야 지속할 수 있다. 이 책은 그 배움의 출발점이다.

1장은 예술가가 왜 경영을 배워야 하는지를 설명한다. 고객 중심 사고, 상상력과 전략의 통합, 브랜드화, 지속 가능성, 사회적 책임, 기술 변화 대응이라는 여섯 가지 원칙을 제시한다.

2장은 예술가가 왜 운영자여야 하는지에 대한 이유와, 예술과 시장의 접점을 찾기 위한 전략, 자생력 있는 조직 운영의 실제 방법을 다룬다.

3장은 창작 국악극 〈금다래꿍〉의 사례를 중심으로, 콘텐츠 기획부터 브랜드 확장, 교육 연계, 글로벌 진출까지 창작물이 하나의 시스템으로 성장해 가는 과정을 보여준다.

4장은 예술공간 운영의 현실과 가능성을 조명한다. 전통예술극장을 중심으로 지역과 관객을 연결하고, 창작과 교육, 수익과 복지를 통합한 운영 전략을 담았다.

5장은 환경과 예술을 융합한 '온고作신 Re-sign 프로젝트'를 통해 사회적 메시지를 담은 창작, 전시, 기업 협업 사례를 소개하며 예술의 공공성과 확장 가능성을 강조한다.

6장은 예술단체가 지속 가능성을 확보하기 위한 다양한 재원 조성 전략을 다룬다. 공공기금은 물론, 크라우드펀딩, 기업 협력, 굿즈 제작, 사회적기업 운영 등 다양한 수익 모델을 제시한다.

7장은 문화예술 공모사업의 기획부터 정산까지의 과정을 체계적으로 안내하며, 행정을 창작을 위한 도구로 활용하는 전략을 제시한다.

총 23개의 현장 사례, 28개의 실전 TIP, 10개의 에피소드, 38개의 지원기관 리스트, 75권의 예술경영 참고서적이 수록되어 있으며, 이는 모두 예술가가 직접 활용할 수 있는 실무형 자료로 구성되었다.

예술가는 더 이상 창작만으로 생존할 수 없다. 운영, 재정, 마케팅, 조직 관리, 제도 활용까지 아우르는 통합적 경영 감각이 필수다. 이 책은 감성을 지키면서 구조를 설계하고, 예술의 가치를 시장과 사회에 실현하고자 하는 이들에게 구체적인 전략과 방법을 제공한다.

예술가를 꿈꾸는 학생, 현장에서 고군분투하는 예술가, 공공 예술행정을 기획하는 담당자, 창작과 운영 사이에서 고민하는 기획자 모두에게 이 책은 실행의 지침이자 전략의 나침반이 될 것이다.

예술은 표현이지만, 지속은 경영이다. AI 시대, 예술가가 경영의 감각을 갖추는 일은 선택이 아니라 생존의 조건이다. 이 책은 감성과 전략, 이상과 실천을 연결하는 새로운 시대 예술가들의 실천 가이드북이다.

나아가 현실 기업인들에게도 이 책은 중요한 인사이트를 제공할 것이다. 예술기업의 경영 노하우와 예술적 사고는 일반 경영에도 적용 가능한 보편적 원리이기 때문이다. 말 그대로 "예술가처럼 경영하는 것이 성공하는 법"이다. 이 책은 기업 경영자에게도 유효한 나침반이 될 것이다.

모쪼록 이 책이 예술가에게는 경영의 전략을, 경영자에게는 예술의 감각을, 일반 독자에게는 새로운 시각의 자극을 주기를 바란다. 각자의 자리에서 이 책을 통해 실천적 통찰을 얻고, 더 나은 선택과 더 깊은 공감으로 이어지길 기대한다.

이 책이 나오기까지 함께해 주신 모든 분께 깊은 감사를 전한다.

2025년 초여름 **서광일**

〈추천의 글〉

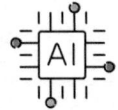

권기영
인천대학교 융합자유전공대학장

  기술이 감각을 대체하고, 창작의 윤곽마저 흔들리는 시대. 이 책은 그 불확실한 전환기에 가장 오래된 몸의 언어로 써 내려간 단단한 사유의 기록이다. 풍물과 연희의 현장에서 35년을 걸어온 저자는 표현이 곧 생존이고, 예술이 곧 구조임을 누구보다 깊이 체득해 온 사람이다. 전통예술이 시장과 제도, 기술과 전략이라는 낯선 세계와 마주했을 때, 그는 물러서기보다 질문을 선택했고, 감동을 지키기 위해 경영의 도구를 익혔다. "예술가처럼 경영하라"는 말은 단지 구호가 아니다. 그것은 그가 직접 살아낸 질문이자, 조심스럽게 건네는 대답이다. 이 책의 문장들엔 기술이나 수사보다도 축적된 삶의 무게와 사려 깊은 사유가 배어 있다. 말보다 실천이 앞섰던 한 예술가의 궤적을 따라가다 보면, 시대가 바뀌어도 예술이 여전히 가능한 이유를 조금은 알게 된다. 방식은 달라질 수 있어도, 그 마음은 여전히 닿는다.

김승국
전통문화콘텐츠연구원장

 탁월한 전통공연예술가이자, 축제전문가이자, 문화기획자이며, 예술현장을 기반으로 한 예술경영 실천가인 「전통연희단 잔치마당」 서광일 대표가 오랜 현장 경험을 바탕으로 『AI 시대, 예술가처럼 경영하라』라는 저서를 펴내었다. 이 책은 예술과 경영, 예술현장, 공연제작, 공연장 운영, 창작콘텐츠 개발, 재원 조성, 지원사업 전략 등 예술경영의 핵심 영역을 중심으로 실무적 해답을 제시하는 내용으로 구성되었다. 이 책은 예술가를 꿈꾸는 학생, 현장에서 고군분투하는 예술가, 공공 예술 행정을 기획하는 담당자, 창작과 운영 사이에서 고민하는 기획자 모두에게 예술현장 실행의 지침이자 전략의 나침반이 될 것으로 확신한다.

김혁수
용인문화재단 대표이사, 단국대 문화예술대학원 초빙교수

 예술경영, 그것은 영원한 과제이다. 오로지 창작에서 예술적 의미를 찾던 시대를 넘어 이제 창작과 경영은 하나가 되었다. 따라서 예술현장의 목소리는 이론을 넘는 소중한 자산이다.
 그 예술현장에 '잔치마당'을 이끌며 창작활동과 기획경영을 해온 저자가 있다. 저자는 『AI 시대, 예술가처럼 경영하라』를 통해 그야말로 무에서 유를 만들어내는 그동안의 고된 여정을 담아냈다. 이렇게 예술가의 삶과 경영자의 삶이 어우러진 소중한 여정을 담을 수 있는 능력자, 서광일 저자와의 만남은 그래서 반갑다. 이 만남을 통해 독자들은 영원한 과제인 예술경영의 방향과 전략을 생생하게 경험하는 의미있는 시간을 갖게 될 것이다.

황의철
한국예술문화명인진흥회 회장, 전 한국예총 사무총장

　풍물을 접하노라면 그냥 신이 난다. 네 악기의 타격음은 長·短·高·低의 신비로운 조화로 춤을 추게 만든다. 그리고 짧다가 길다가 높다가 낮다가 앞서거니 뒷서거니 이어주는 날라리 소리는 여러 타악의 울림을 안아준다. 좋아서, 미쳐서 전통음악으로 살아온 35년 장인의 세월은 그만의 독특한 땀과 정성으로 익어오며 잔치마당의 경영자로 우뚝 서 있고, 만학으로 탐구해 온 학문 영역에서는 박사논문 인천아리랑으로 꽃을 피웠다. 그리고 그 모든 소중한 콘텐츠들을 모아 시대를 관통하는 실전 예술 경영서 『AI 시대, 예술가처럼 경영하라』를 탄생시켰다. 귀하고 귀한 업적이고 흔적들이다. 이 길을 걷는 많은 예술 동지들에게 공감과 공존의 길을 비추는 등불이 되어주리라 기대된다. 출간을 축하드리며 뜨거운 성원을 보내드리는 바이다.

김영준
경인일보 문화체육부장

　저자와 인연은 20여 년 전으로 거슬러 올라간다. 2000년 전통연희단 잔치마당은 '천지인의 울림'을 발표한 후 완벽한 어울림을 만들어내기 위해 갖가지 변주를 하던 때였다. 우리의 전통 풍물을 기반으로 전자 바이올리니스트, 록밴드 등과 협연한 '타(打) & 락(樂) 콘서트'를 통해 풍물의 한계를 넓히고 있었다. 이어진 작업들로 저자는 창작자로서 입지를 다졌고, '인천 아리랑'을 주제로 한 논문으로 박사 학위도 받았다. 이 책은 30년 넘게 국내외를 가리지 않고 공연과 교육 무대를 열고 있는 잔치마당과 저자의 '한계 극복담'이라 할 수 있다. 생존을 위해 맞선 도전을 통해 성공으로 이어진 현장 사례와 에피소드는 예술경영의 살아있는 교본이다.

배윤수
문화채널 큐 대표, 전)부평구문화재단 기획경영본부장

    지난 35년 동안 전통예술의 맥을 잇는 예술인에서 작가 서광일로서 새로운 만남은 21세기 지역 예술인에게 필요 충분 조건이 무엇인지 선명하게 보여주고 있다. 서광일 작가의『AI 시대, 예술가처럼 경영하라』는 지난 35년 동안 지역 예술가로서 치열했던 자신의 삶을 투영함으로써, 같은 길을 걸어가는 지역 예술인들에게 보내는 생존과 성장을 위한 실천적 예술경영 지침서이다.
    무엇보다 주목할 만한 것은 예술인의 감성 더하기 AI 기술의 활용 방안에 대한 고민까지 포함되었다는 점으로 미래 비전을 고민하는 예술가들에게 유용한 나침판이 될 것이다.

〈목차〉

프롤로그 4
추천의 글 8

PART 1 예술과 경영
: 예술가처럼 경영하면 기업경영도 성공할 수 있다

1 예술경영과 기업경영은 고객만족을 통한 가치창출이라는 본질이 같다 19
2 예술도 기업도 상상력과 전략이 함께할 때 성공할 수 있다 21
3 예술도 기업도 스토리텔링을 통한 대중성이 있어야 성공할 수 있다 23
4 예술경영도 기업경영도 고객의 데이터와 감정을 모두 다뤄야 한다 29
5 예술과 기업경영은 기술변화에 유연하게 대처하며 지속 가능해야 한다 31
6 예술은 국가 경쟁력을 키우는 공공 자산이다 33

PART 2 예술현장
: 예술가는 결국 경영자다

1 예술은 왜 경영이 필요한가 43
2 예술과 시장의 접점을 찾아야 한다 49
3 예술경영은 현장의 생존 전략이 필요하다 55
4 지속 가능한 예술단체 운영 방법이 있다 64
5 예술경영의 철학과 미래 비전은 무엇인가 70

PART 3 공연제작
: 창작 국악극의 브랜드화 성공 전략이 있다

1 창의적 스토리텔링 기반의 콘텐츠를 개발해야 한다 **83**
2 예술적 전문성과 대중성을 결합한 공연 구성을 해야 한다 **91**
3 브랜드 확장성과 지속 가능성을 확보해야 한다 **99**
4 디지털 플랫폼을 활용한 마케팅 전략이 있다 **109**
5 관객 맞춤형 콘텐츠와 교육적 가치를 결합해야 한다 **117**
6 글로벌 시장으로의 확장 전략을 세워야 한다 **124**

PART 4 공연장 운영
: 예술가와 지역사회를 연결해야 한다

1 공연장 운영 기획과 제작은 어떻게 해야 하는가 **137**
2 인력 운영과 조직 관리의 노하우가 있다 **145**
3 관객 개발과 마케팅 전략을 세워야 한다 **153**
4 재원 조성과 지속 가능성의 노하우가 있다 **160**
5 문화예술 교육 활성화 전략은 무엇인가 **167**
6 창작을 위한 예술공간 조성을 해야 한다 **175**

PART 5　창작 콘텐츠
: '온고作신 Re-sign 프로젝트'가 있다

1 환경과 예술의 만남은 기적을 만든다 **189**
2 재활용 소재를 활용한 예술 창작은 이렇게 하면 된다 **197**
3 폐기물을 활용한 공공미술 프로젝트는 이렇게 하면 된다 **205**
4 지속 가능한 공연 예술은 이렇게 하면 된다 **213**
5 환경 교육과 예술의 결합은 이렇게 하면 된다 **223**

PART 6　재원 조성
: 예술단체의 자생력 전략이 있다

1 재원 조성을 위한 핵심 전략은 이렇게 해야 한다 **235**
2 예술단체의 사회적기업 전환 전략은 이렇게 해야 한다 **241**
3 예술단체의 크라우드펀딩 활용 전략은 이렇게 해야 한다 **252**
4 예술단체의 미술품 렌탈 사업 전략은 이렇게 해야 한다 **261**
5 예술단체의 기업 메세나 상생 전략은 이렇게 해야 한다 **270**
6 예술단체의 개인 후원과 커뮤니티 활성화 전략은 이렇게 해야 한다 **277**

PART 7 지원사업
: 문화예술 공모사업 실무 가이드

1 공모사업 기획과 작성은 이렇게 해야 한다 **289**
2 공모사업 실행과 홍보는 이렇게 해야 한다 **301**
3 공모사업 정산과 실적보고서 제출은 이렇게 해야 한다 **312**
4 세무 신고는 이렇게 해야 한다 **323**

부록: 문화예술 공공 지원기관 리스트 333
참고문헌 338
에필로그 340
출간후기 342

예술과 경영

예술가처럼 경영하면
기업경영도 성공할 수 있다

AI 시대에 예술가처럼 경영하는 방식은 기업경영에도 적용할 수 있는 통찰을 제공한다. 예술가는 고객의 감정에 민감하게 반응하고, 상상력을 전략으로 전환하며, 감동을 브랜드로 구축해 왔다. 이러한 접근은 기업이 추구하는 감성 마케팅, 콘텐츠 확장, 고객 경험 중심 전략과 본질적으로 일치한다. 이 장에서는 예술가가 경영을 배워야 하는 이유를 설명하며, 고객 중심 사고, 상상력과 전략의 통합, 브랜드화, 지속 가능성, 사회적 책임, 기술 변화 대응이라는 여섯 가지 원칙을 제시한다.

예술경영과 기업경영은 고객만족을 통한 가치창출이라는 본질이 같다

AI 시대, 예술경영은 고객의 감정을 중심으로 가치를 재정의해야 한다. 고객 중심 경영은 기업의 생존 전략이자 성장 전략이다. 예술경영 역시 관객이 감동하고 공감할 때만이 지속될 수 있다. AI가 시장을 분석하고 고객의 니즈를 예측하는 시대에, 인간만이 줄 수 있는 감성적 만족은 더욱 중요해졌다. 기술이 고도화될수록 감동의 밀도는 예술의 경쟁력이 된다. 예술이 시장 속에서 살아남기 위해서는 감동이 곧 수익이 되는 구조를 만들어야 한다.

예술은 본질적으로 비물질적 가치를 다룬다. 그러나 이 가치가 시장 안에서 살아남으려면 가격으로 환산될 수 있어야 한다. 감동의 환산은 곧 고객 만족의 문제다. 기업이 고객 만족도 조사나 피드백 분석을 통해 제품을 개선하듯, 예술경영도 관객의 반응을 분석하고 창작 방향을 조정해야 한다. 과거에는 예술가의 직관에 의존하던 시대였다면, 지금은 관객의 감정 반응을 기반으로 예술적 전략을 수립해야 하는 시대다. 이것이 AI 시대 예술경영의 핵심 전환점이다.

전통연희단 잔치마당은 이러한 전환을 선도한 예술단체 중 하나다. 잔치마당은 '감동 후불제 공연'을 기획했다. 관객이 공연 후 감동한 만큼 자율적으로 공연료를 지불하는 시스템이었다. 이는 단순한 실험이 아니었다. 관객에게 신뢰를 기반으로 가치를 위임한 것이고, 예술의 평가 기준을 감정 중심으로 재설정한 경영적 판단이었다. 이 방식은 예상보다 높은 자발적 후원을 이끌어냈고, 예술이 경제적 가치로 전환되는 과정을 증명했다.

이 방식은 예술의 고유성과 경영의 실용성이 충돌하지 않음을 보여준다. 오히려 감동이라는 예술의 본질이 경영 전략과 만나면서 더욱 설득력 있는 구조로 자리 잡았다. 감동은 제품이자 서비스였고, 고객은 이를 체험한 후 평가와 구매를 동시에 수행했다. 이것은 예술가가 단순히 창작자에 머무는 것이 아니라, 브랜드를 설계하고 소비자 경험을 관리하는 경영자의 역할을 수행해야 함을 의미한다.

AI 기술은 이런 경영을 보조할 수 있는 도구다. 고객의 감정 반응을 실시간으로 수집하고, 데이터로 시각화하며, 다음 공연의 구성을 전략적으로 설계할 수 있다. 하지만 결정은 사람의 몫이다. 기술은 분석은 가능하지만, 감동은 해석하지 못한다. 예술경영은 이 간극을 연결하는 일이다. 기술은 효율을 제공하고, 예술가는 해석을 통해 의미를 부여한다. 이 구조 속에서 예술은 지속 가능한 산업으로 전환될 수 있다.

AI 시대, 고객 만족은 더 이상 단순한 서비스 개선의 문제가 아니다. 관객이 감동한 만큼 지불하고, 그 감동이 다시 콘텐츠로 재구성되며, 브랜드로 확장되는 구조를 설계하는 것이 예술경영의 과제다. 이는 기업경영의 기본이기도 하다. 잔치마당의 사례는 고객의 감정 경험을 중심에 둔 예술경영이 어떻게 실현 가능한지 보여준다. 예술가처럼 감동을 만들고, 경영자처럼 그 가치를 구조화할 때, 예술도 기업도 시대를 이끄는 힘이 된다.

2
예술도 기업도 상상력과 전략이 함께할 때 성공할 수 있다

AI 시대에 상상력은 창작의 출발점이며, 전략은 생존의 기술이다. 기업은 혁신적인 아이디어를 실현 가능한 모델로 바꾸기 위해 전략을 수립한다. 예술도 마찬가지다. 창의적인 발상만으로는 시장에 닿기 어렵다. 상상과 전략이 만날 때, 예술은 작품을 넘어 브랜드가 되고 지속 가능한 가치로 확장된다.

AI는 반복적인 작업을 자동화하고, 데이터를 통해 창작물의 경향을 분석할 수 있다. 그러나 예술의 본질은 기술이 아닌 인간의 상상에 있다. 이 상상을 실현 가능한 형태로 구체화하려면 예술경영적 접근이 필요하다. 기획력, 파트너십, 유통 구조, 브랜드화 전략 등은 상상력을 사회적 가치로 전환하는 핵심 요소다.

잔치마당은 어린이 국악극 〈금다래꿍〉을 통해 이러한 과정을 실천해 왔다. 처음에는 단순한 무대 공연이었다. 그러나 기획 단계에서부터 동화책 출판, 음악 음원 제작, 교육 프로그램 연계, 굿즈 개발, 온라인 영상 콘텐츠 등으로 확장 가능한 콘텐츠로 설계되었다. 이는 단순히 창작물을 상품화한 것이 아니라, 예술 콘텐츠의 구조화된 생태계를 만들어낸 전략적 선택이었다.

상상력은 예술가의 본능이지만, 그것을 현실로 만드는 것은 경영자의 판단이다. 잔치마당은 공연 하나로 끝나지 않고, 관객의 반응을 분석하고, 새로운 접점을 설계하며, 교육기관 및 지자체와 협력하여 유통 경로를 넓혀갔다. 예술이 일회성 감동에 그치지 않고 지속 가능한 구조로 이어지기 위해서는 이러한 전략이 반드시 필요하다.

AI 시대에는 창작자와 기획자의 역할이 분리되지 않는다. 예술가는 기획자여야 하며, 경영자는 예술의 본질을 이해해야 한다. 예술경영은 창작의 자유를 지키면서도 그것을 세상과 연결하는 기술이다. 전략은 단지 수익을 위한 계산이 아니라, 예술의 가치를 오래도록 살리는 구조 설계다.

레고는 1930년대 덴마크의 규모가 크지 않은 나무 장난감회사였다. 1950년대 후반 새로운 시대의 변화로 플라스틱 블록 형태로 변신했다. 그러나 1990년대와 2020년대에는 디지털 시대가 왔기에 위기를 겪게 된다. 아이들이 영화, 유튜브 등 스크린으로 대거 이동했기 때문이다. 결국 단순한 블록회사였던 레고는 브랜드 파워를 잃게 된다. 그들은 상상력을 발휘했다. 그들은 '레고=상상력의 도구'라고 새롭게 정의했다. 레고 제품을 단순한 블록 장난감이 아니라 무한한 상상력을 나타낼 수 있는 수단으로 생각했다. 그들의 광고 메시지는 "당신이 상상하는 모든 것을 만들 수 있다"였다. 아이들은 창의성을 키우기 위해 레고 제품을 샀다. 어른들은 어린 시절의 향수를 생각하며 레고 제품을 샀다. 결국 그들은 디지털 시대에 경쟁력 없는 아날로그 장난감 회사에서, 상상력을 통해 세계 최대 장난감 기업으로 도약했다.

그들은 상상력을 기반으로 제품을 만들었고 콘텐츠, 협업, 커뮤니티, 교육, 테마파크까지 확장했다. 그들은 상상력으로 새로운 해석, 놀라운 연결, 감정적 가치를 만듦으로써 기업의 정체성을 다시 썼고, 시장의 역사를 다시 쓰게 된 것이다.

결국 예술도 경영도 본질은 같다. 상상력으로 시작해 전략으로 완성된다. AI는 효율을 높일 수 있으나, 감동은 상상과 전략이 어우러질 때 생긴다. 예술가는 시대의 흐름을 읽고 기회를 설계해야 한다. 전략을 품은 상상력만이 미래를 만든다.

3
예술도 기업도 스토리텔링을 통한 대중성이 있어야 성공할 수 있다

AI 시대는 콘텐츠의 시대다. 콘텐츠는 정보가 아니라 '이야기'가 되어야 한다. 기업은 브랜드를 만들 때 이야기를 구성하고, 전문성을 기반으로 하며, 대중의 공감을 얻어야 시장에서 살아남는다. 예술 역시 마찬가지다. 스토리텔링은 관객의 감정을 이끌고, 전문성은 신뢰를 주며, 대중성은 확산을 가능하게 한다. 이 세 요소가 조화를 이룰 때, 예술도 하나의 브랜드가 될 수 있다.

잔치마당의 〈금다래꿍〉은 이 세 요소를 모두 갖춘 대표 사례다. 이 작품은 잊힌 전래동화를 기반으로 어린이 눈높이에 맞춘 이야기를 구성했다. 이야기 속에는 생명의 소중함, 자연과 공존의 메시지가 녹아 있었다. 여기에 전통국악과 연희를 결합해 전문성을 확보했고, 아이들이 따라 부르며 즐길 수 있도록 대중적 장치도 배치했다. 이 공연은 단순한 무대가 아니라 '이야기 기반 브랜드'로 성장했다.

AI 기술은 대중성을 분석하고 예측할 수 있지만, 이야기의 감동을 창조하지는 못한다. 예술경영은 이 감동을 어떻게 설계하고 전달할 것인가에 대한 전략이다. 단순한 콘텐츠 생산이 아닌, 서사와 완성도, 확산력을 갖춘 예술 기획이 필요하다. 잔치마당은 이를 통해 교육, 공연, 출판, 체험 활동 등 다양한 형식으로 〈금다래꿍〉을 전개해 왔다.

예술가가 만든 이야기는 감동의 뿌리가 된다. AI 시대의 예술경영은 그 감동이 어떻게 사회로 확장되는지, 어떻게 대중의 일상으로 스며드는지를 설계하는 작업이다. 스토리텔링을 통한 대중성을 확보한 콘텐츠만이 AI 시대에도 살아남는다.

일반 기업도 스토리텔링은 중요하다. 나이키는 "Just Do It"이라는 광고를 했다. 1980년대 후반, 나이키는 젊은 소비자층에서 인기가 있던 리복에 밀리는 상황이었다. 나이키는 대책이 필요했다. 나이키는 스토리텔링으로 승부하고자 했다. 나이키는 그냥 운동화 파는 회사가 아닌, 강력한 동기부여를 하고 인생의 변화를 이끄는 브랜드로 태어나고자 했다. 그들은 광고에서 노인이 달리는 모습, 평생 처음 운동을 하는 여성, 장애인임에도 마라톤에 도전하는 사람의 모습을 등장시켰다. 그들은 인간의 의지와 도전이라는 스토리를 보여주었다. 이를 통해 인간의 마음이 변하도록 이끌었다. 그들은 "그래, 나도 움직여 보자, 운동해 보자"라는 마음을 일으켰고, "그래, 나도 용기를 내기로 했다"라는 일종의 용기의 상징이 되었다. 즉, 나이키는 동기부여, 의지, 도전, 인생의 변화 그 자체로 인식되게 했고, 나이키를 쓰는 소비자 역시 그런 사람이라고 생각하도록 만들었다. 결국 나이키는 소비자들과 하나가 되며, 10년간 매출이 8억 7천만 달러에서 92억 달러로, 폭발적으로 증가하게 되었다.

세계 최고의 기업 애플은 언제나 기술광고를 하지 않는다. 그들은 언제나 인간을 광고의 전면에 내세운다. 그들 광고 중 전설로 불리는 "Think Different" 캠페인에서는 에디슨, 간디, 아인슈타인, 마틴 루터 킹을 등장시키며, 이들은 결국 "남들과 다른 생각"으로 성공했다고 이야기한다. 그러면서 그들은 혁신과 창조=애플이며, 애플은 곧 나 자신임을 강조했다. 즉, 애플은 혁신과 창조의 산물이고, 그것을 쓰는 나 역시 혁신과 창조적인 사람이라는 인식으로 연결되었다. 결국 그들은 애플의 폭발적 구매를 이끌었다. 생전에 스티브 잡스는 우리는 핸드폰을 파는 회사가 아니라고 이야기했다. 즉, 그들은 제품 자체가 아니라 사용자의 삶을 변화시키는 혁신적인 경험과 가치를 판매한다고 하며, 그 자체를 소비자들이 알아주기를 바랐고, 결국 전설이 되었다.

세계 최고의 기업 중 하나인 디즈니 역시 마찬가지다. 디즈니는 스토리텔링을 넘어 스토리를 판매하는 최고의 스토리 기업이다. 그들은 디즈니랜드를 "현실에 나타난 동화"로 포지셔닝하며 마법의 순간을 파는 브랜드로 자리매김하게 했다. 실제 디즈니랜드의 직원은 Staff가 아닌 'Cast(배우)', 방문자는 Customer가 아닌 'Guest(손님)'로 불린다. 디즈니의 작품들은 대부분 영웅이 되는 과정의 구조로 진행되며, 평범한 사람의 꿈은 이루어진다는 메시지를 일관되게 전달한다. 즉, 평범한 주인공이, 위기를 겪고, 조력자가 등장하며, 위기를 극복하고, 성장한다는 이야기를 일관되게 이야기한다. 디즈니의 거의 모든 작품은 이러한 구조를 따르고 있으며, 이를 통해서 꿈이 이루어진다, 용기를 내야 한다를 말하며 온 가족의 브랜드로 성장했다.

예술과 기업경영에서 스토리텔링은 그 기업을 정의하는 핵심이 되며, 그 기업의 미래를 전설로 이끈다. 이야기가 있는 기업과 없는 기업은 그 자체로 생사를 가르는 핵이 되기 때문이다.

〈에피소드 ①〉
내일 지구가 멸망해도
우리는 사과나무를 심는다

2020년 봄, 코로나19가 전국을 덮쳤다.

그날, 잔치마당 사무실은 믿기 어려울 만큼 조용했다. 전국 공연이 모두 취소됐고, 단원들과 몇 달을 준비한 국악극은 결국 무대에 오르지 못했다. 연습실에는 적막만이 흘렀고, 단원들은 말없이 서로의 눈치만 살폈다. 아무도 먼저 입을 떼지 못했다. 저자는 한동안 아무 말 없이 책상 서랍을 열었다. 거기엔 오래전부터 가지고 있던, 색이 바랜 메모지 한 장이 있었다.

"내일 지구가 멸망하더라도 우리는 한 그루의 사과나무를 심는다."

그리고 그 아래, 저자가 적어둔 문장이 있었다.

"공연은 멈춰도, 예술은 멈출 수 없다. 우리, 사과나무를 심자."

그 문장을 소리 내어 읽고 나서, 우리는 다시 움직이기 시작했다.
잔치마당 공연장을 채우는 관객은 없었지만, 무대를 포기할 순 없었다. 단원들과 함께 온라인 무관중 공연을 시작했다. 유튜브와 페이스북으로 첫 송출을 하던 날, 우리는 텅 빈 객석을 향해 북을 치고, 춤을 추고, 노래했다. 박수 소리는 들리지 않았지만, 실시간으로 올라오는 댓글 속엔 따뜻한 마음들이 있었다.

"감사합니다."

"눈물 납니다."
"이렇게라도 공연을 보니 힘이 납니다."

그 한 줄 한 줄이 우리에게는 그 어떤 박수보다 뜨거웠다. 예상치 못한 일이 벌어졌다. 우리의 온라인 공연은 문화계를 넘어, 스포츠계에도 영향을 미쳤다. 우리가 무관중 유튜브 공연을 시작한 직후, 한국 프로야구도 관중 없이 온라인 생중계를 도입하며 시즌을 재개했다. 어느새 '무관중'은 낯설지 않은 풍경이 되었고, 그 시작점에 우리가 있었다는 건 지금도 놀라운 일이다.

물론, 쉽지 않았다. 공연이 멈추자 수입도 끊겼고, 단원들은 각자의 자리에서 삶과 싸워야 했다. 그 누구도 '예술가'라는 이름만으로는 버틸 수 없었다. 연습실은 한동안 조용했고, 일부 단원은 생계를 위해 예술 활동을 내려놓기도 했다. 저자도 솔직히, 정말 많이 흔들렸다.

그러던 어느 날, 단원 한 명이 조심스럽게 말했다.
"대표님… 우리도 크라우드펀딩 해보면 안 돼요?"
그 말을 듣고 저자는 고개를 끄덕였다.
"그래. 우리가 모이면 태산도 옮기잖아."
그렇게 우리는 〈금다래꿍〉이라는 동화책과 공연영상을 직접 만들었다. 팬들과 함께 만든 펀딩으로 초등학교에 콘텐츠를 보급했고, 아이들이 책을 펴고 영상을 보며 웃고 손뼉 치는 모습을 보았다. 어느 아이는 이렇게 말했다.

"선생님! 이거 진짜 신나요!"
그 짧은 한마디에, 그동안의 불안과 고생이 눈 녹듯이 사라졌다. 우리는 멈추지 않았다. '환경지킴이 프로젝트'를 시작해 환경 동화책을 만들고, 온고작신 리자인 사업도 진행했다. 아이들과 자원순환의 의미를 배우며, 예술로 환경을 이야기했다. 또, 인천 개항장의 이야기를 담은 공연도 만들었다. 지역의 역사, 사람들의 기억을 무대 위에 올리며, 예술로 지역을 다시 살려냈다.

그리고 2022년, 우리는 예술경영지원센터가 주최한 '예술경영대상' 민간예술단체 부문에서 문화체육관광부 장관상을 받았다. 시상식장에서 저자는 차마 말을 쉽게 잇지 못했다. 목이 메어 겨우 꺼낸 말은 이것이었다.

"이 상은 단원 모두가 포기하지 않고 견뎌낸 시간의 증거입니다. 저희는 예술가이기 전에 사람이었고, 함께 버틴 동지였습니다."

그 순간, 단원들 눈가에도 눈물이 맺혔다. 누군가는 저자에게 이렇게 말했다.

"대표님, 코로나 덕분에 우리가 진짜 예술가가 된 것 같아요."

돌이켜보면, 우리는 참 많은 걸 잃었다. 하지만 그 안에서 더 많은 것을 얻었다. 웃음을 만들었고, 감동을 키웠고, 모두의 마음속에 사과나무 한 그루씩을 심었다. 그리고 지금도 그 나무는 자라고 있다.

잔치마당의 든든한 버팀목 김호석(우) 부단장과 오승재(좌) 단무장의 두 남자의 길

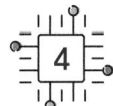

예술경영도 기업경영도
고객의 데이터와 감정을 모두 다뤄야 한다

고객은 데이터를 남기고, 감정을 표현한다. 기업은 데이터를 분석하고 서비스를 개선하지만, 감정을 관리하는 데는 한계가 있다. 예술은 고객의 감정을 기반으로 작동한다. 그러나 이제는 그 감정조차도 데이터로 분석할 수 있는 시대다. AI는 고객의 반응을 분석하지만, 해석은 여전히 사람의 몫이다. 예술경영은 데이터와 감정을 통합적으로 다루는 기술이 되어야 한다.

잔치마당은 공연 후 관객 반응 조사를 체계화했다. 특히 어린이 관객의 눈높이에 맞춘 관람 후 피드백과 부모의 의견을 수집하고 분석했다. 어떤 장면에서 웃었는지, 어느 대사에서 집중했는지를 반영해 공연 내용을 조정했다. 공연은 살아 있는 콘텐츠가 되었고, 관객은 더 깊이 반응했다. 이처럼 감정의 흐름과 데이터를 함께 읽는 방식이 예술경영의 실천으로 자리 잡았다.

AI는 정량화된 피드백을 줄 수 있다. 잔치마당은 이를 참고하여 다음 기획의 방향성과 타깃 관객층을 명확히 설정했다. 하지만 중요한 것은, 데이터의 수치를 넘어 관객의 감정을 해석하고 다시 창작으로 연결시키는 인간 중심의 판단이다. 이 판단은 기술이 아닌 예술가의 몫이다. 감정의 파장을 읽고, 그것을 설계하며, 다시 콘텐츠로 환원시키는 것. 이것이 예술경영자의 역할이다. AI는 보조 도구일 뿐이며, 주도권은 인간에게 있다.

실제 일반경영에서도 고객의 데이터와 감정을 모두 다루는 것은 중요하다. 넷플릭스는 데이터로 고객의 감정을 이해하고, 해석하며, 콘텐츠를 만들면서 성장한 기업이다. 그들은 고객들이 무엇을 보았느냐에 머물지 않았다. 어떤 장면에서 일시정지 했느냐, 언제 시청을 중단했느냐, 어떤 장면에서 몰입도가 올라갔는지 등을 추적했다. 그를 통해 그들은 감정 흐름을 파악했다. 즉, 이 장면에서 많은 사람들이 멈추었다는 것은 여기에서 심리적인 감동이나 쇼크가 있었다로 해석한 것이다.

실제 넷플릭스는 사용자마다 다른 섬네일을 보여준다. 액션을 좋아하는 사람은 그에 맞게, 감성 드라마를 좋아하는 사람은 그에 맞게 보여주는 것이다. 이러한 알고리즘은 단순한 시청기록에 의한 게 아니라 감정적으로 반응한 콘텐츠에 집중한 것이다. 결국 그러면서 고객만족도가 올랐고, 이탈률이 줄었으며, 실제 넷플릭스가 추천한 콘텐츠의 80% 이상의 시청률을 이끌기에 이르렀다. 넷플릭스는 경쟁 OTT 대비 단골비율과 시청시간이 높다. 넷플릭스는 데이터를 감정적으로 해석하고 적용하면서 '감정 해석 및 적용기업'이 되며 성공한 것이다.

자동차 기업 볼보 역시 고객 데이터에서 '자동차 사고에 대한 불안'을 읽었다. 또, 가족들이 가장 안심하고 탈 수 있는 차로 볼보가 이야기되는 것을 보며, 이 방향으로 모든 키를 주력하기로 했다. 결국 '생명을 지키는 안전한 차'라는 신뢰에 모든 브랜드를 집중했다. 결국 모든 방향을 그 방향으로 밀고 나갔고, 나와 사랑하는 모든 사람을 지킨다는 감정에 충실했고, 결국 고급 차 중 가족 중심 브랜드 충성도 1위가 되었다. 볼보 역시 데이터를 통해 생명을 지키기 위해 믿고 탈 수 있는 브랜드에 집중하여 최고가 되었고, 지금도 그 역사는 이어지고 있다.

예술경영도 기업경영도 결국 고객 데이터와 감정을 잘 읽어야 한다. 고객 데이터와 감정은 기업의 과거와 현재를 읽을 수 있고, 미래를 설계할 수 있는 '현장의 가장 정확한 목소리'이기 때문이다. 결국 고객 데이터와 감정을 읽으면 성공하는 기업이 될 수 있는 것이다.

예술과 기업경영은 기술변화에 유연하게 대처하며 지속 가능해야 한다

예술경영의 핵심은 지속 가능성이다. 창작은 순간이지만 경영은 구조다. 예술이 단발성 감동으로 끝나지 않기 위해선 안정적 운영 체계가 필요하다. 기술은 이를 돕는 수단이다. AI는 관객 분석과 운영 효율을 높일 수 있다. 그러나 지속은 사람과 조직의 전략에서 출발한다. 예술과 기술, 감성과 구조는 함께 가야 한다.

1) 결국 모든 경영은 지속 가능성이 관건이다

창작은 순간이지만, 경영은 구조다. 예술이 단발성 감동으로 끝나지 않기 위해선 지속 가능한 운영 체계가 필요하다. 기업이 장기적 이익 모델과 조직의 생존 구조를 구축하듯, 예술도 안정적인 재정과 운영 전략을 갖춰야 한다. 지속은 구조화된 시스템에서 시작된다.

잔치마당은 공연 중심의 수익 모델 외에도 다양한 재원을 확보해 왔다. 공공기금, 크라우드펀딩, 굿즈 판매, 교육 프로그램, 기업 협력 등 다각화된 수익 구조를 설계했다. 또한 전속 단원 제도와 외부 전문가 협업을 병행하면서 조직의 유연성과 안정성을 동시에 확보했다. 이처럼 단체의 지속 가능성은 예술의 창작 기반을 강화하는 핵심 동력이 되었다.

AI 기술은 자산 관리, 관객 분석, 기획 운영의 효율성을 높일 수 있다. 하지만 기술만으로는 지속 가능성을 확보할 수 없다. 핵심은 창작자와 운영자 사이의 협력, 그리고 조직 전체의 거버넌스 체계 구축이다. 예술경영은 단체의 철학과 방향성을 시장 구조에 맞게 적용하는 작업이다.

예술이 오래 살아남기 위해서는 전략적 경영이 필요하다. 예술가는 구조를 설계할 줄 알아야 하며, 경영자는 예술의 가치를 이해해야 한다. 지속 가능한 예술은 예술과 경영이 유기적으로 연결될 때 실현된다.

2) 모든 경영은 기술변화에 유연하게 반응해야 한다

기술은 예술을 위협하는 것이 아니라, 확장시키는 도구다. AI 시대에 예술은 기술과의 협력을 통해 새로운 감동을 만들어낼 수 있다. 변화에 유연하게 반응하는 예술만이 살아남는다. 예술은 시대의 언어로 다시 쓰여야 한다.

잔치마당은 코로나19를 계기로 유튜브, 영상 콘텐츠 등 다양한 디지털 전환을 시도했다. 전통연희라는 장르의 한계를 넘어 새로운 감상 방식과 플랫폼을 탐색한 시도였다. 기술은 예술의 표현 범위를 확장시켰고, 새로운 관객층을 형성하는 데 기여했다.

AI는 공연 예측, 관객 분석, 스토리 구성, 음향 조정 등 다양한 분야에서 활용될 수 있다. 그러나 핵심은 기술이 아니라 사람이다. 기술은 감각을 대체할 수 있지만, 해석과 창의는 인간만이 할 수 있다.

예술경영은 기술과 예술을 연결하는 실천 전략이다. 예술가는 변화를 두려워하지 말고, 그것을 무기로 삼아야 한다. 본질은 지키되, 표현은 바꾸는 것. 그것이 AI 시대에 예술이 살아남는 방식이다.

6
예술은 국가 경쟁력을 키우는 공공 자산이다

AI 시대가 도래하며 디지털 전환, 인공지능, 챗GPT 등 다양한 혁신 산업이 급부상하고 있다. 그러나 이 기술들의 본질은 결국 창의성에 있다. 새로운 기술은 창조적 발상에서 시작되고, 문제를 보는 시각의 차이에서 해결책이 도출된다. 예술은 이 창의적 사고의 원천이자 훈련의 장이다. 고정관념과 상식을 깨고, 기존의 틀을 넘어 문제를 새롭게 바라보게 한다. 음악과 미술, 문학은 감각과 상상을 자극하며 다양한 관점을 가능하게 한다.

실리콘밸리의 첨단 기업들이 예술가와 인문학 전공자를 채용하는 것도 이 때문이다. 스티브 잡스가 말한 "기술과 인문학의 교차점"은 단순한 수사가 아니다. 이는 기술을 인간 중심으로 설계하려는 경영 철학이며, 감성과 혁신이 만나는 접점을 의미한다. AI가 데이터를 분석하고 연산을 한다면, 예술은 인간의 감정을 이해하고 새로운 가능성을 여는 역할을 맡는다.

예술은 문화 콘텐츠로 발전하며 산업 전반에 영향을 미친다. 방탄소년단, 영화 〈기생충〉, 넷플릭스 〈오징어게임〉은 단순한 콘텐츠를 넘어 세계인의 감정을 사로잡았다. 이를 통해 관광객 유입이 증가하고, 관련 굿즈와 소비재가 확산되며, 외국인의 투자도 이어졌다. 프랑스는 국가 전체가 거대한 박물관처럼 운영된다. 이들은 문화와 예술을 통해 '고급 국가' 이미지를 구축했고, 이를 기반으로 루이뷔통, 샤넬 같은 프리미엄 브랜드를 창출했다.

한국의 K-콘텐츠는 가장 한국적인 것이 세계적 가치를 가질 수 있음을 증명했다. 사물놀이는 공연예술을 넘어 공동체 협업과 리더십을 예술로 구현한 콘텐츠로, 창의성과 조직 운영 역량을 동시에 키우는 전통 기반 교육 모델로 주목받고 있다. 난타는 사물놀이의 전통 리듬을 현대적으로 재해석해, 언어 없이 소통하는 넌버벌 퍼포먼스(Non-verbal Performance)로 발전시킨 후 세계 시장에 진출한 산업형 공연 콘텐츠의 대표적 성공 사례가 되었다. 마당놀이는 관객이 직접 무대에 참여하며 예술과 현실의 경계를 허문다. 이는 공동체 감수성과 사회적 공감을 예술로 전달하는 대표적인 공공 예술이다. 아리랑은 세대를 관통하는 감정의 노래이자 한국인의 정체성을 담은 문화유산이다. 유네스코 인류무형유산 등재를 통해 국가 브랜드 가치를 높이고, 국제 사회에서 문화 외교의 자산으로 기능하고 있다.

예술은 산업과 융합될 때 더욱 폭발적인 경쟁력을 갖는다. 스마트폰에서 디자인은 기능만큼 중요한 차별 요소가 되었고, 애플은 그 감성적 디자인으로 프리미엄 브랜드 가치를 획득했다. 픽사의 애니메이션도 예술과 컴퓨터공학의 융합이 낳은 결과다. K-POP은 음악, 춤, 패션, 영상미, 팬덤이 결합된 종합예술이며, 디즈니랜드와 고급 자동차 역시 건축과 공학, 예술이 결합한 사례다. 예술은 기술과 산업의 경계를 허물고 융합의 중심에 선다.

예술은 전 국민을 창의적으로 만든다. 감정 표현력, 공감 능력, 상상력은 모두 예술을 통해 길러진다. 감정이 살아 있어야 창의성도 나오고, 회복력도 생긴다. 상상력이 풍부한 사회에서는 도전이 가능하고, 공감력이 높은 사회에서는 범죄율과 자살률이 낮다. 이는 살 만한 사회의 조건이기도 하다. 예술은 단순한 문화 활동이 아니라, 건강한 사회와 창의적 인재를 길러내는 기반이다.

예술단체 잔치마당은 지역사회와 함께 호흡하는 예술 실천의 현장이다. 노인복지시설, 다문화센터, 문화소외계층을 위한 공연을 매년 30회 이상 꾸준히 이어가며, '찾아가는 공연'을 통해 예술의 공공성과 문화복지를 실현해 왔다. 이는 단순한 공연이 아니라, 예술의 사회적 책임을 행동으로 실천하는 예술경영의 사례다.

예술경영은 수익만이 아니라, 사회적 가치와 공공성을 함께 추구해야 한다. 기술이 발전할수록 인간 중심의 가치가 더욱 중요해지고, 그 중심에는 예술이 있어야 한다. AI 시대일수록 예술은 윤리적 균형과 감성적 중심을 지키는 역할을 해야 한다.

국가와 사회는 예술을 통해 연결된다. 예술단체는 공공재로서의 책임을 인식하고, 문화복지와 공동체 회복의 중심에 서야 한다. 예술경영은 공공성과 지속가능성의 경계에서 가치를 증명해야 하며, 이는 단지 문화의 문제가 아니라 미래 사회의 경쟁력과 직결된다. 예술은 창의와 산업, 감성과 사회, 치유와 성장의 교차점에 있는 국가적 자산이다.

〈사물놀이를 통해 바라본 예술경영의 원리 (사례)〉

저자는 국가무형유산 남사당놀이 이수자이자 부평풍물대축제 기획단장으로 활동해 온 전통예술인이다. 전통연희단 잔치마당의 상쇠로서 사물놀이 연주를 통해 예술과 기업경영의 구조적 유사성을 탐구하고, 이를 실천적 모델로 발전시켜 왔다. 인천상공회의소, 우리은행, 아주대학교의료원 등 다양한 기업과 공공기관에서 '추임새 리더십'과 '예술을 통한 조직 소통'을 주제로 강연을 진행하며 예술의 경영적 가치와 사회적 활용 가능성을 전파해 왔다.

① 사물놀이에 담긴 조화와 협력의 본질은 같다

조직은 다양한 기능과 개성을 지닌 구성원이 협력과 통합을 통해 목표를 실현하는 구조다. 이는 음악, 특히 사물놀이의 원리와 유사하다. 사물놀이는 서로 다른 음색과 역할을 지닌 네 악기 '꽹과리, 징, 장구, 북'이 어우러져 하나의 완성된 작품을 만들어낸다. 이들은 각자의 기능을 수행하면서 전체 리듬의 균형을 조율한다.

이러한 조화의 중심에는 연주의 흐름을 주도하고 전체를 조율하는 상쇠가 있다. 그는 단순한 지휘자가 아니라 전체 리듬의 긴장과 이완, 흐름과 절정을 설계하는 감성적 리더다. 각 악기는 상쇠의 방향에 따라 주어진 역할을 성실히 수행함으로써 조화를 이룬다. 이는 조직 내에서 CEO와 구성원 간의 관계와 밀접하게 닮아 있다.

디지털 자동화가 가속화되는 AI 시대에 조직은 더욱 유기적이고 창의적인 협력 구조를 요구받는다. 단순 반복은 기계가 대체하고, 감성과 창의성은 인간만이 창조할 수 있다. 사물놀이는 인간의 리듬과 공감을 중심으로 완성되는 예술이다. 그 안에는 AI 시대에도 변하지 않는 인간 중심 경영의 본질이 담겨 있다.

② 사물놀이 연주는 조직의 축소판이다

사물놀이의 악기 구성은 기업 조직의 역할 구조와 유사하다. 꽹과리는 전체 리듬을 주도하는 리더, 즉 CEO의 역할을 한다. 북은 강한 타격과 깊은 울림으로 중심축을 형성하며 조직의 실행력을 상징한다. 장구는 좌우 손을 모두 사용해 유연하게 리듬을 조율하는 전략 부서의 기능을 수행하며, 징은 여백을 채우고 전체의 감정을 안정시키는 커뮤니케이션 또는 조직문화의 기능을 상징한다.

사물놀이는 구성원 간 수평적 협력과 동시에 리더의 유연한 지휘 아래 움직인다. 이는 이상적인 조직 운영의 구조와 동일하다. 연주는 단원 개개인의 기술 향상과 감정 교류를 바탕으로 완성된다. 리더의 방향 제시와 구성원의 자율적 참여, 관객과의 즉각적인 반응까지 모두가 하나의 구조로 엮인다. 이 과정은 기업경영에서도 리더, 직원, 고객 간 관계 속에서 작동하는 성과의 구조와 같다.

AI 시대, 예술가의 창의성, 민감성, 융합 역량이 새로운 경영 리더십의 기준이 될 수 있음을 제안한다. 상쇠는 단순한 통제자가 아니라 현장을 감각적으로 읽고, 타이밍과 흐름을 설계하는 크리에이티브 디렉터다. AI가 분석과 예측을 담당한다면, 인간 리더는 감정과 감동의 설계자가 되어야 한다. 사물놀이는 그 전형을 보여준다.

③ 조직의 하모니는 예술처럼 만들어진다

사물놀이는 예술적 협업의 결정체이자, 경영의 은유다. 각기 다른 개성과 능력을 지닌 구성원들이 공동의 목표를 향해 집중할 때 조직은 움직인다. 상쇠의 추임새는 단지 지휘를 넘어서 감정을 일으키고 에너지를 유도하는 감성 리더십의 상징이다. 이는 명령 중심의 통제보다 구성원들의 몰입과 자발성을 유도하는 리더의 역량을 강조한다.

예술의 감동은 무형의 가치다. 그것은 작품의 완성도뿐 아니라 참여자 간 감정의 교감, 관객과의 소통에서 비롯된다. 기업도 마찬가지다. 구성원의 공감과 몰입, 고객과의 신뢰가 모일 때 진정한 성과가 창출된다. 감동이 있는 조직은 감정의 흐름을 경영의 구조 안에 설계할 수 있는 조직이다.

AI 시대, 지속 가능한 경영이란, 감동을 구조화하고 감정을 리더십으로 전환하는 능력에서 비롯된다고 말한다. 추임새는 단순한 외침이 아니다. 그것은 집단의 감정을 북돋는 에너지이자, 리더십의 감성적 기술이다. 진정성 있는 예술이 감동을 낳듯, 진정성 있는 경영은 지속 가능한 조직문화를 만든다.

결국 사물놀이는 단순한 전통연희가 아니다. 그것은 예술의 언어로 구성된 조직경영의 원형이자, 감동과 전략이 결합된 하모니의 모델이다. 예술적 감성과 경영적 사고가 만나는 지점에 사물놀이가 있다. 그리고 그 안에서 우리는 미래 조직의 방향과 리더십의 혁신을 발견할 수 있다.

잔치마당 예술단의 신모듬 작품 중 사물놀이 연주(쇠-천둥, 징-바람, 장구-비, 북-구름을 의미한다)

〈에피소드 ②〉
상모에 모터가 있다! 없다!

    2015년 4월 이집트 카이로 문화부에서 주최한 세계드럼페스티벌에 '잔치마당'은 한국공연단으로 참가했다. 24개국 34개 타악예술단이 각 나라의 전통타악을 선보이는 축제였다. 개막식은 세계 각국에서 모인 예술단들의 대표 공연으로 시작되었다. 각 팀은 10분 동안 자국의 가장 대표적인 전통타악 공연을 선보이는 기회를 가졌다. '잔치마당'은 화려한 사물놀이 판굿을 무대에 올렸다. 단원들은 돌고, 뛰고, 연주하며 한국 전통연희의 에너지를 무대 위에서 폭발적으로 펼쳐냈다. 특히, 공연의 하이라이트는 사물놀이 판굿이었다. 꽹과리, 징, 장구, 북, 소고 연주자는 악기를 치면서, 상모를 돌리며 아름다운 곡선을 그려냈다. 빠른 회전 속에서도 균형을 잃지 않는 모습은 관객들에게 마치 춤을 추듯 흐르는 예술적인 움직임을 선사했다. 공연이 끝나자, 환호와 박수 소리가 터져 나왔다. 그러나 진짜 재미있는 순간은 그 후에 찾아왔다.

    공연이 끝난 후, 잔치마당 단원들은 악기와 의상을 정리하며 무대 뒤에서 짧은 휴식을 취하고 있었다. 그때, 나이지리아 연주자 두 명이 조심스럽게 다가왔다. 두 사람은 잠시 머뭇거리더니 장구 연주자의 머리에 있던 상모를 가리키며 진지한 표정으로 질문을 던졌다.
    "저… 상모에 모터가 달려 있는가?"
    순간, 잔치마당 단원들은 깜짝 놀랐다. 왜 그런 질문을 하냐고 묻자, 나이지리아 연주자들은 서로를 바라보며 웃더니
    "사실 우리는 공연을 보면서 이 상모가 자동으로 돌아가는 장치가 있는지 내기를

했다"라고 말했다. 한 사람은 "모터가 달려 있다!", 다른 한 사람은 "아니다! 그냥 돌리는 것이다!"

이렇게 두 사람이 내기를 했다는 것이다. 그들의 얼굴에는 아직도 의구심이 가득했다.

잔치마당의 장구 연주자는 그들의 질문에 즉답하는 대신, 미소를 지으며 상모를 직접 보여주었다. 나이지리아 연주자들은 상모를 손에 들고 이리저리 돌려 보며 안쪽을 꼼꼼히 살펴보았다.
"모터가 없다!"
그들은 깜짝 놀란 표정으로 단원들을 번갈아 쳐다보았다. 그 후, 그들은 감탄한 듯 엄지손가락을 치켜세우며 외쳤다.
"코리아, 대단하다!"
이들은 한국의 타악 연주자들이 아무런 기계 장치 없이, 오직 몸의 기술과 감각만으로 상모를 돌린다는 사실에 놀라움을 금치 못했다. 그들에게 상모 돌리기는 '기계의 힘을 빌리지 않고 인간의 몸이 만들어내는 예술'이었고, 이것이야말로 한국 전통예술의 창의성과 독창성을 보여주는 순간이었다.

나이지리아 연주자들의 반응을 보며, 잔치마당 단원들은 새삼 깨달았다. 우리가 익숙하게 생각했던 전통예술이, 다른 문화권에서는 혁신적인 예술로 비칠 수 있음을. 이들은 단순히 악기를 연주하는 것이 아니라, 타악과 몸짓이 하나 되는 완전한 퍼포먼스를 창조하고 있었다. 이집트 세계드럼페스티벌은 각 나라의 음악과 연주 방식이 어떻게 다르고, 어떤 공통점을 가지고 있는지 확인하는 자리였다.
하지만 그중에서도 한국의 상모 돌리기는 유독 독창적인 존재감을 남겼다. "우리의 음악과 춤이 전 세계에서 새롭게 받아들여질 수 있다면, 그것이 한국 전통예술이 가진 힘 아닐까?" 잔치마당의 북소리는 그렇게 또 한 번 세계 속에서 한국 타악의 존재감을 울려 퍼지게 했다.

잔치마당 예술단의 사물놀이 판굿 중 채상놀이 연주

〈예술경영 참고 자료〉

《예술경영과 문화정책》 | 박신의 | 민속원 | 2018
예술경영과 문화정책의 상호 관계를 중심으로 공공성과 시장성, 창의성과 지속 가능성 사이의 균형을 모색한다. 한국 문화정책의 흐름과 주요 쟁점들을 구체적으로 다룬 책이다.

《예술의 경제적 가치와 경영》 | 김민기 | 나남 | 2020
예술의 경제적 측면에 주목하며, 문화산업에서의 예술의 가치와 수익창출 가능성, 시장 진입 전략 등을 분석한 책이다. 특히 창작과 소비의 구조를 함께 조명한다.

《문화예술의 시장화 전략》 | 최병구 | 연세문화사 | 2017
전통예술과 현대예술의 시장 확대 전략을 중심으로 콘텐츠의 브랜드화, 홍보 전략, 관객 분석 등을 다룬 실무형 입문서이다. 지역문화 콘텐츠 성공 사례를 함께 제시한다.

《예술경영의 사회적 가치 연구》 | 김소연 | 예술문화경영연구 | 2021
예술경영이 지역사회 및 공공문화 영역에서 갖는 사회적 가치와 영향력을 분석하며, 창의성과 사회적 책임이 결합된 예술경영 모델을 제시한다.

《예술기획자의 역할과 직무 역량 분석》 | 김예림 | 문화기획연구 | 2021
예술기획자가 수행하는 주요 업무와 직무별 핵심 역량을 분석하고, 현장 실무와 교육훈련 시스템 연계 필요성을 강조한 실무 분석 논문이다.

《문화예술 조직의 거버넌스 분석》 | 오지윤 | 예술경영학회지 | 2022
공공성과 자율성의 균형을 중심으로 한 예술 조직의 의사결정 구조, 구성원 간 협업 체계 등을 다룬 조직론 중심의 연구이다.

PART 2

예술현장

예술가는 결국 경영자다

AI는 예술 창작의 방식까지 바꾸고 있다. 자동 작곡, 이미지 생성, 콘텐츠 분석은 창작의 경쟁 상대이자 도구가 되었다. 이런 시대에 예술가는 감성뿐 아니라 구조로 무장해야 한다. 경영은 감성의 생존 장치다. 창작은 고유의 감정을 담는 일이지만, 그 감정을 전달하고 지속시키는 것은 구조와 전략이다. 잔치마당의 운영 사례는 이러한 감성과 구조의 균형을 실천한 결과다. 이 장은 예술가가 스스로를 '창작자이자 운영자'로 성장시키기 위한 첫걸음을 안내한다.

1
예술은 왜 경영이 필요한가

    예술은 인간의 감정과 시대의 흐름을 표현하는 고유한 영역이지만, 창작만으로는 지속될 수 없다. 예술가가 꾸준히 작업을 이어가기 위해서는 경제적 기반이 필요하다. 예술단체 역시 조직 운영과 재정 관리가 병행되어야 한다. 창작의 자유를 지키기 위해서는 오히려 경영 전략이 필수적이다. 예술경영은 단순히 수익을 창출하는 활동이 아니라, 예술의 가치를 사회 속에서 유지하고 확산시키는 실천이다. 예술이 현실과 맞닿을 때, 경영은 예술가에게 선택이 아닌 생존의 조건이 된다.

1) 예술의 사회적·경제적 위치
: 정의, 창작과 유통, 문화소비, 예술의 가격

    예술은 감동을 주는 창작이자 자본과 노동이 투입되는 산업이다. 창작은 예술가 개인이 하지만, 공연장·플랫폼·지원제도 같은 유통 구조는 사회가 만든다. 문화소비는 취향 같지만, 실은 시장의 흐름에 따라 움직인다. 예술의 가치는 고유하지만, 시장에서의 가격은 유통과 소비 방식에 좌우된다. 예술경영은 이 간극을 이해하고 조정하며 지속 가능한 구조를 만든다. 창작의 본질을 지키면서도 사회와 소통해 온 잔치마당의 실천은 예술경영이 왜 필요한지를 보여주는 생생한 사례다.

첫째, 예술은 감동이자 산업이다. 예술은 감정과 메시지를 전달하는 표현 행위지만, 동시에 노동과 자본이 결합된 경제 활동이다. 공연 한 편에는 창작자, 연출자, 기술자, 홍보 담당자 등 다양한 인력이 참여한다. 의상, 무대, 조명, 마케팅까지 생산 요소가 결합되어야 관객과 만날 수 있다. 자본이 투입되고 결과물을 생산해 유통한다는 점에서 예술은 본질적으로 산업 구조 안에 있다. 감동을 만들기 위해선 생산과 경영의 논리가 함께 작동해야 한다.

둘째, 창작은 개인이 하지만, 유통은 사회가 만든다. 예술의 시작은 예술가 개인의 창의력이다. 그러나 관객과 연결되기 위해서는 사회적 유통 시스템이 반드시 필요하다. 공연장은 물리적 인프라이고, 플랫폼은 디지털 창구다. 교육기관과 축제, 문화재단은 예술을 사회와 잇는 유통 구조다. 이들이 없다면 예술은 고립된다. 창작의 고유성은 존중받아야 하지만, 유통의 경로를 확보하지 못하면 예술은 소비되지 못한다. 예술경영은 이 간극을 실질적으로 해소하는 연결 기술이다.

셋째, 문화소비는 취향을 넘어 시장이다. 예술 소비는 단순한 취향 표현이 아니라 시장 행위다. 관객은 감정으로 반응하지만, 선택은 곧 구매다. 표를 예매하고, 전시를 보며, 콘텐츠를 구독한다. 이 과정은 모두 경제활동이다. 시장은 관객의 취향 데이터를 바탕으로 구조를 재편한다. 무엇을 소비하느냐에 따라 다음 기획과 생산이 결정된다. 예술은 시장의 흐름에 민감해야 한다. 감성에 머무르지 않고 수요를 읽을 줄 아는 전략이 필요하다.

넷째, 예술의 가치와 가격은 다르게 작동한다. 예술은 원래 시장 논리로 측정되기 어려운 고유한 가치를 지닌다. 그러나 생존을 위해선 가격으로 환산되어야 한다. 이 과정에서 가치와 가격은 일치하지 않기도 한다. 작품성은 뛰어나도 유통되지 않으면 시장 가격은 낮다. 반대로 희소성이나 유행에 따라 과대평가되는 경우도 있다. 이 때문에 예술경영은 예술의 본질을 훼손하지 않으면서도 시장과 타협할 수 있는 전략을 필요로 한다.

다섯째, 산지마당은 가치를 가격으로 전환하는 경영을 운영하였다. 잔치마당은 감동을 주는 공연을 넘어 생존 가능한 구조를 만들기 위해 시장과 끊임없이 연결하였다. 창작은 내부에서 시작됐지만, 지역 축제·공공기관·온라인 유통망을 통해 사회 속에 뿌리내렸다. 어린이 국악극 '금다래꿍'은 관객 취향을 반영해 상품화됐고, '打 & ROCK'은 새로운 관객층을 끌어들였다. 공연장, 교육, 크라우드펀딩, 기업 제휴까지 다양한 방식으로 예술의 가치를 가격 구조로 전환해냈다. 이것이 잔치마당이 만들어낸 현실적 예술경영의 시작이었다.

2) 창작과 생존의 딜레마
: 생존, 지속 가능성, 상품성, 예술경영자

예술은 자율성과 표현의 자유를 기반으로 하지만, 창작은 현실의 자원 위에 세워진다. 예술가는 예술을 위해 살고 싶지만, 생존을 위해 경영을 외면할 수 없다. 창작과 생존은 충돌하는 가치처럼 보이지만, 실제로는 병행되어야 할 과제다. 자율성을 잃지 않으면서 생존하는 전략이 필요하다. 잔치마당은 35년 동안 이 균형을 고민하며 공연, 교육, 협업, 수익 모델을 결합해 왔다. 창작의 순수성과 지속 가능성 사이에서 길을 찾으려는 그 과정은 예술경영이 단지 운영 기술이 아닌 창작의 일부라는 사실을 증명한다.

첫째, 창작은 자유에서 시작되지만 생존은 구조에서 결정된다. 예술은 본래 표현의 자유에서 시작되지만 지속을 위해선 생존 구조가 뒷받침돼야 한다. 순수한 창작만으로는 무대에 오르기 어렵고, 관객과 만날 통로가 없다면 사라진다. 잔치마당은 초창기 자비로 무대를 마련하며 버텼고, 이후 공공 지원과 자체 수익 구조를 통해 공연 기반을 구축해 갔다. 창작의 열정만으로는 오래갈 수 없다는 현실을 마주하며 생존 전략을 동시에 고민해 왔다.

둘째, 자율성과 지속 가능성은 항상 충돌한다. 예술가는 스스로 선택하고 작업할 자유가 있어야 한다. 하지만 생존을 위해선 자원을 외부에 의존해야 할 때가 많다. 그 순간부터 자율성과 지속 가능성은 긴장 관계에 놓인다. 잔치마당도 공공 지원을 받으며 제약 조건과 마주했지만, 본질을 지키기 위해 창작 방향을 스스로 통제하고 기획력을 높여 이를 극복했다. 외부의 틀 속에서도 주체적으로 작품을 만들어간 실천이 있었다.

셋째, 예술은 '좋은 작품'만으로 유지되지 않는다. 작품성이 뛰어나도 보이지 않으면 잊힌다. 감동이 있다고 모두가 알아보는 건 아니다. 잔치마당은 무대 위 예술뿐 아니라 무대 밖 구조도 고민했다. 좋은 작품을 만들되, 관객이 접근할 수 있게 하고, 참여할 수 있게 만들었다. 그 결과는 지역축제 참여, 예술교육 융합, 가족형 국악극 같은 변형된 형태로 나타났다. 예술은 관객과의 접점이 없다면 유지될 수 없다.

넷째, 예술가도 경영자가 되어야 하는 시대다. 예술가는 창작에 몰입하고, 경영은 별도의 영역이라는 인식은 오래전 이야기다. 기획, 운영, 마케팅을 아우를 수 있어야 지속이 가능하다. 잔치마당 대표는 예술가이자 기획자로서 운영을 병행했다. 관객 분석, 공연 운영, 재정 확보까지 내부에서 해결해 왔다. 이는 창작과 운영을 분리하지 않고, 창작자 스스로 생존 전략을 세운 대표적 사례였다.

다섯째, 잔치마당은 창작과 생존을 동시에 설계했다. 잔치마당은 전통을 지키되 새로운 콘텐츠를 만들고, 예술을 하되 수익 구조를 만들었다. 창작자 중심의 운영이었지만 사업가적 사고를 함께 가졌다. 공연과 교육, 유통과 기획이 함께 움직이게 하며 예술과 생존의 균형을 설계했다. 특히 비대면 공연, 후원 기반 콘텐츠, 기업 협업 공연 등 생존의 방식을 예술적 언어로 바꾸어낸 시도가 지속 가능성을 만들어냈다.

3) 예술경영의 개념과 필요성
: 수요, 수익성, 유행, 효율, 경영

예술은 가치 중심으로 움직이고, 시장은 수요 중심으로 작동한다. 예술가는 표현하고 싶고, 시장은 팔리는 것을 원한다. 이 간극은 언제나 존재했지만, 예술이 생존을 고민하게 되면서 양쪽을 조율해야 할 필요가 커졌다. 단순히 작품을 만들고 끝나는 시대는 지났다. 기획, 유통, 관객 분석까지 예술가가 경영자로서의 시야를 갖춰야 하는 이유다. 잔치마당은 전통예술이 시장에서 외면받지 않기 위해 전략적 접근을 해왔다. 프로젝트별 책임자제를 도입하고 외부 전문가와 협력하여 경영 기능을 체계화했다.

첫째, 예술은 자율성, 시장은 수요 중심으로 움직인다. 예술은 표현의 자유를 전제로 한다. 반면 시장은 소비자의 선택에 따라 움직인다. 이 간극은 예술가에게 딜레마다. 원하는 것을 만들 것인가, 팔리는 것을 만들 것인가. 잔치마당은 이 고민을 반복했다. '打 & ROCK'은 시장을 고려한 실험이었고, '금다래꿍'은 관객 요구에 기반한 창작이었다. 창작의 방향을 흔들지 않으면서도 시장과 접점을 찾아가는 방식으로 대응해 왔다.

둘째, 창작의 진정성과 수익성은 일치하지 않는다. 진심으로 만든 작품이 반드시 팔리는 건 아니다. 완성도 높은 창작도 시장에서 외면받는 경우가 많다. 시장은 품질보다 트렌드에 반응한다. 잔치마당은 이 괴리를 자주 체감했다. 수작업으로 만든 전통 연희극이 주목받지 못하는 반면, 대중적 포맷을 가미한 공연은 높은 관심을 끌었다. 이때 예술성은 유지하고, 포장과 기획에서 전략을 달리해 생존을 모색했다.

셋째, 시장은 유행에 민감하고 예술은 정체성을 지켜야 한다. 시장은 빠르게 변한다. 유행과 트렌드가 작품 수명을 좌우한다. 예술은 그 속도에 맞춰가기 어렵다. 전통예술은 특히 더 그렇다. 잔치마당은 전통을 기반으로 하기 때문에 시장 변화에 둔감하다는 약점을 안고 출발했다. 그러나 공연 형식을 바꾸고, 콘텐츠를 재해석하며 유연하게 대응했다. 본질은 유지하되 시대 흐름을 반영하는 방식으로 시장과의 거리감을 줄여나갔다.

넷째, 시장은 효율을, 예술은 과정의 가치를 중시한다. 시장은 결과와 숫자로 판단한다. 예술은 과정을 중시한다. 이 둘은 본질적으로 다르다. 예술경영은 이 차이를 조율해야 한다. 잔치마당은 공연이 관객에게 감동을 주는 과정을 중요하게 여겼다. 하지만 운영 면에서는 관객 수, 수익률, 피드백 등을 철저히 분석했다. 예술의 과정은 그대로 두되, 결과에 대한 관리는 시장의 언어로 접근하며 균형을 맞췄다.

다섯째, 잔치마당은 경영 시스템을 도입해 창작과 운영을 분리하며 효율을 높였다. 단원 모두가 창작자이자 운영자 역할을 했던 초기 체계는 실행력과 지속성에 한계를 드러냈다. 이를 개선하기 위해 프로젝트별 책임자제를 도입하고 외부 전문가와 협력하여 기획, 마케팅, 회계 등 경영 기능을 체계화했다. 공연 제작과 운영이 분리되면서 예술가는 창작에 집중하고, 조직은 생존을 설계할 수 있는 구조가 만들어졌다. 이러한 경영 구조는 단체의 지속 가능성을 뒷받침하는 핵심 기반이 되었다.

2
예술과 시장의
접점을 찾아야 한다

예술작품은 문화적 자산이면서도 동시에 시장에서 거래되는 상품이다. 전통예술이라 하더라도 관객이 있고, 콘텐츠가 있으며, 그에 따른 수익 모델이 필요하다. 공연 티켓, 교육 프로그램, 문화상품, 온라인 콘텐츠 등은 모두 예술단체의 생존 수단이다. 잔치마당은 국악극, 창작연희, 체험교육, 디지털 공연 등 다양한 방식으로 전통예술의 시장 가치를 만들어왔다. 시장과 예술이 충돌하지 않고, 공존할 수 있는 지점을 찾는 것이 예술경영의 핵심 과제다.

1) 예술의 경제적 가치와 시장 구조
  : 창조산업, 독립자산, 경제활동, 유통구조, 예술소비, 유통방식

예술은 감성과 표현의 영역이지만 시장에선 하나의 상품이 된다. 감동은 창작의 동기지만 지속은 경제적 기반 위에 세워진다. 창작물은 가치를 담지만 시장은 가격으로 반응한다. 이 차이를 해석하고 조율하는 과정이 예술경영이다. 예술이 살아남기 위해선 경제 생태계 안에서 유통되고 소비되어야 한다. 시장과 소통하지 않는 예술은 확장되지 않는다.

첫째, 예술은 경제 시스템 안에서 작동하는 창조 산업이다. 예술은 자율적인

창작이지만 그 결과물은 생산과 소비의 고리를 만든다. 공연 한 편은 제작비, 인건비, 장소 임대료, 홍보비 등 경제 요소로 구성된다. 관광, 숙박, 지역 소상공인 매출로 이어지는 경제적 파급 효과도 크다. 부산국제영화제, 서울예술의전당, 전주세계소리축제는 예술이 지역 경제를 움직이는 구조를 보여준다.

둘째, 예술 작품은 희소성과 정체성으로 가격이 매겨지는 독립 자산이다. 예술은 반복 생산이 어려운 고유성과 창작자의 서명을 통해 가치를 가진다. 음악, 그림, 공연, 콘텐츠 모두 실물이나 디지털 형태로 유통되며 투자 대상으로 여겨진다. 최근 NFT 기술의 활용은 창작물의 고유 가치를 디지털 상에서 가격화하는 방식이다. 예술은 감동과 동시에 경제적 가치 창출의 기반이 된다.

셋째, 예술 유통 구조는 시장에서의 가치를 좌우한다. 작품의 질과 창의성이 뛰어나도 유통되지 않으면 시장은 외면한다. 유통은 예술의 생존 통로다. 전통적인 극장, 미술관, 서점뿐 아니라 스트리밍, SNS, 쇼핑몰까지가 유통 채널이다. 이 구조를 설계하고 운영하는 능력이 예술경영이다. 유통 전략이 없으면 창작물은 세상과 만날 수 없다. 완성도보다 유통력이 좌우하는 현실이다.

넷째, 예술 소비는 감상의 차원을 넘어 경제 행동이다. 관객은 감정으로 작품을 선택하지만, 그 선택은 구매라는 실천으로 나타난다. 공연 티켓, 온라인 구독, 전시 입장, 굿즈 구매 등은 모두 경제 행위다. 관객의 선택은 수익으로 전환되고, 이는 창작 방향과 기획의 기준이 된다. 예술가는 감동을 주고 시장은 수요로 반응한다. 예술은 소비의 흐름 안에서 가치를 증명해야 한다.

다섯째, 잔치마당은 전통예술의 유통방식을 바꾸며 시장과의 접점을 넓혀왔다. 잔치마당은 작품을 만든 뒤 기다리지 않았다. 먼저 유통 통로를 만들었다. 전국 초등학교, 산업단지 기업체, 지역 사회복지시설 등 기존 공연장 외의 공간을 무대로 삼았다. '찾아가는 공연' 형식은 고정된 관객층을 넘어 생활 공간으로 예술을 확장한 전략이었다. 코로나 시기에는 유튜브, 영상 콘텐츠 제작을 통해 비대면 유통 채널을 강화했다. 공연을 기획하는 동시에 유통 경로를 설계하는 방식으로 시장과의 거리를 좁혔다.

2) 전통예술의 시장성 확보 전략
: 콘텐츠 재구성, 타깃관객 설정, 협업, 유통구조 확보, 어린이 교육콘텐츠

전통예술의 시장성을 확보하려면 고정관념을 깰 전략이 필요하다. 전통예술은 고리타분하다는 인식이 시장 접근을 가로막아왔다. 고유성과 예술성만 강조해선 생존이 어렵다. 전통이라는 자산을 현대에 맞게 가공하고 전달 방식까지 혁신해야 한다. 예술성과 대중성의 균형이 핵심이다. 전통을 재해석하고 시장과 대화하는 전략 없이는 시장 진입조차 어렵다. 전통의 생명력을 살리기 위해선 접근 방식부터 바꿔야 한다.

첫째, 콘텐츠 재구성은 전통의 본질을 유지하며 소비자 언어로 바꾸는 작업이다. 전통을 고스란히 재현하는 것은 의미 있지만, 그것만으로는 관객을 끌 수 없다. 현대 관객의 감각과 리듬, 시각적 기대에 맞게 조율해야 한다. 내용은 고유하게 유지하되 형식은 열린 구조로 구성하는 것이 핵심이다. 이야기 구조, 무대 구성, 음악 연출에서 대중성이 보완돼야 한다. 보존이 아니라 재창조로 가야 시장성이 생긴다.

둘째, 타깃관객 설정은 전략적 선택이다. 모든 사람에게 전통을 알리려는 시도는 자주 실패한다. 관객층을 명확히 설정하고 그들의 관심사에 맞는 콘텐츠를 개발해야 한다. 아동, 청소년, 외국인, 공연예술 입문자 등 세분화된 대상에 따라 기획 방향이 달라져야 한다. 전통의 언어를 관객의 언어로 번역하는 작업이다. 수용자 중심의 사고가 시장성과 직결되기 때문이다.

셋째, 협업은 전통예술의 고립을 풀어주는 열쇠다. 전통예술만의 문법에 갇히면 관객과 소통이 어렵다. 다른 예술 장르, 기업, 브랜드, 기술과의 협업을 통해 새로운 접점을 만들어야 한다. 현대무용과 전통악기, 디지털 미디어와 전통연희의 결합 같은 시도는 신선한 경험을 만든다. 융합은 전통을 약화시키는 게 아니라 확장시키는 방식이다. 협업은 시장 진입의 문을 넓히는 통로다.

넷째, 유통구조 확보는 전통예술의 생존 기반이다. 아무리 뛰어난 콘텐츠라도 노출되지 않으면 소비되지 않는다. 오프라인 공연장, 지역축제, 박람회뿐 아니라 온라인 스트리밍, 교육 플랫폼, SNS 콘텐츠까지 유통 경로를 확보해야 한다. 공연뿐 아니라 공연 이후의 영상화, 상품화, 교육화가 연계돼야 한다. 유통은 전통예술을 지속 가능하게 만드는 실질적 자산이다.

다섯째, 잔치마당은 전통연희를 어린이 교육콘텐츠로 재구성해 시장성을 확보했다. '금다래꿍'은 전래동화를 각색한 어린이 국악극이다. 캐릭터 중심 서사, 관객 참여형 구조, 쉬운 국악 리듬으로 구성돼 유치원과 초등학교에서 큰 호응을 얻었다. 공연 외에도 동화책과 영상 체험 프로그램으로 확장하며 유통 경로를 다변화했다. 전통을 어린이 눈높이에 맞춘 이 전략은 콘텐츠의 생명력을 높이는 동시에 교육 시장에 진입하는 데 효과적이었다.

3) 관객, 후원자, 기업과의 관계 설정
   : 공동창작자, 후원자, 기업, 신뢰

예술단체의 지속 가능성은 관객, 후원자, 기업과의 관계 설정에 달려 있다. 예술은 혼자 만들어지지 않는다. 감상자는 존재를 증명하고, 후원자는 가치를 지지하며, 기업은 확장을 도와준다. 관계를 맺는 방식에 따라 예술의 성격과 생존 방식이 달라진다. 관객은 단순 소비자가 아니고, 후원자는 투자자 이상이며, 기업은 파트너. 예술경영은 이들과의 관계를 단순 거래가 아니라 공동체적 연결로 풀어내야 지속이 가능하다.

첫째, 관객은 동반자이자 공동창작자다. 공연은 무대 위에서 완성되지 않는다. 관객의 반응, 해석, 피드백이 예술의 일부가 된다. 예술단체는 관객을 수동적 소비자가 아닌 참여자로 대해야 한다. 공연 전후의 소통, 체험형 콘텐츠, 관객 참여형 기획은 관객 충성도를 높인다. 반복 관람층이 형성될 때 예술단체는 예측 가능한 운영이 가능해진다. 관객은 유지가 아니라 축적의 대상이다.

둘째, 후원자는 가치를 공감하고 행동으로 지지하는 개인이다. 후원은 감성적 연결에서 출발한다. 기부자는 예술가의 태도와 메시지에 공감해 지갑을 연다. 성과가 아닌 철학과 진정성이 후원 결정에 영향을 준다. 예술단체는 후원자를 단순 재정 제공자가 아닌 가치 동반자로 인식해야 한다. 정기 후원자 프로그램, 전용 콘텐츠 제공, 감사 행사 등 지속적 관계 관리가 중요하다.

셋째, 기업은 단체의 철학을 함께 실현할 수 있는 협력 파트너다. 기업은 단체가 가진 스토리, 이미지, 공공성과 연결되기를 원한다. 예술단체는 기업 후원을 금전적 협찬에만 두지 말고 공동 프로젝트, 브랜드 이미지 제고, 사회공헌 연계 등 장기적 파트너십 구조로 설계해야 한다. 단체의 정체성이 명확할수록 기업과의 결합은 자연스러워진다. 기업 후원은 브랜딩과도 밀접히 연결된다.

넷째, 새로운 집단과의 관계는 일회성보다 반복성과 신뢰가 중요하다. 관객은 다시 찾아야 하고, 후원자는 계속 남아야 하며, 기업은 재협력해야 한다. 이들을 유지하기 위해선 성과보다 태도와 철학이 설득력 있어야 한다. 예술단체는 투명한 운영, 일관된 메시지, 적극적인 피드백으로 관계의 신뢰를 쌓아야 한다. 정기적 소통과 결과 공유는 신뢰를 강화하는 핵심 수단이다.

　다섯째, 잔치마당은 관객, 후원자, 기업과의 삼각 구조를 유기적으로 설계했다. 공연은 단순 소비가 아닌 관객 참여형으로 기획되었고, 지역 관객과 소통하는 프로그램을 지속 운영했다. '전통연희 체험워크숍'은 관객이 직접 공연에 참여하면서 예술과 감정적 관계를 맺는 장치였다. 후원자는 예술의 철학에 공감하며 정기 후원자가 되었고, 기업은 사회공헌 목적의 공연 협찬을 통해 잔치마당과 장기적 파트너십을 형성했다. 이 관계들은 단체 운영의 중심축이 되었다.

3
예술경영은 현장의 생존 전략이 필요하다

예술경영은 이론이 아니라 현장 그 자체다. 잔치마당은 블랙리스트 시절 정치적 압력에도 공연을 멈추지 않았고, 팬데믹에는 무관중 공연과 온라인 콘텐츠로 돌파구를 찾았다. 공연 수익이 막히면 교육 프로그램으로, 교육이 어려우면 크라우드펀딩으로 대안을 마련했다. 예술가가 기획자이자 운영자가 되어야 했고, 창작과 생존을 동시에 고민해야 했다. 예술 현장은 단순히 이상을 추구하는 공간이 아니라, 매 순간 실전 전략이 필요한 사업장이기도 하다.

1) 블랙리스트, 팬데믹 등 위기 대응 경험
: 표현의 자유, 예술의 형식, 위기 속 리더십, 위기는 기회

예술단체는 위기 속에서 진짜 경영의 본질과 생존 전략을 시험받는다. 정치적 억압과 코로나 같은 외부 충격은 단체의 정체성과 운영 기반을 무너뜨릴 수 있다. 위기 상황에서 예술은 멈출 수도, 동일하게 지속할 수도 없다. 생존을 위한 유연성과 예술의 본질을 지키는 고집이 동시에 필요하다. 위기 대응은 예술경영의 가장 실진적인 훈련이며, 일관된 가치와 전략적 변화가 동시에 작동해야 가능하다.

첫째, 정치적 억압은 예술가에게 표현의 자유와 생계를 동시에 위협한다. 정권의 성향에 따라 예술가의 활동이 제한되거나 배제되는 일이 반복되어 왔다. 지원금 중단, 공연장 대관 취소, 사회적 낙인이 동시에 작용한다. 단체는 검열에 맞서기 위해 조직적 연대와 독립적 운영 체계를 갖춰야 한다. 표현의 자유는 제도 바깥에서도 지켜져야 하고, 운영은 자생적 구조로 설계되어야 한다.

둘째, 코로나19 위기는 예술의 형식을 근본적으로 전환시켰다. 공연 취소, 거리두기, 수용 인원 제한은 현장 중심의 예술단체에 큰 타격을 주었다. 무대 기반 예술은 디지털로 전환할 수밖에 없었다. 공연은 영상화되었고, 수익 구조는 유료 스트리밍이나 후원 기반으로 재편되었다. 예술단체는 이 전환을 기술적으로 준비하면서 동시에 감성 전달 방식도 새롭게 구성해야 했다.

셋째, 위기 속 단체의 민첩성과 리더십은 존폐를 결정짓는다. 빠른 판단과 실행이 위기 대응의 핵심이다. 의사결정 체계가 복잡하거나 방향성이 불분명하면 조직은 분열된다. 중심이 되는 리더의 판단력, 내부 구성원의 신뢰, 외부 네트워크와의 연계가 모두 긴밀히 작동해야 생존이 가능하다. 위기 상황은 경영자의 가치관과 판단 능력을 있는 그대로 드러낸다.

넷째, 위기는 단체가 지향하는 가치와 철학을 점검하는 기회다. 예술단체는 위기 상황에서 선택의 기준을 명확히 해야 한다. 생존을 위해 무엇을 양보하고, 무엇은 끝까지 지킬 것인지 판단해야 한다. 이 기준이 흔들리면 관객과 후원자는 떠난다. 가치를 지키는 동시에 환경에 맞춘 전략적 변화가 필요한 순간이다. 위기 대응은 경영 전략이자 가치 실현의 시험대다.

다섯째, 잔치마당은 두 번의 큰 위기를 통해 예술경영의 실전 감각을 축적했다. 2015년 박근혜 정부 시절 문화계 블랙리스트에 포함되어 지원이 끊기고 어려움이 있었다. 하지만, 지역 기업체와의 상생 파트너십 프로그램 운영으로 어려움을 극복하였다. 2020년 팬데믹 당시에는 실시간 온라인 영상 콘텐츠로 전환해 관객 접점을 유지했다. 위기마다 생존 구조를 새롭게 설계했고, 외부에 의존하지 않는 운영 기반을 강화했다. 잔치마당은 위기 때마다 예술성과 생존성을 동시에 재조정하며 지속 가능성을 확보해 왔다.

2) 온라인 공연, 크라우드펀딩, 교육사업 사례
 : 온라인 공연, 크라우드펀딩, 교육사업, 공연 시스템 재구성

예술단체는 다원적 수익 구조를 구축해야 생존력을 확보할 수 있다. 공연 수익만으로 운영을 지속하기 어렵기 때문에 수익 모델의 다변화는 필수다. 예술가는 창작을 기반으로 교육, 후원, 디지털 유통 등 확장 가능한 구조를 동시에 고민해야 한다. 하나의 콘텐츠가 다양한 형태로 재가공되고 수익화될 수 있어야 한다. 예술경영은 창작의 확장성과 수익 모델의 효율성을 연결하는 실질적 전략이다.

첫째, 온라인 공연은 공간 제약을 넘는 새로운 관객 접점이다. 디지털 플랫폼은 예술 콘텐츠의 유통 방식을 근본적으로 바꿔놓았다. 공연장은 지역적 한계가 있지만 온라인은 전 세계 어디든 연결할 수 있다. 유튜브, 스트리밍 서비스, SNS는 무대의 연장이자 수익 창구다. 공연은 실시간 중계뿐 아니라 녹화 편집, 하이라이트 콘텐츠로도 재활용되어 다양한 방식의 소비가 가능하다.

둘째, 크라우드펀딩은 관객과의 경제적 연대를 형성하는 수단이다. 공연 제작에 앞서 관객의 기대와 참여를 수익으로 전환할 수 있다. 단순한 후원이 아닌, 프로젝트에 대한 신뢰와 기대를 기반으로 한 투자 성격을 지닌다. 이 방식은 예술단체의 독립성을 지키면서도 관객과의 관계를 강화한다. 콘텐츠의 사회적 가치가 크면 펀딩 참여율도 높아진다. 기획력과 신뢰가 핵심 자산이 된다.

셋째, 교육사업은 예술의 가치를 확산시키는 동시에 안정적 수익원이 된다. 공연과는 다른 방식으로 예술 콘텐츠를 전달할 수 있는 장치다. 학교, 기관, 일반인을 대상으로 한 워크숍과 강의는 창작의 맥락을 공유하고 문화적 기반을 넓히는 역할을 한다. 교육은 반복성과 장기성이 있기 때문에 운영 면에서도 안정적이다. 예술가의 전문성을 콘텐츠화하는 과정 자체가 경영 전략이 된다.

넷째, 시스템의 재구성은 예술성과 수익성을 동시에 높이는 방식이다. 하나의 공연이 영상, 강의 자료, 출판물, 굿즈 등으로 확장되면 단일 수익 구조에 의존하지 않아도 된다. 공연 전후의 스토리텔링, 창작 배경 설명, 연습 과정 공유 등이 모두 콘텐츠가 된다. 예술경영은 이 가공 과정을 기획하고 시스템화하는 능력이다. 창작물을 다양한 채널에서 반복 소비 가능한 구조로 설계해야 한다.

다섯째, 잔치마당은 온라인 공연, 교육, 크라우드펀딩을 통해 수익 모델을 입체화했다. 2020년 팬데믹 시기, '광대들의 놀음판'을 유튜브 생중계하며 디지털 공연 가능성을 실험했다. 해외 진출과 동화책 제작은 크라우드펀딩을 통해 제작비를 확보했다. 전통연희 교육 프로그램은 학교와 기관을 중심으로 운영되어 왔다. 잔치마당은 단일한 무대 공연을 넘어서 창작물을 수익 구조로 전환하는 복합 모델을 지속적으로 구축해 왔다.

3) 예술가가 직접 경영하는 구조와 한계
　: 예술가 중심 경영, 시간과 에너지 소진, 소통의 비효율,
　　조직 확장의 어려움

예술가가 직접 단체를 경영하는 구조는 자율성과 집중력을 동시에 요구한다. 예술가가 창작을 하면서 동시에 운영까지 맡는 구조는 장점과 단점을 모두 내포한다. 자율성, 기민성, 비전 통일이라는 장점이 있지만 행정 부담, 경영 역량 부

족, 지속 가능성의 한계라는 현실적인 문제도 뒤따른다. 창작과 경영은 서로 다른 언어로 작동하기 때문에 균형을 잡지 못하면 두 영역 모두 흔들리기 쉽다. 예술가 경영은 전략적 보완이 필요하다.

첫째, 예술가 중심 경영은 창작의 방향성을 조직 전반에 반영할 수 있다. 경영자가 예술가일 경우, 단체의 철학과 기획이 창작자적 시선에서 일관되게 설정된다. 방향성에 대한 내적 충돌이 적고 창의적 결정이 빠르다. 외부 이해관계보다 예술적 완성도가 우선될 수 있다. 이는 단체 정체성 유지에 유리하다. 기획, 연출, 제작이 자연스럽게 연결되며 조직 내 커뮤니케이션도 효율적으로 이뤄진다.

둘째, 예술가가 경영을 겸할 경우 창작 시간과 에너지가 소진된다. 창작은 집중력과 몰입이 중요한 영역이다. 운영과 행정은 반복과 계산, 협상과 조율이 필요한 영역이다. 이 두 영역을 동시에 감당하면 창작의 순도가 떨어질 수 있다. 예술가가 이메일, 회계, 보고서, 사업 기획에 매몰될 경우 창작자 고유의 감각이 마모된다. 이중 부담은 장기적으로 창작성과 경영성 모두에 부정적 영향을 미친다.

셋째, 예술가 경영은 외부 파트너와의 소통에서 비효율을 낳기도 한다. 예술적 언어와 행정적 언어는 다르다. 공공기관, 기업, 후원자와 협업하려면 전략적 소통 능력이 필요하다. 예술가가 이를 준비하지 않으면 단체의 이미지나 협업 기회에 영향을 줄 수 있다. 기획안 작성, 제안서 작성, 예산 협의 등의 과정을 예술가가 혼자 감당할 경우, 전문성과 효율성이 떨어질 가능성이 크다. 분업이 요구되는 지점이다.

넷째, 예술가 경영은 후속 세대 양성과 조직 확장에 어려움을 겪는다. 경영이 한 사람의 역량에 의존하면 조직은 취약해진다. 인력 구조가 비정형적이고 책임이 불균형해지기 쉽다. 특히 단체가 성장하고 활동 범위가 넓어질수록 한 명의 리더십으로는 한계에 부딪힌다. 후속 리더십 양성, 조직 시스템 구축, 행정의 분산이 되지 않으면 지속 가능한 경영이 어렵다. 예술가 중심 구조는 성장과 확장에 제약이 따른다.

다섯째, 잔치마당은 예술가가 중심이 된 경영 구조를 점진적으로 확장해 왔다. 창단 초기에는 예술가가 직접 기획과 운영을 도맡았다. 공연 기획, 홍보, 기금 신청, 교육 기획까지 창작 외 업무도 감당했다. 시간이 흐르며 업무의 과중함과 분업의 필요성을 절감했다. 이후, 회계, 기획, 교육 담당자를 내부에서 육성하거나 외부 전문가와 협업하며 구조를 개편했다. 현재는 예술가가 예술적 방향성을 유지하되, 운영은 분산된 팀 시스템으로 이뤄진다. 경영의 분업화는 창작력 유지와 단체의 지속 가능성 모두를 위한 선택이었다.

〈에피소드 ③〉
국악이 교회를 울린 날
– 용고 사건과 주님의 추임새

예술단체가 새로운 무대에 진입할 때 예상치 못한 문화적 충돌을 경험한다. 이 에피소드는 '잔치마당'이 부평의 대형 교회에서 공연한 경험을 통해, 타 문화권과의 협업에서 요구되는 유연성과 공감의 태도를 잘 보여준다. 문화예술이 종교적 경계 속에서도 소통과 감동을 만들 수 있음을 증명한 사례다.

부평에는 큰 교회가 참 많다. 그중에서도 J교회는 단연 유명했다. 매월 마지막 금요일, 1,000명이 넘는 새 신자를 환영하는 음악회를 연다고 했다. 어느 날, 잔치마당 서광일 대표와 오랜 인연이 있는 집사님이 예술단을 소개했다.
"우리 교회에서 신나는 국악 연주 한 판만 벌여주면 안 될까요?"
처음 듣는 '교회 초청 국악 공연'이었다. 낯설었지만, 지인의 부탁이라 마다할 수 없었다. 그렇게 잔치마당의 '打 & Rock'이 교회 무대에 오르게 됐다.

행사 당일, 교회 신전에 도착한 순간 모두 입을 다물지 못했다.
"헉, 여긴 체육관이야? 아니 콘서트홀이야?"
무려 6,000명이 앉을 수 있는 대형 성전. 십자가가 눈부신 단상 앞에 악기를 펼치기 시작했다. 용이 그려진 화려한 용고, 모듬북 세트, 장구까지 풀세팅. 마치 고구려 무사단이 신전에 진입한 느낌이었다. 리허설이 한창일 때였다. 정문이 열리더니 10여 명의 목사님들이 줄줄이 들어왔다. 순간 정적. 곧장 한 원로 목사님이 무대로 다가왔다.
"지금 뭘 하는 거요?"

"리허설 중입니다."
"저건 뭐요?"
"북입니다."
"…그 북에 그려진 건?"
"용입니다."
그 순간 목사님의 눈빛이 번개처럼 바뀌었다.
"용은 뱀과 사촌이오. 사탄을 주님의 성전에 들일 셈이오?"
순간, 단원들의 북채가 멈췄다. 고요. 저자의 뇌리에 '공연 철수'가 스쳐 지나갔다.

하지만 그날은 이상하게 화가 나지 않았다. 원로 목사님의 말은, 논리보다 '신앙'이었다. 이해됐다.
"하얀 천을 구합시다."
단골 현수막 업체에 전화를 걸었다. 30분 뒤, 한가득 하얀 천이 도착했다. 단원들은 부랴부랴 북을 감싸기 시작했다. 3번, 4번… 감다 보니 용은 자취를 감췄고, 목사님은 고개를 끄덕이며 "좋소"라고 하셨다.

공연은 시작됐다. 북소리에 교회가 울렸다.
"둥두둥 둥두둥 둥두둥두둥두둥!"
"얼씨구~ 좋다!"
교회에 추임새가 울려 퍼졌다. 목사님도, 새 신자도, 아이들도 다 같이 박수 치며 어깨를 들썩였다. 마지막 사물놀이 공연에선 유쾌한 반전이 기다리고 있었다.

원래 재담:
"하늘 보고 별을 따고, 땅을 보고 농사짓고, 올해도 대풍이요 내년에도 풍년일세!"
그날 재담:
"하늘 보고 기도하고, 땅을 보고 전도하고, 올해도 주님께서 우리 가족 지켜주시네!"

순간 객석이 터졌다. 웃음과 박수가 쏟아졌다. 한 새 신자가 말했다.
"이렇게 신나는 국악이 교회에서 울릴 줄 몰랐어요. 우리 교회 짱이에요!"

그날의 공연은 단순한 무대가 아니었다. 전통과 믿음이 마주한 자리에서, 서로의 경계를 이해하고 배려한 시간이었다. 용을 덮은 천 위로 울려 퍼진 북소리는, 문화와 신앙이 만난 한 장면을 상징했다. 국악은 경쾌한 장단으로 사람들의 마음을 열었고, 신앙은 열린 마음으로 국악을 품었다. 그날 잔치마당은 공연이 아닌 '공존'을 연주했다. 그 울림은 아직도, 조용히, 깊이, 부평의 교회 안에 남아 있다.

잔치마당 예술단의 "打 & Rock 콘서트" 작품 중 모듬북 〈천지인의 울림〉

제2장. 예술현장: 예술가는 결국 경영자다 **63**

4
지속 가능한 예술단체 운영 방법이 있다

예술단체가 오래 지속되기 위해서는 단일 수익원에 의존하지 않고, 다각적인 경영 구조를 마련해야 한다. 잔치마당은 국악전용극장 운영, 지역축제 참여, 교육사업, 기업 후원, 공공 지원금 등 다양한 방식으로 운영 기반을 다졌다. 무엇보다 중요한 것은 단체의 정체성을 유지하면서도 유연하게 시대 변화에 적응하는 능력이다. 지역과 연대하고, 시민과 소통하며, 예술을 통한 사회적 가치를 만들어가는 것이 예술단체의 지속 가능성을 높이는 길이다.

1) 수익 다변화와 조직 체계
   : 균형, 정체성, 유연 운영, 팀워크, 수익 다변화

지속 가능한 예술단체 운영은 수익 다변화와 조직 체계의 균형에서 시작된다. 공공 지원에 의존하는 구조는 위기 상황에 매우 취약하다. 수익이 하나의 채널에 집중될수록 외부 변화에 민감하게 반응한다. 자체 수익, 후원, 사업 협력 등 다양한 수익원을 확보해야 안정성이 높아진다. 동시에 분산된 수익을 관리할 수 있는 조직 구조가 갖춰져야 한다. 이 둘은 분리된 개념이 아니라 상호작용을 전제로 작동하는 핵심 운영 원칙이다.

첫째, 공공 지원과 민간 수익의 균형은 운영 안정성을 높인다. 지원금은 예술가에게 중요한 자원이지만 단체 생존의 유일한 해답은 아니다. 정권 변화, 정책 방향, 경쟁 심화에 따라 좌우된다. 지원 외 수익원을 확보하지 못하면 단체는 불안정한 구조에 놓인다. 민간 후원, 티켓 판매, 교육 수익, 협업 프로젝트 등을 함께 설계해야 안정적 운영이 가능하다. 안정은 균형에서 나온다. 다리 한쪽만으로 걷지 못한다.

둘째, 수익 모델은 단체 정체성과 연결되어야 지속성이 확보된다. 자체 수익을 만든다고 해도 단체 정체성과 맞지 않으면 유지되기 어렵다. 예술적 비전과 무관한 상품 판매나 일회성 이벤트는 일시적 효과에 그친다. 공연, 교육, 콘텐츠, 굿즈 등 단체의 예술 활동에서 자연스럽게 파생된 모델이어야 관객과 신뢰 관계를 유지할 수 있다. 정체성 없는 수익은 단체를 흔든다. 연결된 모델만이 지속된다.

셋째, 조직은 수익 구조에 맞춰 유연하게 운영되어야 한다. 조직 체계는 단체가 어떤 방식으로 수익을 창출하고 유지할 것인가에 따라 설계되어야 한다. 공연 중심 단체와 교육 중심 단체의 운영 방식은 다르다. 수익 다변화를 시도한다면, 이에 따른 인력 분담과 책임 구조도 함께 재편해야 한다. 정산, 계약, 마케팅, 홍보, 협업 파트너 관리 등 역할이 분명해야 효율성이 높아진다. 수익은 조직 구조를 필요로 한다.

넷째, 수익과 조직의 연동은 팀워크와 협업 문화로 완성된다. 구조를 만든다고 끝이 아니다. 조직은 사람으로 구성된다. 각자의 역할이 명확해도 협업과 커뮤니케이션이 원활하지 않으면 운영에 오류가 생긴다. 단체 내에서 예술가, 행정가, 기획자가 함께 협력하고 이해하는 문화가 형성되어야 한다. 수익은 개인이 아니라 팀이 만든다. 유기적인 협업 체계 없이 다변화된 수익은 관리될 수 없다.

다섯째, 잔치마당은 수익 다변화를 조직 운영 전략과 결합해 안정성을 확보해 왔다. 초기에는 공연 수익과 공공 지원에 의존했지만, 점차 교육 프로그램, 창작 작품 유통, 후원회, 기업과 파트너십 프로그램 운영 등 다양한 모델을 개발했다. 이를 위해 공연 기획팀, 교육팀, 공연팀을 명확히 구분하고, 정산과 마케팅 담당을 분리했다. 팀 간 정기 회의를 통해 수익과 운영의 흐름을 공유했다. 수익과 조직이 함께 성장하면서 위기에 흔들리지 않는 기반이 만들어졌다.

2) 지역사회 협력과 사회적 가치 실현
: 공동체 상생, 사회적 가치, 지역 협력

지속 가능한 예술단체는 지역사회와 연결될 때 진짜 의미를 갖는다. 예술은 혼자 존재하지 않는다. 공동체 안에서 살아 숨 쉬고 사회적 역할을 하며 확장된다. 지역과의 협력은 단체 운영의 기반이자 지속 가능성의 열쇠다. 주민과 함께하는 예술은 단체에 정당성을 부여하고 관객의 지지를 이끌어낸다. 예술의 사회적 가치는 외부에 설명하는 개념이 아니라 현장에서 실천되는 방식으로 존재해야 한다. 지역에 뿌리내린 예술은 가장 강한 생명력을 가진다.

첫째, 예술은 공동체와 상생할 때 지속력을 얻는다. 예술단체가 특정 지역에 기반을 두고 활동한다면, 그 지역 사회와의 관계는 단순한 거점이 아니라 동반자적 관계다. 공연, 교육, 봉사, 공공 프로젝트를 통해 지역 안으로 들어가야 예술도 살아남는다. 단절된 예술은 쉽게 외면받는다. 지역사회와 상생하려면 예술의 언어를 일상의 언어로 바꿔야 한다. 주민과 함께하는 예술은 관객 이전에 이웃을 만든다.

둘째, 사회적 가치는 숫자로 환산되지 않아도 단체의 생존에 기여한다. 예술단체는 매출과 티켓 판매 외에도 '왜 존재하는가'를 증명해야 한다. 사회적 약자와의 협력, 교육 소외 계층 대상 프로그램, 지역문화 전승 등은 모두 가치 실현의 예다. 이 가치는 바로 수익으로 연결되지는 않지만, 단체의 정체성과 신뢰를 쌓는 토대가 된다. 장기적 생존은 신뢰를 기반으로 형성된다. 사회적 가치를 실현하지 않는 단체는 쉽게 무너진다.

셋째, 지역 협력은 단체의 운영자원을 확보하는 방식이기도 하다. 지역 기관, 학교, 복지시설, 시민단체와의 협력은 예술단체가 공연 외 영역으로 활동을 확장할 수 있는 기회를 제공한다. 공간, 인력, 자금, 홍보 등 협력 과정에서 다양한 운영 자원을 공유받을 수 있다. 이는 단체 운영의 비용 부담을 줄이고 새로운 네트워크를 만들어낸다. 예술은 관계 속에서 유지된다. 협력은 예술이 자립하는 지름길이다.

넷째, 지역 중심 활동은 단체의 정체성을 강화하고 재생산을 돕는다. 지역을 기반으로 활동하면 단체의 방향이 뚜렷해진다. 특정 지역과 문화에 밀착된 활동은 고유성과 차별성을 만들고, 이는 곧 브랜드가 된다. 정체성이 명확해지면 새로운 구성원, 관객, 파트너를 끌어들이는 힘이 생긴다. 활동의 맥락이 명확한 단체는 외부로 확장될 때도 중심이 흔들리지 않는다. 지역은 단체의 뿌리이자 성장을 위한 자양분이다.

다섯째, 잔치마당은 인천 지역 사회와 협력하며 예술의 공공성을 실현해 왔다. 지역 아동센터와 협력한 예술교육, 어르신 대상 전통문화 공연, 다문화 가족과 함께한 연희 워크숍 등은 모두 지역과 함께 만든 프로그램이었다. 부평구문화재단, 구청, 학교, 복지기관과의 파트너십은 단체 활동을 뿌리내리게 했고, 공연 외 수익과 관객층 확장에도 영향을 주었다. 잔치마당은 예술을 들고 지역으로 들어갔고, 그 안에서 생존의 실마리를 찾았다.

3) 공공성과 자율성의 균형
  : 사회적 책임, 창작의 본질, 균형 설계, 지속성과 신뢰

예술단체는 공공성과 자율성 사이에서 균형을 찾아야 지속 가능하다. 예술은 사회적 역할을 수행할 때 공공성과 책임을 요구받는다. 동시에 예술가의 창작은 자율성과 실험성을 전제로 한다. 이 둘은 쉽게 충돌한다. 지나친 공공성은 예술을 제도화하고, 과도한 자율성은 사회적 지지를 잃는다. 예술경영은 이 사이의 긴장을 조율하며 단체의 운영 방향을 결정해야 한다. 균형을 찾지 못하면 예술도 경영도 흔들린다.

첫째, 공공성은 예술단체의 사회적 책임이자 존립 근거다. 예술이 대중과 연결되기 위해선 사회적 기능을 수행해야 한다. 교육, 치유, 지역문화 활성화, 사회통합은 예술의 공공 역할이다. 단체는 이를 외면할 수 없다. 공공성을 확보하면 정책적 지원과 사회적 신뢰를 얻는다. 단체의 활동은 사회적 이익과 연결될 때 정당성을 가진다. 예술이 사회에 기여하는 방식은 명확해야 한다.

둘째, 자율성은 창작의 본질을 지키는 핵심 원칙이다. 예술은 외부 간섭 없이 자유롭게 표현할 수 있어야 한다. 정치, 경제, 제도적 틀에 종속되면 창작의 본질은 훼손된다. 자율성이 보장되지 않으면 실험과 진화가 불가능하다. 단체는 스스로 예술적 방향과 가치를 설정하고 유지할 수 있어야 한다. 외부 기준이 아닌 내부 철학으로 운영될 때 창작의 힘이 생긴다.

셋째, 공공성과 자율성은 동시에 추구되어야 할 운영 원칙이다. 단체는 공공의 요구를 반영하면서도 창작의 주체성을 유지해야 한다. 일방적 수용도, 독단적 고립도 위험하다. 사회적 책임과 창작적 자유는 상충하는 가치가 아니라 병행할 수 있는 조건이다. 단체의 운영은 외부와의 협력, 내부의 자기결정이 균형을 이루는 방향으로 조정돼야 한다. 경영자는 그 균형을 설계하는 조율자다.

넷째, 균형 전략은 단체의 지속성과 신뢰를 좌우한다. 공공적 신뢰는 관객, 후원자, 정책기관과의 관계를 유지하게 하고, 자율성은 창작자와 조직 내부의 동력을 만들어낸다. 어느 한쪽에 치우치면 단체는 기획력과 방향성을 잃는다. 공공 프로젝트에서도 예술적 색을 유지하고, 내부 창작에서도 사회적 책임을 고려하는 전략이 필요하다. 균형은 지속 가능성의 기본 전제가 된다.

다섯째, 잔치마당은 공공성과 자율성 사이에서 유연한 운영 전략을 실천해 왔다. 공공 지원으로 운영되는 공연에서도 창작의 방향을 스스로 설정했고, 지역사회 요구가 강한 프로그램에도 고유한 연희 스타일을 유지했다. 블랙리스트 사태 속에서도 표현의 자유를 포기하지 않았고, 공공과의 협력도 중단하지 않았다. 자율성과 공공성을 모두 실현하는 방식으로 예술의 본질을 지키며 사회와의 관계도 확장했다.

5
예술경영의 철학과 미래 비전은 무엇인가

예술경영은 단순한 실무가 아니라, 창작과 경영 사이의 철학을 정립하는 과정이다. 예술의 독립성과 윤리를 지키면서도, 사회와 소통하고 생존할 수 있어야 한다. 기술과 디지털 환경 변화 속에서 전통예술도 변화할 수 있어야 한다. 동시에 그 정체성을 지키는 노력이 필요하다. 글로벌 시대에 예술은 국가 간 소통의 언어이기도 하다. 예술경영의 비전은 예술을 공공재로 만들고, 더 많은 사람들과 예술을 공유할 수 있는 시스템을 구축하는 것이다. 잔치마당은 그 길을 35년간 걸어왔고, 앞으로도 예술과 경영이 균형을 이룬 모델을 제시하고자 한다.

1) 창작의 자유와 경영 윤리
: **예술의 본질, 사회와 맺는 약속, 창작과 자유의 균형, 윤리적 판단**

예술경영은 창작의 자유와 윤리적 경영이 함께 작동할 때 비로소 건강하다. 예술은 자유로운 표현을 전제로 하지만, 조직은 사회적 신뢰와 책임을 기반으로 운영된다. 표현의 자율성과 경영의 윤리는 충돌할 수 있다. 하나는 창작의 경계를 넓히고, 다른 하나는 조직의 행동을 제약한다. 이 두 요소는 대립적이지만 반드시 조화되어야 한다. 예술단체는 그 경계 안에서 길을 설계해야 한다. 균형 없는 운영은 창작을 왜곡시키거나 조직의 신뢰를 무너뜨린다.

첫째, 창작의 자유는 예술의 본질을 구성하는 전제다. 예술가는 누구의 간섭 없이 자유롭게 표현할 수 있어야 한다. 정치, 종교, 자본, 제도가 예술의 방향을 정해선 안 된다. 창작이 검열되면 다양성은 사라진다. 표현의 자유는 단순한 권리가 아니라 예술의 존재 이유다. 예술경영은 그 자유를 지켜주는 시스템이어야 한다. 단체는 내부 창작 환경의 독립성을 철저히 보호해야 한다.

둘째, 경영 윤리는 조직이 사회와 맺는 약속의 기초다. 단체는 공공 자금을 집행하고, 관객과 소통하며, 내부 인력을 고용한다. 이 모든 과정에는 윤리적 책임이 따른다. 투명한 회계, 공정한 채용, 차별 없는 운영은 필수다. 경영 윤리가 무너지면 사회적 신뢰는 무너진다. 윤리는 단순한 규정이 아니라 조직이 지속 가능해지기 위한 생존 전략이다. 책임 없는 예술은 존재할 수 없다.

셋째, 창작의 자유와 경영 윤리는 균형을 이룰 때 의미가 있다. 창작자는 자유로워야 하고, 경영자는 책임을 져야 한다. 한쪽으로 기울면 균형이 무너지고, 자유라는 이름으로 무책임한 운영이 반복되면 단체는 무너진다. 윤리를 내세워 창작을 통제하면 예술은 기능을 잃는다. 이 균형을 유지하는 것이 예술경영의 역할이다. 내부 규율과 외부 기준이 동시에 작동해야 단체는 건강하게 운영된다.

넷째, 예술경영자는 창작과 운영의 중간 지대에서 윤리적 판단을 내려야 한다. 경영자는 창작의 자율성을 보장하면서도 조직 전체의 방향과 자원을 고려해야 한다. 불균형한 권한, 폐쇄적 구조, 불투명한 의사결정은 조직 내 창작 자유를 억압한다. 윤리적 리더십은 이런 구조를 예방하는 장치다. 감성 중심의 예술 조직일수록 더욱 구조적 윤리가 중요하다. 창작과 경영이 분리되지 않는 현실에선 윤리가 곧 창작의 기반이다.

다섯째, 잔치마당은 표현의 자유와 윤리적 경영을 함께 실천해 왔다. 블랙리스트에 올랐을 때도 정부의 검열에 굴복하지 않았고, 표현의 독립성을 끝까지 유지했다. 내부에선 구성원의 자율성을 존중하면서도 사업 집행은 투명하게 운영했다. 외부 후원을 받을 때도 예술 방향이 흔들리지 않도록 철저한 기준을 세웠다. 표현은 자유롭게, 운영은 윤리적으로라는 원칙이 잔치마당 경영의 핵심 축이었다.

2) 예술가 중심 운영과 전문 경영의 접점 찾기
   : 창작 방향이 명확, 경영적 감각, 상호 존중, 예술가 중심 체계 유지

예술단체는 예술가의 창의성과 전문 경영의 체계가 공존해야 지속 가능하다. 창작 중심의 조직은 생동감을 유지하지만, 경영 효율성이 떨어질 수 있다. 반대로 경영 중심의 조직은 체계는 갖추지만, 예술의 본질을 훼손할 위험이 있다. 예술가 중심의 운영은 창작의 자유를 보장하되, 외부와 연결되는 구조에서 전문 경영 역량이 필요하다. 이 두 영역이 충돌하지 않고 상호작용 할 때 예술단체는 생존과 확장을 동시에 꾀할 수 있다.

첫째, 예술가 중심의 조직은 창작 방향이 명확하고 조직의 색이 뚜렷하다. 리더의 미학적 감각이 직접 사업에 반영되어 예술성과 정체성을 유지할 수 있다. 그러나 이 구조는 행정, 예산, 홍보, 운영 등 실무 부담이 창작자에게 집중되는 문제가 있다. 의사결정이 빠르지만, 장기적 전략 수립과 외부 협업에는 취약하다. 단체가 커질수록 창작과 운영 사이의 균형을 고민하게 된다. 경영 전문성과 창작의 자유 사이에 균형이 필요한 이유다.

둘째, 전문 경영인은 행정, 기획, 재정 운영에 강점을 가진다. 예술단체의 사업을 체계화하고, 공공기관과의 협력, 기업 후원 유치, 예산 집행을 효율적으로 관리할 수 있다. 하지만 창작의 맥락과 예술적 판단이 경영 우선 논리에 의해 왜곡될 가능성도 있다. 프로그램의 질보다 수익이나 성과지표가 우선되면 예술의

본질이 훼손된다. 따라서 예술경영에서는 단순 효율이 아닌, 예술가의 관점을 이해하는 경영적 감각이 요구된다.

셋째, 예술가와 경영인의 협업은 상호 존중과 역할 분담에서 출발해야 한다. 창작자는 콘텐츠와 방향을 설계하고, 경영자는 실행과 운영을 책임진다. 이때 중요한 것은 조직 내 신뢰 기반이다. 창작과 경영이 병렬이 아니라 상호작용 하는 구조가 필요하다. 사업 방향은 예술가가 주도하되, 실현 방식은 경영인이 설계하는 구조가 이상적이다. 서로의 영역을 이해하고, 협력 방식이 내재된 조직 문화가 지속 가능성의 핵심이다.

넷째, 잔치마당은 예술가 중심 창작 체계를 유지하면서도 전문 스태프와 기획팀을 별도로 운영한다. 대표는 예술적 방향성과 조직 비전을 제시하고, 실무는 각 부서가 분담하는 방식이다. 연희판놀음 '인천아리랑 연가' 창작 작품 제작에서 예술팀은 공연 제작과 연출을 전담한다. 기획팀은 예산과 일정을 관리한다. 창작과 운영이 유기적으로 맞물려 움직이는 구조는 단체의 생존 가능성과 확장성을 동시에 높였다. 이것이 잔치마당이 구축한 창작과 경영의 접점 모델이다.

3) 예술의 미래, 경영을 통해 길을 찾다
: 감각, 반복 가능한 콘텐츠, 조직화, 관계 지속성, 경영적 사고

지속 가능한 예술경영은 창작의 자유를 지키면서도 생존할 수 있는 구조를 만드는 일이다. 단순히 수익을 내는 것이 목적이 아니라, 예술의 본질을 훼손하지 않고 사회와 연결되는 경로를 스스로 설계하는 과정이다. 예술가가 경영을 말하는 이유는 현실을 버텨내야 하는 무게 때문이다. 무대 위 감동은 무대 밖 운영이 가능할 때 유지된다. 잔치마당은 창작과 경영이 대립하는 구조를 넘어, 현장에서 체득한 실천을 통해 지속 가능한 경영의 조건을 축적해 왔다. 이 장은 그 조건을 예술가의 입장에서 하나씩 풀어내는 기록이다.

첫째, 지속 가능한 경영은 예술가가 시장을 분석하는 감각에서 출발한다. 작품을 만드는 것만으로는 생존이 어렵다. 관객 수, 매출, 반응률 등 데이터 분석 능력이 요구된다. 잔치마당은 매 공연의 반응을 수치화하고, 콘텐츠 기획에 반영하며 기획 역량을 키웠다. 예술가가 숫자를 읽을 줄 알아야 작품도 무대도 더 오래 지속된다.

둘째, 반복 가능한 콘텐츠 구조는 예술경영의 핵심이다. 한 번의 감동으로는 단체가 유지되지 않는다. 교육, 라이선스, 상품화가 가능한 콘텐츠는 예술의 수명을 연장한다. 잔치마당은 '금다래꿍'을 장기 공연으로 발전시켜 유아 공연, 해외 공연, 도서 제작 등으로 확장했다. 콘텐츠의 반복성은 예술과 경영을 잇는 실질 전략이다.

셋째, 조직화 없이는 예술가의 경영이 오래가기 어렵다. 모든 역할을 예술가 혼자 감당할 수 없다. 창작, 기획, 홍보, 행정의 분리가 필요하다. 잔치마당은 창작 중심 운영에서 조직 기반 시스템으로 전환하며 운영 효율을 높였다. 전문화된 구조는 예술가의 창작을 보호하고 지속 가능성을 확보하는 기반이 된다.

넷째, 관계의 지속성이 예술경영의 지속성을 결정한다. 예술단체는 외부 네트워크 안에서 성장한다. 재단, 기관, 지역사회와의 관계가 공연 기획과 자금 조달의 연결고리다. 잔치마당은 인천문화재단, 지자체, 교육청과 긴밀히 협력하며 다양한 사업을 연계해 왔다. 관계는 경영의 자산이며 미래의 기회다.

다섯째, 예술의 미래는 경영적 사고에서 길을 찾을 수 있다. 잔치마당은 2022년 예술경영대상에서 문체부 장관상을 수상했고, 2025년 대한민국 브랜드 어워드에서 '소비자 감동 1위'에 선정되었다. 끊임없는 창작 작업, 공공기관 협업, 기업 제휴 등은 예술단체의 안정적 운영 모델과 실질적 평가로 이어졌다. 이 성과는 예술경영이 창작과 분리된 영역이 아니라, 예술의 존속을 가능하게 하는 기반임을 증명한다. 잔치마당은 앞으로도 예술이 시장의 가격을 넘는 가치를 지닐 수 있도록, 예술가 주도의 경영 실천을 멈추지 않을 것이다.

〈AI 시대, 마당놀이에서 배우는 참여 경영의 원리 (사례)〉

AI 시대의 경영은 더 이상 지시와 통제의 구조로는 작동하지 않는다. 중심은 '소비자'가 아니라 '참여자'다. 기술이 자동화와 예측을 담당할 때, 조직은 감정과 공감의 연결을 설계해야 한다. 한국 전통예술인 마당놀이는 이러한 변화에 앞서 참여 중심 공동체 예술의 원형을 제시했다. 사물놀이가 악기의 조화로 하모니를 만든다면, 마당놀이는 관객과의 상호작용으로 감동의 공동체를 형성한다. 이 구조는 AI 시대의 참여 경영 모델로 해석될 수 있다.

① 무대와 객석의 경계를 지운 마당놀이의 리듬

사물놀이가 악기 간 조화를 통해 집단적 에너지를 생성한다면, 마당놀이는 관객과 배우 간의 감정 교류를 통해 예술적 집합 감정을 형성한다. 현대 예술은 감상의 시대에서 '경험'의 시대로 이동하고 있다. 관객은 더 이상 수동적 감상자가 아니다. 이제는 무대 위에 올라 함께 이야기를 만들고, 흐름을 바꾸며, 결말에 개입하는 공동 창작자다.

마당놀이는 이러한 전환을 전통 방식으로 가장 먼저 실현했다. 원형의 열린 무대 위에서, 배우는 관객을 향해 외치고 관객은 몸짓으로 응답한다. 이는 음악에서 리듬을 주고받는 추임새의 방식과 유사하다. 관객의 참여는 공연의 리듬을 바꾸고, 에너지를 확대하며, 예술의 경계를 다시 그린다.

AI 시대의 경영은 정답이 아니라 흐름을 조율하는 능력이다. 마당놀이는 그 흐름을 '공감'과 '참여'라는 감정의 리듬으로 구현한 공동체 예술이다.

② 관객이 리더가 되는 구조, 참여형 조직의 모델

1981년, 국립극장에서 시작된 〈놀보가 온다〉는 관객이 직접 무대에 참여하고, 배우와

대화하며, 극의 진행을 바꾸는 공연이었다. 원형의 난장 무대는 무대와 객석의 경계를 허물었다. 관객은 객석에 앉은 고객이 아니라, 무대 위로 끌려 들어온 공동 창작자였다.

이는 사물놀이에서의 상쇠와 단원의 관계를 확장한 개념이다. 상쇠가 리듬을 주도하지만, 단원의 반응이 없으면 연주는 생기를 잃는다. 마찬가지로 마당놀이는 관객의 반응을 공연의 일부로 받아들이고 그 에너지로 전체의 분위기를 조성한다. 감정은 일방적으로 전파되는 것이 아니라 상호작용을 통해 집단화된다.

오늘날 기업은 고객에게 서비스를 제공하는 주체가 아니라, 브랜드 공동체의 구성원으로 고객을 초대해야 한다. 마당놀이의 원형 무대처럼, 기업의 무대도 열려 있어야 한다.

③ AI 시대의 조직은 마당처럼 구성되어야 한다

AI가 데이터를 해석하고 트렌드를 예측한다면, 인간은 감정을 연결하고 관계를 설계해야 한다. 마당놀이는 이러한 정서적 설계의 모범이다. 단순한 공연이 아닌, 집단 정서를 묶는 커뮤니티 기반 플랫폼이다. 공연과 현실이 맞닿고, 감정과 전략이 결합될 때 관객은 주인공이 된다.

사물놀이가 악기의 조화로 완성되는 집단 리듬이라면, 마당놀이는 관객과 배우가 엮어내는 집단 감정의 리듬이다.

조직 역시 감정의 흐름과 참여의 구조를 설계해야 지속 가능하다. 추임새처럼 즉각 반응하고, 공연처럼 실시간 교감하며, 공동체처럼 감정을 나눌 수 있어야 한다.

AI 시대의 브랜드는 소비자의 구매로 유지되지 않는다. 참여로 연결되고, 공감으로 확장되며, 감동으로 기억된다. 마당놀이는 그 원형을 예술로 구현한 경영 모델이다. 기업도 이제 마당처럼 구성되어야 한다. 경영은 폐쇄된 구조가 아니라, 감정과 참여가 교차하는 열린 무대가 되어야 한다.

잔치마당 레퍼토리 작품 중 관객과 소통하는 〈인천아라리〉

〈에피소드 ④〉

MR과 LIVE의 한판 승부!
어떤 음악이 더 감동적일까?

해외 공연을 다니다 보면 초청국에서 한국 공연단에게 MR(반주음악)을 가져오지 말고 라이브 반주단을 동행할 것을 요청하는 경우가 많다. 특히 유럽에서 개최되는 페스티벌에서는 모든 해외 공연단이 노래와 춤의 반주를 라이브로 연주한다. 대규모 악기편성은 아니지만, 바이올린, 첼로, 아코디언 등 각 나라의 전통악기가 라이브로 연주되며, MR은 거의 사용되지 않는다.

"이거 녹음된 음악인가요? 라이브 연주가 필요합니다!"
리투아니아 발트칸 페스티벌 공연을 앞두고 있던 우리는 예기치 못한 요청을 받았다.
"네? 라이브 연주요?"
페스티벌 관계자는 다소 난감한 얼굴로 설명했다.
"여기서는 모든 공연이 라이브 연주로 진행됩니다. MR은 사용할 수 없어요."
공연단 전체가 서로를 바라봤다.
"이거… 큰일인데?"
공연 준비를 하며 MR 반주에 맞춰 리허설을 진행했던 우리는 당황했다.
"아니, 우리 한국에서는 이렇게 하는데?", "그러게, 다들 MR에 맞춰 준비했잖아?"
하지만 여기서는 아무리 항의해도 소용이 없었다. 라이브 연주가 원칙이라니, 이제 우리는 우리 악기로 반주를 해야만 했다.

잔치마당 공연단은 국악 기반의 무용과 연주를 선보이는 팀이었다. 문제는 무용을 위한 라이브 연주를 연습해 본 적이 없다는 것!

MR을 포기한 우리는 황급히 즉석 라이브 밴드(?)를 결성하기로 했다.

"일단 해보자! 쇠, 징, 장구, 북, 태평소라도 맞춰보자!"

그렇게 급히 악기를 꺼내 들고 연습을 시작했다. 하지만 문제는…

"야, 속도가 왜 이렇게 빨라?", "아니, 춤이랑 템포가 안 맞아!", "누가 좀 조율 좀 해봐!"

단 하루 만에 MR에 맞춰 짜인 공연을 라이브 연주로 바꾸려니 완전 난장판이었다. 춤추는 사람도, 연주하는 사람도 서로 호흡이 맞지 않았다.

페스티벌 스태프들은 걱정스러운 눈길로 우리를 바라봤고, 우리는 진땀을 흘렸다. '이거, 무대에서 망하는 거 아닐까…?'

그렇게 우여곡절 끝에 공연 당일이 되었다. 무대에 오르기 직전까지도 불안했다.

"이러다 진짜 사고 나면 어떡하지?", "몰라, 그냥 부딪혀보자!"

드디어 공연이 시작됐다. 우리는 라이브 반주로 춤을 시작했다. 그런데… 이상한 일이 벌어졌다.

연주자들은 무용수들의 움직임을 보면서 즉흥적으로 연주를 조율하기 시작했다. 무용수들은 악기의 박자에 맞춰 동작을 조절했다. 그 순간, 무대 위에서 '대화'가 시작된 것이다.

MR 때는 없던 긴장감과 짜릿함이 몰려왔다. 연주자들은 무용수의 움직임에 따라 강약을 조절했고, 무용수들은 연주의 흐름을 타며 즉흥적인 동작을 만들어냈다.

연주는 정해진 박자가 아니라 '살아 있는 음악'이 되었다. 단순한 춤이 아니라, 연주자와 무용수가 함께 만들어가는 한 편의 드라마가 무대에서 펼쳐졌.

공연이 끝나자, 객석에서는 우레와 같은 박수와 환호가 터져 나왔다. 관객들은 자리에서 일어나 박수를 보냈고, 페스티벌 관계자들은 감탄하며 말했다.

"이게 바로 예술입니다. 정말 환상적인 공연이었어요!"

공연이 끝나고 무대 뒤로 내려왔을 때, 우리는 서로를 바라보며 웃었다. 누군가가 말했다.

"야… 이거, MR이랑 할 때보다 훨씬 더 재밌지 않았어?"

맞다. 처음엔 불안했지만, 라이브 연주 덕분에 음악과 춤이 서로에게 맞춰지며 살아 숨 쉬는 공연이 되었다. 이후 해외 공연을 다니면서, 우리는 MR이 아닌 라이브 연주의 힘을 점점 더 실감하게 되었다. 서양 오케스트라 공연에서는 연주자가 실시간으로 음악의 흐름을 조율하며 감동을 극대화한다. 그와 달리 한국 전통음악 공연은 여전히 MR에 의존하는 경우가 많다. 하지만 오늘의 경험을 통해 확실히 알게 되었다.

MR과 LIVE의 한판 승부!
관객들의 마음을 움직이는 건 언제나 '살아 있는 음악'이었다.

잔치마당 초청으로 인천을 방문한 리투아니아 AINIA 공연단의 전통악기 연주

〈예술경영 참고 자료〉

《예술경영》 | 용호성 | 김영사 | 2020
공연과 전시, 축제와 미술 등 예술의 모든 분야를 종횡무진 넘나들며 기획, 조직 및 인력, 재무, 마케팅 및 홍보, 관객 개발, 펀드레이징의 원리를 세밀하게 밝히는 실무 매뉴얼이자 종합 입문서이다.

《사례로 본 한국 예술경영》 | 사단법인 한국예술경영학회 | 북코리아 | 2021
한국예술경영학회 창립 20주년을 기념하기 위해 한국예술경영학회가 회원들의 중지를 모아 한국의 예술경영 사례를 모은 책이다. 예술경영 현장의 사례에 대한 이해를 통해 한국 예술경영학의 맥락적 요인들과 한국 예술경영학의 특성을 탐색한다.

《예술경영 이야기》 | 정재왈 | 안나푸르나 | 2019
개별적 예술 장르의 예술가가 겪는 문제로부터 접근해 다양한 현장에서 예술과 감상자가 만나는 상황을 분석한다. 작품을 기획하고 무대에 올리는 기획자의 입장과 나아가 그러한 예술 작품을 수용하는 관객의 중요성을 인정한다. 그 목소리를 현실에 반영하는 예술경영의 이야기를 폭넓게 다룬다.

《문화예술경영과 행정, 문화예술산업의 이해》 | 박남예 | 박영사 | 2024
예술과 경영의 조화를 바탕으로 기존의 고정된 시각을 넘어서는 예술경영의 새로운 접근을 제안한다. 단순한 이론이 아닌 창작과 제작의 실제 경험을 바탕으로, 예술과 돈, 디지털 기술, 생태계 구조 등 복잡한 현실을 통합적으로 다루며, 예술경영의 본질을 현장 중심으로 풀어낸다.

《예술경영의 이해》 | 김정수 | 학지사 | 2021
예술의 사회적, 경제적 역할과 함께 예술경영의 기본 개념과 필요성, 시장 환경 속 예술가의 생존 전략 등을 다양한 사례를 통해 서술한 입문서이다. 예술경영 전반의 이론과 실제를 균형 있게 소개한다.

《문화예술 경영론》 | 신은경 | 커뮤니케이션북스 | 2019
문화예술 조직의 기획, 마케팅, 인사, 재정 등의 전반적인 경영 전략을 다룬 이론 중심 교재이다. 공연예술과 시각예술 등 다양한 분야를 아우르며 현장 적용 사례도 함께 수록되어 있다.

PART 3

공연제작

창작 국악극의
브랜드화 성공 전략이 있다

AI 기반 콘텐츠 자동 확산과 추천 알고리즘 시대에 하나의 창작물을 확장 가능한 가치로 재편하는 방법은 경영의 핵심이다. <금다래꿍>은 어린이 국악극을 넘어 책·음원·영상·교육 콘텐츠로 이어지는 복합 브랜드 플랫폼이다. 잔치마당은 어린이 눈높이 스토리텔링과 전래 민요 재해석, 여섯 단계 제작 프로세스로 전통과 현대를 결합했다. 지역사회·교육기관 협력과 공공 지원사업으로 공연을 보편화하고, 동화책 출간과 디지털 마케팅(유튜브·SNS·검색 최적화)을 통해 관객 접점을 다변화했다. 브라질 초청 공연에서는 넘버벌 구성으로 언어 장벽을 넘고, '2025 대한민국 브랜드 어워드' 1위로 지속 가능성과 수익성을 확보했다. 이 장은 브랜드 관점으로 콘텐츠의 지속성·수익성과 교육·사회적 확장 가능성을 제시한다.

창의적 스토리텔링 기반의 콘텐츠를 개발해야 한다

창의적 스토리텔링 기반의 콘텐츠 개발은 전통예술을 현대적으로 재해석해 새로운 문화 경험을 창출하는 방식으로 전개된다. 전통은 단순한 보존 대상이 아니라 현재를 살아가는 이야기로 다시 태어난다. 관객은 수동적 감상이 아닌 능동적 참여를 통해 공연 속으로 들어간다. 어린이는 이야기 속 주체가 되어 말하고 움직이며 상상한다. 전통음악과 춤, 악기는 놀이처럼 스며든다. 참여는 몰입을 만들고, 체험은 기억으로 남는다. 무대는 배움의 공간이 되고, 공연은 살아있는 교육이 된다. 새로운 세대는 전통을 외우는 것이 아니라, 느끼고 표현하며 받아들인다. 이러한 과정은 전통문화 콘텐츠가 지속 가능하게 확장되는 기반이 된다.

1) 전통과 현대의 융합 콘텐츠
   : 시대적 요구, 현대적 스토리라인, 음악과 무대 연출, 전통의 가치

전통과 현대의 융합 콘텐츠는 문화유산을 현대적 맥락에서 재해석하는 과정이다. 이를 통해 전통문화는 다지 보존되는 것이 아니라, 시대에 맞게 변화하며 새로운 가치를 창출한다. 전통예술의 요소들은 현대적인 해석과 결합되어 관객에게 신선한 경험을 제공한다. 특히 어린이 관객을 대상으로 한 공연에서는 전

통의 익숙한 요소들이 새로운 형태로 풀어져 자연스럽게 다가간다. 금다래꿍은 이러한 융합을 통해 어린이들이 전통음악과 이야기를 즐기면서도 교육적 가치를 경험하도록 한다.

전통예술의 현대적 재구성은 전통문화의 핵심을 유지하면서도 시대적 요구에 맞게 변화하는 과정이다. 이를 현대적인 방식으로 풀어내면 전통예술은 더 큰 호소력을 가지게 된다. 특히 어린이들에게 전통문화를 쉽게 전달하여 흥미를 갖게 한다. 전통문화는 시대와 맞물려 변모하며, 어린이 공연을 통해 교육적이고 재미있는 콘텐츠로 확장된다. 이 방식은 전통을 후속 세대에게 자연스럽게 전하고, 그들의 문화적 소양을 키우는 중요한 역할을 한다.

동물 캐릭터와 현대적 스토리라인의 결합은 어린이들이 쉽게 다가갈 수 있게 돕는다. 전통민속예술의 고유한 의미는 동물 캐릭터와 결합하여 더 효과적으로 전달한다. 어린이들은 동물 캐릭터들이 전통문화를 표현하는 방식에 자연스럽게 흥미를 느낀다. 각 캐릭터는 감동적이고 재미있는 경험을 제공하며, 전통과 현대의 융합을 통해 교훈을 전달한다. 현대적 스토리라인은 어린이들이 직관적으로 이해하고 참여할 수 있도록 도와준다.

음악과 무대 연출을 통한 감각적 융합은 전통과 현대를 자연스럽게 연결하는 핵심 요소다. 전통음악의 리듬과 가락은 무대 연출과 결합되어 감각적인 경험을 선사한다. 음악은 캐릭터의 감정을 표현하고 이야기 흐름을 이끌어가며, 무대 연출은 시각적인 자극을 통해 전통과 현대를 이어준다. 전통예술은 고유의 특성을 유지하며 현대적인 감각으로 재구성된다. 어린이들은 이러한 융합을 통해 전통을 쉽고 창의적인 방식으로 경험한다.

전통과 현대의 자연스러운 조화는 전통문화가 현대사회에서 생명력을 유지할 수 있게 한다. 전통의 가치는 보존되며 현대적 접근 방식으로 새롭게 풀어낸다.

전통문화는 교훈과 메시지를 현대 문맥에 맞게 재해석하여 현재와 미래의 관객에게 의미 있게 다가간다. 시간이 지나도 변하지 않는 가치는 지속적으로 전파되며, 전통문화는 세대와 세대를 아우르는 자산으로 자리 잡는다. 이 과정에서 전통문화는 지속적으로 현대 사회에서 재창조되고 확장된다.

2) 참여형 스토리텔링을 통한 관객 경험 확장
  : 이야기 속 주인공, 무대에서 상호작용, 창의적인 사고 자극

참여형 스토리텔링은 관객을 이야기의 중요한 일부로 끌어들인다. 관객은 무대 위에서 직접 참여하며 몰입감을 높인다. 특히 어린이들은 이야기 속에서 주인공처럼 행동하며 상호작용 하게 되고, 이로 인해 창의적 사고를 자극받고 자신만의 아이디어를 표현할 기회를 갖는다. 이와 같은 공연을 통해 전통음악, 춤, 악기 체험을 자연스럽게 배우며 전통문화를 몸소 체득하게 된다. 전통문화는 단순히 배우는 것이 아니라, 공연 속에서 살아 숨 쉬며 아이들의 감정과 생각 속에 깊이 새겨진다. 이러한 과정은 전통문화의 가치를 내면화하고, 지속적으로 전파하는 중요한 방법이 된다.

어린이들이 무대에서 상호작용 하며 배우는 과정은 참여형 스토리텔링의 핵심적 특징 중 하나다. 예를 들어, 공연 중 어린이들이 전통악기를 연주하거나 춤을 추는 시간은 단순한 활동을 넘어 자연스럽게 전통문화와 예술을 접하는 기회가 된다. 이러한 학습은 이론이 아닌 실제 체험을 기반으로 이루어지며, 아이들은 공연을 보면서 직접적인 교육적 경험을 얻는다. 결과적으로 아이들은 전통예술을 단순히 배우는 것이 아니라, 자신의 감각과 방식으로 체득하고 그 의미를 깊이 이해하게 된다.

이와 함께, 참여형 스토리텔링은 어린이들에게 창의적인 사고를 자극하는 중

요한 계기를 제공한다. 관객은 이야기의 흐름에 따라 스스로 선택하고, 이야기 속 캐릭터나 상황을 상상하며 적극적으로 참여하게 된다. 이러한 과정은 아이들이 고정된 틀에서 벗어나 자신의 창의적인 아이디어를 표현할 수 있는 기회를 제공하며, 새로운 문제 해결 방식을 탐색하게 만든다. 그 결과 상상력은 자연스럽게 자극되고, 보다 창의적이고 자유로운 사고가 형성된다.

이러한 참여 경험은 전통문화를 어린이들에게 자연스럽게 전달하는 데 있어 매우 효과적이다. 공연 중 관객이 직접 참여함으로써 전통민속 예술과 문화적 교훈을 몸소 체험하게 되고, 전통음악과 춤, 이야기의 의미가 스토리와 결합되어 쉽게 이해된다. 전통문화는 단순히 지식으로 전달되는 것이 아니라, 아이들의 몸과 마음을 통해 자연스럽게 전파되고 내면화된다. 이러한 체험의 누적은 전통문화의 생명력을 유지시키며, 어린이들이 그 가치를 오래도록 기억하고 계승하는 데 중요한 역할을 한다.

3) 금다래꿍 공연 제작 6단계 (사례)

부모의 입장에서 아이들의 눈높이에 맞추다

금다래꿍은 단순한 공연을 넘어 교육, 공동체, 디지털, 글로벌로 나아가는 '전통문화의 현대적 계승' 모델로 자리 잡고 있다. 전통을 흥미롭고 창의적인 방식으로 전달하는 방법에 대한 사례로, 문화 콘텐츠 개발에도 많은 시사점을 준다.

① 단계: 기획과 아이디어 개발
- 금다래꿍 기획의 시발점은 전통연희단 잔치마당 단원들이 '부모의 입장'에서 아이 관객들이 전통문화를 보다 쉽고 재미있게 접할 수 있도록 깊이 고민하면서 시작되었다.

- 황해도 황주 지역의 서도민요 '금다래꿍'에서 비롯된 전설을 바탕으로 제작되었으며, 전통과 현대적 감각을 융합한 스토리텔링은 흥미와 감동, 교훈을 모두 담아내며 관객의 몰입을 유도하였다.
- 금다래꿍은 전래 민요와 전설을 현대적이고 창의적으로 각색하여 어린이 관객이 쉽고 재미있게 접할 수 있도록 설계된 성공적인 문화 콘텐츠이다.
- 어린이 눈높이에 맞춘 동물 캐릭터(호랑이, 사자, 토끼, 곰 등)를 등장시켜 민요의 의미를 쉽게 전달하고, 스토리의 흡입력 강화를 위해 동물 친구들과의 모험이 전개된다.
- 단순한 배경음악이 아닌 극 전개 장치로 서도민요가 활용되며, 전통과 현대 요소의 결합을 통해 아이들이 자연스럽게 문화유산을 접하도록 기획되었다.

② 단계: 팀 구성과 준비 작업
- 금다래꿍은 잔치마당 단원들이 부모의 입장에서 아이들의 눈높이에 맞추는 공연으로 기획하였다. 국가무형유산 이수자와 전문 국악인들의 참여를 통해 높은 예술적 수준을 유지하고 있다.
- 출연진은 남사당놀이, 봉산탈춤, 사물놀이, 연극배우 등 다양한 전통연희 이수자와 배우들로 구성되어, 각 장르의 전문성이 공연의 완성도를 높이고 있다.
- 사물놀이, 설장구, 봉산사자춤, 남사당 버나놀이 등의 전통타악기 연주와 연희 퍼포먼스는 작품의 몰입감을 높이는 중요한 요소로 무대 구성에 반영되었다.
- 동물 캐릭터들이 선보이는 각기 다른 개인 놀음은 캐릭터의 개성을 표현하는 동시에 무대의 시각적 흥미를 높인다.

③ 단계: 제작 준비와 리허설
- 극을 이끌어가는 금다래 할머니는 전문 배우를 캐스팅하여 극의 스토리와 안정감을 높였다.
- 토끼의 버나놀이는 회전 묘기를 통해 시각적 즐거움을 제공하고, 호랑이의 상쇠 연주는 극의 리듬을 이끈다.
- 사슴의 장구 퍼포먼스와 사자탈을 쓴 연희자의 춤은 리허설을 통해 정교하게 조율되며 공연의 하이라이트를 완성한다.
- 공연은 서도민요 '금다래꿍'을 중심으로 사물놀이, 동요 리듬 등을 결합하여, 초등학교 교과 내용과의 연결성을 높이기 위한 세부 기술 리허설이 진행된다.
- 추임새, 민요 합창, 악기 연주 등의 체험 요소도 리허설 과정에서 조정되며, 공연

전 무대 설치와 기술 점검이 병행된다.

④ 단계: 마케팅과 홍보
- 유튜브 채널에 공연 하이라이트 영상, 비하인드 메이킹 영상 등을 업로드하여 젊은 부모 세대와의 소통을 강화하였다.
- 인스타그램, 페이스북 등 SNS를 통한 후기 공유, 이벤트 운영 등으로 관객의 자발적 참여를 유도하였다.
- 국악극을 동화책으로 제작하여 온·오프라인 콘텐츠를 활용해 공연의 기억과 브랜드 인지도를 확산시키는 전략이 병행되었다.
- 공연은 '신나는 예술여행', '찾아가는 아트스쿨' 등 공공 예술 프로그램에도 적극 참여하여 교육기관과 지역사회와의 연계를 확대하였다.

⑤ 단계: 공연 실행
- 최종 리허설 후, 공연은 문화 소외 지역, 초등학교, 지역 축제 현장 등 다양한 공간에서 실행되었다.
- 아이들이 직접 무대에 올라 손녀 분이가 되는 참여형 스토리텔링, 사물놀이 악기 연주, 추임새 참여 등 실시간 상호작용이 진행되며 관객의 몰입을 유도하였다.
- 동물 캐릭터 중심의 무대 연출, 체험형 요소를 포함한 공연은 어린이의 흥미와 몰입을 유지하며 공연의 품질을 보장하였다.

⑥ 단계: 평가와 후속 작업
- 공연 후에는 관객 피드백과 참여도, 감상평 등을 바탕으로 성과 분석이 이루어졌다.
- 공연을 바탕으로 제작된 동화책, 동물 캐릭터 스티커 등은 공연 이후에도 브랜드를 기억하게 만드는 핵심 수단으로 활용되었다.
- 교과 연계 프로그램, 사물놀이 체험 활동, 민요 복습 활동 등은 교육 콘텐츠로 발전하였으며, 이는 지속적인 관객 개발 및 브랜드 충성도 형성에 기여하였다.
- 해외 공연 경험(브라질 아리랑 페스티벌 등)을 바탕으로 글로벌 시장으로의 확장도 검토되고 있으며, 이는 장기적인 브랜드화 전략의 기반이 되었다.
- 2025 대한민국 소비자 감동브랜드 1위에 선정되어 작품의 예술성과 대중성을 지속하고 있다.

금다래 할머니와 동물친구들이 잃어버린 손녀 분이를 찾아서 기뻐하고 있다.

　창의적 스토리텔링은 전통을 현재의 언어로 풀어내어 살아 있는 이야기로 바꾸는 힘이다. 잔치마당의 금다래꿍은 부모의 시선에서 시작해 어린이 관객의 감각과 정서를 고려한 공연을 기획했다. 전래 민요와 전설은 현대적인 무대 언어와 형식으로 재구성되었다. 아이들은 이야기 속에서 노래하고 움직이며 전통을 몸으로 체득했다. 무대는 배움의 공간이 되었고, 공연은 즐거운 놀이와 교육의 결합으로 완성되었다. 금다래꿍은 전통을 외우게 하지 않고 느끼게 했다. 다음 세대가 자신의 감성으로 전통을 이어갈 수 있도록 길을 열었다.

공연 기획자를 위한 아이디어 창출 TIP

① **관객의 눈높이에서 생각하기**
- 누구를 위한 공연인지 먼저 설정하고, 관객의 입장에서 무엇이 재미있고 감동적인지를 고민한다.
- 예) 어린이를 위한 공연이라면 아이의 관심사, 시선, 감정 등을 기준으로 접근한다.

② **전통과 현대의 융합 포인트 찾기**
- 익숙한 전통요소(민요, 설화, 의식 등)를 현대적 언어와 시각적 요소로 재해석한다.
- 예) 전통민요를 힙합, EDM 등과 융합하거나, 동물 캐릭터로 바꾸는 식의 각색을 한다.

③ **스토리텔링 중심의 세계관 설정**
- 공연이 단순한 장면 나열이 아닌 이야기 흐름(서사 구조)을 갖도록 기획한다.
- 주인공, 갈등, 해결, 교훈이라는 기승전결 안에서 독창적인 세계관을 기획한다.

④ **참여형 요소 적극 도입**
- 관객이 참여할 수 있는 지점을 설계해 공연의 몰입도를 높인다.
- 무대에 오르거나, 추임새 넣기, 간단한 소품 체험 등 체험 요소를 넣는 것도 좋다.

⑤ **교과 과정과 사회적 메시지 연계**
- 교육 콘텐츠와 연결되면 공연의 활용도가 높아지고, 기관의 관심도 끌 수 있다.
- 예) 초등학교 음악 교과에 수록된 민요나 이야기 활용, 공동체, 협력, 존중 등의 메시지를 포함한다.

⑥ **시각·청각적 상상력 확장**
- 무대 디자인, 의상, 음악 등 오감으로 즐길 수 있는 요소를 적극적으로 사용한다.
- 예) 색감이 풍부한 동물 탈, 전통악기의 생생한 소리, 화려한 조명과 음향이 효과적이다.

⑦ **작은 실험에서 시작하기**
- 거창한 시작보다도 워크숍, 시범 공연, 낭독 공연 등 소규모 실험을 통해 반응을 확인하고 아이디어를 발전시킬 수 있다.
- 초기에는 소규모 어린이집, 학교 등을 대상으로 시도해 보는 것도 좋은 방법이다.

예술적 전문성과 대중성을 결합한 공연 구성을 해야 한다

예술적 전문성과 대중성을 결합한 공연 구성은 전통예술의 정통성과 어린이 맞춤형 창의적 설계를 균형 있게 조화시키는 방식으로 이루어진다. 전문 연희자의 참여는 형식의 보존과 무대 감각의 완성도를 높인다. 사물놀이와 민요는 감정과 리듬을 조율하는 핵심 예술 언어로 작용한다. 어린이는 발달 특성에 따라 설계된 이야기와 캐릭터를 통해 몰입하고 상호작용 한다. 공연은 감각적 경험을 제공하며 교육성과 예술성을 동시에 실현한다.

1) 전통예술의 전문성 확보
 : 예술적 진정성, 작품의 완성도, 현대적인 스토리텔링 구조,
   전통예술의 전문성 강화

전통예술의 공연화는 단순한 재현을 넘어 예술적 진정성과 정통성을 유지하며 현대적으로 재창조하는 과정이다. 이를 위해서는 사사 체계와 무형유산 제도를 통해 전승된 전문 예술인의 참여가 필수적이며, 이들은 형식의 보존과 맥락의 재해석을 동시에 수행한다. 특히 사물놀이와 민요는 극의 감정과 리듬을 조율하는 예술적 장치로, 이를 무대에 효과적으로 구현하기 위해서는 숙련된 연희자의 기량과 감각이 핵심이다.

전통예술의 전문성 확보를 위해서는 어떠한 전략이 필요할까?

첫째, 전통예술의 공연화에서 가장 중요한 요소는 예술적 진정성과 정통성의 계승이다. 문화예술이 현대 콘텐츠로 재생산될 때, 전통예술의 정체성과 가치는 훼손되지 않도록 해야 하며, 이를 위해 전문 예술인의 참여가 필수적이다. 국가무형유산 제도나 전통기예의 사사(師事) 체계는 전통예술이 단절되지 않고 유지될 수 있도록 하는 구조적 기반을 제공한다. 전통공연의 현대화를 추진하는 과정에서도 이러한 '전문성 기반의 창작' 원칙은 작품의 신뢰성을 담보하는 핵심 요건이다.

둘째, 공연 예술의 무대 위에서는 전문적 기량을 갖춘 연희자와 국악인의 연기, 음악, 리듬이 작품의 완성도를 좌우한다. 특히 사물놀이와 같은 한국의 타악 중심 연희는 정형화된 연주 기술과 즉흥적 창의성이 결합된 장르이다. 이를 무대 위에서 자연스럽게 녹여내기 위해선 숙련된 전문가가 필요하다. 전통예술의 맥을 잇는 전문 예술인들은 이러한 공연 구조에 있어서 이야기 흐름뿐 아니라 공연 리듬감, 감정선 전달, 시청각 몰입도까지 통제할 수 있는 중심축으로 기능한다.

셋째, 전통예술의 공연화가 단순한 재현을 넘어 창조적 콘텐츠로 자리 잡기 위해서는 '형식의 보존'과 '맥락의 재해석'이 동시에 이루어져야 한다. 전통연희와 민요는 본래 공동체적 맥락에서 자연스럽게 체험되던 예술이다. 이를 무대 공연으로 옮길 경우에는 관객과의 상호작용 방식, 연희자의 동선, 리듬의 구조 등을 새롭게 설계할 필요가 있다. 이때 중요한 것은 연희의 본질적 규범을 해치지 않으면서도 현대적인 스토리텔링 구조에 부합하게 통합하는 전략이다.

넷째, 전통예술의 전문성 강화는 공연예술의 품격과 정통성을 유지하는 핵심 요소이다. 전통예술은 국가무형유산 제도와 체계적인 전수교육을 통해 계승되고 전승된다. 전통연희는 전문 예술인의 참여 아래 현대적으로 재해석되어 그 가치를 지닌다. 특히 사물놀이와 민요는 단순한 배경음악이 아니라 극의 감정선과 리듬을 조절하는 주요 장치로 기능한다. 무대 위에서 이를 적절히 해석하고 통합하는 능력은, 다년간의 수련과 예술적 통찰을 지닌 연희자의 전문성에서 비롯된다.

2) 어린이 맞춤형 콘텐츠 제작
: 인지 발달 이론, 정서적 몰입 유도, 자발적인 학습 유도, 교육적 가치와 체험 요소

어린이 대상 공연은 단순히 이해하기 쉬운 내용을 전달하는 것을 넘어, 인지 발달 단계에 적합한 구조와 감성적 몰입을 유도하는 창의적 설계가 필요하다. 특히 전통예술을 소재로 하는 공연일수록 어린이의 관심을 끌고 문화적 의미를 효과적으로 전달하기 위해, 스토리라인, 시각 요소, 상호작용 구조 등 전방위적인 콘텐츠 조정이 필수이다. 이를 위해서는 아동 발달 이론과 교육심리학적 관점을 바탕으로 설계된 '참여 기반의 공연 구조'와 '공감 가능한 캐릭터 구성', 그리고 교육성과 예술성을 동시에 고려한 콘텐츠 개발이 필요하다.

어린이 맞춤형 콘텐츠 제작을 위해 필요한 방향은 무엇일까?

첫째, 인지 발달 이론에 기반한 구조를 설계해야 한다. 피아제(Jean Piaget)[1]의 인지 발달 이론에 따르면, 초등학생 시기의 아동은 구체적 조작기에 속하며, 논리적 사고와 실물 중심의 학습에 높은 흥미를 보인다. 이 시기의 아이들은 상징적

---
1. 장 피아제(Jean Piaget, 1896~1980), 국적은 스위스이다. 직업은 심리학자이자 아동의 인지 발달 이론가이다. 주요 업적으로는 아동이 단순히 지식을 수동적으로 받아들이는 존재가 아니라, 환경과 상호작용하면서 능동적으로 지식을 구성해 나가는 존재라고 보았다.

사고와 모험적인 내러티브를 통해 세상을 이해하므로, 공연 속 스토리는 '잃어버린 누군가를 찾는 여정'처럼 단순하고 명확한 목표를 중심으로 구성되어야 한다. 등장인물은 동물 캐릭터처럼 친숙하고 상징적인 존재일수록 아동의 감정 이입을 유도하기 쉽다. 이야기 중심의 구체적인 서사는 어린이의 몰입과 학습을 동시에 이끌어낼 수 있는 기반이 된다.

둘째, 정서적 몰입을 유도하는 캐릭터와 감각적 요소가 중요하다. 가드너(Howard Gardner)[2]의 다중지능 이론에 따르면, 아동은 언어, 음악, 신체 등 다양한 지능 형태를 통해 세상을 받아들인다. 이를 반영하여 공연은 음악, 움직임, 시각 이미지 등을 통합한 멀티모달 구조로 설계되어야 하며, 이는 어린이의 다양한 감각을 자극하고 집중력을 향상시킨다. 특히 캐릭터는 정형화된 교훈 전달보다 유머와 감정 표현이 풍부한 형태로 구성되어야 하며, 각각의 동물 캐릭터가 고유의 성격과 표현을 지니는 방식은 어린이의 공감과 감정적 몰입을 높이는 효과적인 전략이다.

셋째, 참여형 구조를 통해 자발적 학습을 유도해야 한다. 비고츠키(L.S. Vygotsky)[3]의 사회문화적 발달 이론은 아동이 타인과의 상호작용을 통해 학습한다는 점을 강조한다. 공연에 관객 참여 구조를 도입한다. 아이들은 단순히 보는 것을 넘어 '이야기의 일부'가 되는 경험을 하게 된다. 이는 자기주도적 사고와 창의성을 촉진한다. 관객 중 한 명이 무대에 올라가 공연의 주인공이 되는 형식은 공동체 감각, 협업 능력, 사회적 인식 능력을 동시에 강화시킬 수 있는 방식이다.

---

2. 하워드 가드너 (Howard Gardner, 1943~) 국적은 미국이다. 직업은 심리학자이자 하버드대학교 교수이다. 주요 업적으로는 1983년 저서 『Frames of Mind: The Theory of Multiple Intelligences』에서 인간의 지능은 단일한 IQ로 설명될 수 없다고 주장하며, '다중지능 이론'을 제안했다.
3. 레프 세묘노비치 비고츠키 (Lev Semyonovich Vygotsky, 1896~1934) 국적은 러시아이다. 직업은 심리학자이자 교육이론가이다. 핵심 이론으로는 사회문화적 발달 (Sociocultural Theory)로 인간의 인지 발달은 사회적 상호작용과 문화적 맥락 속에서 이루어진다고 주장했다.

넷째, 교육적 가치와 체험 요소의 통합이 필요하다. 어린이 공연은 단순한 오락이 아니라 교육적 메시지를 내포할 수 있어야 한다. 이를 위해 교과 연계와 실천적 학습 요소가 병행되어야 한다. 예를 들어, 음악 교과서에 수록된 민요를 공연에 활용한다. 관객이 추임새를 따라 하거나 악기를 직접 연주하는 장면을 삽입함으로써, 공연은 '학습이 일어나는 문화 체험의 장'으로 확장될 수 있다. 이러한 구조는 공연 후에도 아이들이 기억하고 반복 학습할 수 있는 기회를 제공한다. 전통예술에 대한 흥미를 지속시킬 수 있는 기반이 된다.

이처럼 어린이 맞춤형 콘텐츠 제작은 아동 발달 특성을 고려한 교육학적 설계와 예술적 감각이 결합되어야 가능한 일이다. 단순한 이야기 전달을 넘어, 감정 몰입, 참여, 공감, 학습의 네 요소가 유기적으로 융합된 공연 구조는 전통예술을 기반으로 한 어린이 공연이 교육성과 대중성 모두를 확보하는 지점으로 나아갈 수 있게 만든다.

3) 동물 캐릭터들의 협력의 힘 (사례)

① 전통과 현대의 융합을 통한 창의적 스토리텔링
금다래꿍은 서도민요와 전설을 현대적 관점에서 재구성하여 어린이들이 쉽게 접근할 수 있는 형태로 만들었다. 전통적인 서사는 동물 캐릭터와 모험을 중심으로 새롭게 해석된다. 이로 인해 어린이들이 전통문화에 대한 흥미를 느끼게 된다. 각 동물 캐릭터는 전통적인 전래동화를 현대적이고 창의적인 방식으로 전달한다. 전통의 가치를 보호하면서도 새로운 차원으로 확장된다. 어린이들은 스토리 속에서 전통연희 예술을 자연스럽게 접하며, 이를 재미있고 흥미롭게 학습할 수 있는 기회를 얻는다.

② 어린이 관객을 위한 직관적이고 흥미로운 이야기 구성
금다래꿍은 동물 캐릭터를 활용하여 어린이들이 쉽게 공감하고 이해할 수 있는 이야기

를 구성했다. 호랑이, 토끼, 곰 등의 다양한 동물 캐릭터는 각기 다른 성격과 역할을 통해 어린이들이 이야기에 몰입하게 만든다. 스토리라인은 모험과 협동을 중심으로 전개되어, 어린이들이 자연스럽게 문제 해결과 협력의 가치를 배울 수 있다. 각 캐릭터는 독특한 개성을 가진 동물들로 설정되어 어린이들이 쉽게 그들의 감정을 따라가고, 이야기를 보다 흥미롭게 느낄 수 있도록 돕는다.

③ 전통음악과 전통예술을 통한 몰입감 강화
금다래꿍은 전통 서도민요와 전통악기를 공연의 핵심 요소로 활용하여 음악적 몰입감을 극대화했다. 각 장면에서 전통음악은 등장인물들의 감정을 표현하며, 이야기의 분위기와 리듬을 이끌어간다. 전통악기인 꽹과리, 징, 장구, 북 등의 소리는 극적인 긴장감과 감동을 더욱 증폭시킨다. 아이들이 공연을 관람하면서 자연스럽게 전통악기를 체험할 수 있는 기회를 제공한다. 전통문화와 예술을 보다 친숙하게 받아들이도록 유도한다. 이 과정은 전통민속예술의 중요성과 아름다움을 어린이들이 몸소 느끼며 경험할 수 있게 한다.

④ 교육적 가치와 교훈을 전달하는 창의적 접근
금다래꿍은 공연을 통해 어린이들에게 협력과 공동체 정신의 중요성을 자연스럽게 전달한다. 손녀를 찾는 여정 속에서 동물 캐릭터들이 각자의 특기와 능력을 활용하여 협력하며 문제를 해결하는 과정을 보여준다. 이 이야기는 어린이들에게 팀워크와 상호 존중의 가치를 체득하게 한다. 다른 사람과 협력하여 더 큰 목표를 달성하는 방법을 가르친다. 공연을 관람한 어린이들은 단순히 전통문화를 배우는 것에 그치지 않는다. 사회적 가치와 공동체 정신을 이해하고 실생활에서 적용할 수 있는 중요한 교훈을 얻는다.

⑤ 창의적 스토리텔링을 통한 콘텐츠 차별화

전략 요소	설명
전통과 현대의 융합	서도민요 '금다래꿍'을 동물 캐릭터 중심으로 현대적 재해석
참여형 스토리텔링	관객이 직접 주인공이 되는 구조 (손녀 '분이' 역할 참여)
교훈적 메시지	협력, 공동체 정신, 배려와 존중을 이야기 속에 자연스럽게 포함
음악적 몰입도	단순 배경음악이 아닌 스토리 전개 핵심 장치로서 민요 활용

금다래꿍 동물친구들이 사물놀이 악기를 치며 손녀 분이를 찾아 헤매고 있다.

　예술적 전문성과 대중성을 결합한 공연 구성은 전통의 정통성과 어린이 맞춤형 설계를 균형 있게 조화시키는 방식으로 실현된다. 금다래꿍은 전문 연희자의 참여로 무대 완성도를 높였다. 어린이 발달에 맞춘 캐릭터와 이야기 구성으로 몰입을 유도했다. 사물놀이와 민요는 감정과 리듬을 조율하며 전통의 예술성을 전한다. 손녀를 찾는 여정 속 동물 캐릭터들은 협력과 존중의 가치를 보여준다. 어린이는 극 속 상황에 감정을 이입하며 공동체 정신을 자연스럽게 체득한다. 이 공연은 전통예술을 통해 더불어 사는 방법을 알려주는 무대가 된다.

〈어린이 대상 작품 제작 시 유용한 TIP〉

① **'아이의 시선'으로 생각하기**
- 성인 중심의 사고가 아닌, 아이의 눈높이와 감정선으로 이야기를 풀어야 공감과 몰입이 생긴다.
- 복잡한 상징이나 추상 개념보다는, 직관적이고 명확한 스토리가 효과적이다.

② **재미 + 의미의 균형 맞추기**
- 웃음과 즐거움을 주는 동시에, 작은 교훈이나 감동을 담는 것이 중요하다.
- 협동, 용기, 배려, 공동체 정신 같은 메시지를 자연스럽게 전달한다.

③ **시각적 요소를 풍부하게 구성하기**
- 아이들은 시각적 자극에 민감하다.
- 화려한 색감의 무대, 개성 있는 의상, 재미있는 소품은 아이들의 집중력을 높이고 몰입을 도와준다.

④ **리듬과 반복을 활용한 구성**
- 노래, 율동, 반복되는 대사 등은 아이들이 기억하기 쉽게 따라 하기를 유도한다.
- 민요처럼 리듬감 있는 구성은 공연의 흥미도를 높이는 좋은 도구이다.

⑤ **참여형 요소 적극 도입**
- 아이들이 주인공이 되는 구조를 만들거나, 추임새 · 악기 · 댄스 등 직접 참여할 수 있도록 유도한다.
- 관람자가 아닌 참여자가 될 때 아이들의 몰입도는 극대화된다.

⑥ **무서움·폭력 등은 최대한 배제**
- 어린이 콘텐츠에서는 불필요한 공포나 자극적인 장면은 피하고, 따뜻함과 유쾌함이 중심이 되도록 한다.
- 갈등이나 긴장도는 안전한 환경 안에서 해결되는 구조로 설계한다.

⑦ **가족 단위 관람을 고려한 기획**
- 실제 관객은 '아이 + 보호자'인 경우가 대부분이므로, 부모도 공감할 수 있는 포인트를 함께 마련하면 효과적이다.
- 보호자의 만족도는 재관람과 입소문으로 이어질 수 있다.

3
브랜드 확장성과 지속 가능성을 확보해야 한다

브랜드 확장성과 지속 가능성 확보는 전통공연 콘텐츠가 반복성과 지역성을 기반으로 문화적 경험으로 자리 잡는 과정에서 실현된다. 국내외 다양한 무대를 통한 공연은 브랜드의 생명력을 현실에 정착시킨다. 지역사회와 학교 연계는 문화 향유의 균형을 이루며 공동체 기반의 학습 생태계를 형성한다. 체험형 교육 콘텐츠는 공연의 교육적 효과를 높이고 일상 속 예술 경험을 가능하게 한다. 순환적 유통 구조는 공연의 지속성을 담보하고 사회적 가치를 확산시킨다.

1) 국내외 공연 성과를 통한 브랜드 성장
: 순환형 공연 지속, 다문화적·다지역적 확장,
공공성과 예술성 조화, 브랜드 자산 축적

전통공연 콘텐츠가 지속 가능한 브랜드로 성장하기 위해서는 공연의 무대를 다변화하고 반복공연을 통해 관객 접점을 넓히는 전략이 필요하다. 이는 공연을 '한 번의 체험'에서 '지속 가능한 문화적 경험'으로 전환하는 과정이다. 브랜드의 생명력을 현실에 뿌리내리게 한다. 이러한 관점은 공연의 순환적 소비 모델에 기반하여, 전통공연 콘텐츠가 시대적 변화와 지역별 맥락 속에서 유연하게 적용될 수 있음을 전제로 한다.

공연 콘텐츠가 국내외 공연을 통해 브랜드로 성장하기 위해 필요한 전략은 무엇일까?

첫째, 반복 가능성과 이동성을 갖춘 공연 구조가 필요하다. 공연 콘텐츠가 특정 장소나 시기에만 국한될 경우, 그 경험은 일회성에 머물 수밖에 없다. 금다래꿈은 '신나는 예술여행', '찾아가는 아트스쿨' 등 공공 예술 프로젝트에 참여하였다. 학교, 지역사회, 문화 소외지역 등 다양한 공간에서 순환형 공연을 지속하였다. 공연 브랜드의 대중성과 공공성을 동시에 확보하였다. 이 같은 반복 구조는 관객의 누적 경험을 축적하게 한다. 특정 지역이나 연령대에 제한되지 않는 보편성과 접근 가능성의 확장 기반을 마련한다.

둘째, 공연 무대의 다문화적·다지역적 확장이 브랜드의 확산력을 높인다. 문화 콘텐츠가 글로벌 시장에서 살아남기 위해서는 보편적 코드와 지역 특수성에 동시에 반응할 수 있는 유연성이 요구된다. 금다래꿈은 브라질 아리랑 페스티벌과 같은 국제 행사에서 한국 전통문화를 알리는 공연으로 주목받았다. 특히 전통연희의 시각성과 사물놀이의 리듬감은 언어의 장벽을 넘는 감각 중심의 문화 소통 도구로 작용하였다. 이는 전통공연 콘텐츠가 세계 무대에서도 통용 가능한 브랜드로 성장할 수 있음을 실증한 사례가 되었다.

셋째, 공공성과 예술성이 조화를 이루는 프로그램 연계 전략이 중요하다. 단순한 상업 공연이 아니라, 공공 예술과 교육적 기여를 동반한 공연 활동은 관객에게 공연을 더 깊이 있는 문화 경험으로 인식하게 한다. 금다래꿈은 교육청과 협력하여 학교 단위로 찾아가는 공연을 지속했다. 어린이와 교사, 학부모 등 교육 공동체 내에서 브랜드에 대한 정서적 신뢰와 지속적 호응 기반을 확보하였다. 공연이 하나의 '문화적 공공재'로 작동할 때, 브랜드는 단지 유명세를 넘어선 사회적 역할과 존속 가치를 획득한다.

넷째, 공연 현장에서의 기억과 감정이 브랜드 자산으로 축적되어야 한다. 브랜드는 물리적 공연보다 관객의 마음에 남는 감정과 경험의 깊이로 평가된다. 금다래꿍은 매 공연마다 어린이 관객의 적극적 참여를 유도하였다. 스토리 속 주인공으로 무대에 서는 기회를 제공하며 공연이 관객 개인의 추억이 되는 구조를 만들었다. 이러한 몰입적 경험은 공연이 끝난 이후에도 브랜드에 대한 감정적 애착을 유지시킨다. 향후 재관람, 구전 마케팅, 후속 콘텐츠 소비로 자연스럽게 연결되는 기반이 된다.

2) 지역사회와 교육기관 연계 전략
: 찾아가는 공연, 학교 교육과정과 연계, 지역축제와 연계, 교사와 학부모 참여

지역사회와 교육기관 연계는 전통공연 콘텐츠의 공공성을 실현하는 핵심 전략이다. 찾아가는 공연은 문화 소외 계층의 문화 접근권을 보장하고, 공연의 공공적 역할을 강화한다. 학교 교육과정과 연계한 체험형 콘텐츠는 학습 효과를 높이고 예술 경험을 일상화한다. 지역축제와의 협업은 주민 참여를 유도하며 공동체 문화의 기반을 확장한다. 교사와 학부모의 참여는 가정과 학교, 공연장을 연결하는 문화 학습 공동체 형성에 기여한다. 이 네 가지 방식은 공연 콘텐츠의 사회적 확산과 장기적 지속 가능성을 실현하는 핵심 구조로 작동한다.

첫째, 찾아가는 공연은 문화 향유의 형평성을 실현하는 핵심 전략이다. 공연장을 방문하기 어려운 농산어촌, 도서 지역, 문화 소외 지역의 아동들에게 직접 전통예술을 전달함으로써 접근성을 높인다. 공연과 체험 중심의 구성은 아동의 문화 감수성과 참여 의욕을 동시에 자극하며, 문화 소외 계층의 문화 참여 기회를 확대한다. 공공 예술의 가치는 공연이 일상 속으로 찾아가는 과정에서 실현된다. 이는 공연 콘텐츠가 공공재로 기능할 수 있는 기반이 된다.

둘째, 학교 교육과정과 연계한 예술 콘텐츠는 교육성과 문화 향유를 동시에 실현한다. 초등 음악 교과서에 수록된 민요 '금다래꿍'을 기반으로 한 공연은 교실 수업의 연장을 공연장에서 체험하게 한다. 추임새 따라 하기, 사물놀이 리듬 체험, 노래 부르기 등은 학생들의 학습 동기와 문화적 상상력을 자극하는 중요한 방식이다. 공연은 수업 내용을 실천적 경험으로 전환시키며, 학교와 예술이 연결되는 유의미한 교육 모델로 발전한다.

셋째, 지역축제와의 연계는 전통예술 공연의 공동체적 정체성을 회복하는 주요 수단이다. 지역문화 행사와 협업한 공연은 주민 참여형 예술 활동으로 확장되며, 지역민의 문화적 소속감과 자긍심을 높인다. 금다래꿍은 부평풍물대축제, 부평문화사랑방 등과 협력하며 지역주민과 예술단체가 함께 만들어가는 축제형 공연으로 자리 잡았다. 공동체 기반의 공연 확산은 지역의 문화 생태계를 활성화한다. 공연이 지역문화 정체성의 일부로 기능하게 한다.

넷째, 교사와 학부모의 참여는 공연 콘텐츠의 교육 효과와 사회적 확산력을 높이는 촉매제이다. 교사를 위한 학습자료 제공과 공연 전후 수업 연계 자료는 공연을 수업의 일부로 자연스럽게 통합시킨다. 학부모의 동반 관람은 가족 단위 문화 경험을 제공한다. 전통예술에 대한 긍정적 인식 확산에 기여한다. 공연-학교-가정이 연결되는 학습 공동체 구조는 공연 콘텐츠의 사회적 지속성과 교육적 공공성을 강화하는 기반이 된다.

3) 공연에서 책으로, 책에서 또 다른 무대로 (사례)

> 전통예술 공연이 하나의 책으로 확장되고, 다시 교육과 디지털 매체를 통해 새로운 무대로 이어지는 과정을 조명하는 사례다. 어린이 국악극 '금다래꿍'은 공연에서 느꼈

던 감동과 흥겨움을 동화책으로 옮겨와 아이들의 일상 속 감성 학습으로 확장시켰다. 단순한 공연 기록이 아닌, 독립적 서사와 국악 체험 요소를 담은 책은 공연 후에도 아이들이 국악 문화를 자연스럽게 접하고 기억할 수 있도록 설계되었다. 이 책은 무대를 벗어난 전통예술이 어떻게 지속 가능하고 살아 있는 콘텐츠로 순환될 수 있는지를 보여주는 융합적 문화 브랜드의 실천 모델이다.

① **동화책 제작 배경**

금다래꿍 동화책은 전통연희단 잔치마당이 어린이 국악극을 보다 넓은 문화소비로 확장하고자 기획한 융합형 출판 콘텐츠다. 황해도 서도민요 '금다래꿍'을 바탕으로 창작된 국악극을 어린이 독서 환경에 맞춰 재구성하였다. 공연장을 벗어나도 이야기와 국악 정서를 경험할 수 있도록 설계되었다. 공연의 감정선과 서사를 유지하되, 캐릭터와 대사를 시각적으로 재해석하여 독립적인 문화 경험으로 전달된다. 이 책은 공연과 연계된 감각적 교육 콘텐츠로서, 문화 향유의 매체적 다양성과 지속 가능성을 실현한 실천 사례로 주목받고 있다.

② **동화책 스토리**

동화책 줄거리는 '금다래' 할머니가 잃어버린 손녀 '분이'를 찾아 동물 친구들과 함께 산속을 모험하며 전통국악기와 민요를 경험하는 이야기로 구성된다. 호랑이, 토끼, 사자 등 각 동물은 장구, 꽹과리, 징 등을 연주하며 흥겨운 장면을 만들고, 아이들은 이야기와 함께 자연스럽게 우리 전통 리듬을 익히게 된다. 서사는 분이 찾기를 중심으로 협력과 우정, 음악의 즐거움을 강조하며, 감정적 공감과 교육적 메시지를 동시에 전달한다. 동물 캐릭터는 아이들이 쉽게 감정 이입할 수 있도록 설정되어 몰입도 높은 국악 동화로 완성되었다.

③ **동화책 특징**

금다래꿍 동화책은 공연 내용을 단순히 재현하지 않고, 독자 스스로 읽고 느끼는 감각적 상상력에 초점을 맞춘 독립 콘텐츠로 기획되었다. 그림책 속 QR코드는 공연 속 민요 배우기 영상으로 연결되어 독서와 음악 체험이 동시에 가능하고, 책 곳곳에 숨겨진 전통악기 찾기 장치는 독자 참여와 놀이적 요소를 유도한다. 부록에는 사물놀이와 국악기 해설이 수록되어 어린이들이 공연에서 보고 듣던 악기의 실제 이름과 역할을 확인할 수 있게 구성되었다. 이 책은 공연–출판–교육을 아우르는 통합형 전통예술 콘텐츠로 기능하며, 다층적 학습과 체험의 구조를 갖추고 있다.

④ 국악평론가 추천

윤중강 국악평론가는 이 책을 "우리 이야기로 만든 꼭 필요한 동화책"이라 말하며, 민요와 악기가 어우러진 잔치마당 공연의 확장판으로 높이 평가했다. 김병훈 국악연출가는 "금다래꿍은 전통문화 예술정신을 되살리고 새로운 시대적 장르로 나아가는 시도"라고 하였고, 서광일 단장은 "예술단원들이 부모의 마음으로 아이들을 위해 직접 만든 작품"이라고 소개했다. 추천글은 이 책이 단순한 아동 독서물이 아닌, 전통과 현대, 공연과 교육, 감성과 지식이 결합된 복합 문화 콘텐츠임을 강조하고 있다. 이 책은 예술가와 교육자, 부모가 공감할 수 있는 전통예술 융합 콘텐츠로 사회적 가치를 갖는 작품으로 인식되고 있다.

금다래꿍 동화책은 공연 콘텐츠의 지속성과 확장 가능성을 실현한 대표적인 문화 브랜드 사례다. 무대 공연의 시공간 제약을 넘어 독서와 교육의 영역까지 전통예술을 연결한 이 책은, 공연 이후에도 관객과의 정서적 관계를 이어가는 문화적 장치로 작용한다. 책은 어린이들에게 국악에 대한 친근한 접근을 제공하며, 공연을 경험하지 않은 독자에게도 전통문화 콘텐츠의 가치를 전달하는 유입 통로가 된다. 이는 전통공연이 다매체 기반 콘텐츠로 전환되는 실천적 모델로 기능하며, 국악 기반 창작물의 교육 출판 시장 진입 가능성을 입증하는 사례가 된다.

금다래꿍 공연 작품을 동화책으로 만날 수 있다.

금다래꿍 작품의 특징은 관중이 무대의 주인공이 될 수 있다.

　브랜드 확장성과 지속 가능성 확보는 전통공연 콘텐츠가 반복성과 지역성을 바탕으로 일상적 문화 경험으로 자리 잡는 과정에서 실현된다. 금다래꿍은 공연 무대를 넘어 동화책으로 확장되어 전통문화 콘텐츠의 다매체화를 실현했다. 책은 공연 이후에도 정서적 관계를 이어주는 문화적 장치로 작동한다. 학교와 지역사회 연계를 통한 체험형 교육 콘텐츠는 공동체 학습 환경을 조성한다. 공연을 경험하지 않은 어린이도 책을 통해 국악에 친숙하게 접근하며 콘텐츠와 만난다. 이는 전통예술 기반 창작물이 공연에서 독서, 학습, 출판으로 이어지는 실천적 순환 모델로 기능한다. 브랜드는 무대 위에서 끝나지 않고 다양한 접점을 통해 문화적 생명력을 확장한다.

스토리텔링 아이디어 창출 TIP 7가지

① **전통설화 또는 민요에서 모티프 찾기**
  - 우리 고유의 전래동화, 전설, 민요 속 등장인물이나 상징, 교훈을 현대적으로 재해석한다.
  - 예) '금다래꿍' 민요처럼 익숙한 전통 소재에 모험, 판타지, 동물 캐릭터를 접목하면 아이들에게 더욱 친근하게 다가갈 수 있다.

② **"만약 ~라면?" 상상 질문 활용하기**
  - "만약 호랑이가 사물놀이를 한다면?", "만약 옛날 전래동화 속 인물이 지금 학교에 다닌다면?" 같은 가정형 상상 질문으로 흥미로운 상황을 만들어본다. 기발한 상상이 독창적인 이야기의 출발점이 된다.

③ **캐릭터 중심에서 이야기 확장하기**
  - 하나의 개성 강한 캐릭터(인물 또는 동물)를 정하고, 그 인물이 겪는 갈등, 성장, 변화의 이야기를 구성한다. 캐릭터가 명확하면 아이들도 쉽게 다가간다.

④ **문제 해결 구조 활용하기**
  - 주인공이 어떤 문제에 봉착하고, 도움(동료, 지혜, 물건 등)을 받아 해결하는 여정을 구조화한다. 이는 자연스럽게 협력, 용기, 배려 같은 주제를 담을 수 있는 틀이 된다.

⑤ **감정에서 출발하는 이야기 만들기**
  - '그리움', '용기', '화해', '두려움' 등 감정에서 시작되는 이야기는 관객의 공감을 이끌어낸다. 감정을 중심으로 스토리를 구상하면 몰입도 높은 이야기를 만들 수 있다.

⑥ **일상 속 익숙한 소재 비틀기**
  - 친구, 학교, 가족, 동물, 꿈 등 일상적인 소재에 전통문화 요소를 결합한다.
  - 예) 학교에 등장한 사자탈, 유치원에서 추임새 배우는 장면 등 현실+환상 등을 결합한다.

⑦ **참여형 구성을 스토리에 반영하기**
  - 관객(특히 어린이)이 이야기의 일부가 되는 설정을 만들어본다.
  - 예) "이야기의 주인공이 관객 중 한 명이다", "관객이 추임새를 넣어야 이야기가 진행된다" 등의 스토리 기법은 몰입도를 극대화한다.

〈에피소드 ⑤〉

"사자야, 그건 토끼가 아니야!"
– 금다래꿍 첫 공연 대소동!

금다래꿍의 시작은 의외로 소박하고 따뜻했다. 잔치마당 단원들이 부모의 눈으로 고민한 한 가지 질문에서 출발했다.

"우리 아이가 전통문화를 더 쉽고 재미있게 만날 수 있다면 얼마나 좋을까?"

그렇게 탄생한 어린이 국악극 금다래꿍은 황해도 황주 지역의 서도민요를 바탕으로, 동물 캐릭터와 모험 이야기가 펼쳐지는 아주 귀엽고 신명 나는 공연이었다.

단원들은 잔치마당 공연장에서 풍물동아리 회원들에게 작품을 설명했고, 쇼케이스도 해보면서 점점 자신감을 얻었다. 그리고 드디어 첫 공연 날, 부평구 어린이집의 5세 반 아이들 50명이 입장했다. 단원들은 긴장했고, 가슴은 떨리고, 마음은 쿵쾅쿵쾅!

"드디어 우리가 아이들에게 평가받는 날이구나…"

공연이 시작되고, 금다래 할머니가 "얼씨구~ 잘헌다~" 하고 추임새를 던지자, 아이들 눈이 반짝반짝. 호랑이는 꽹과리로 번개를 치고, 곰은 북으로 구름을 만들고, 사슴은 비를 뿌리고, 토끼는 징을 치며 바람을 일으켰다.

모두가 신명 나게 손녀 '분이'를 찾는 대모험을 펼치는 그때… 짜잔! 사자 등장!

굿거리장단에 맞춰 멋지게 춤을 추던 사자, 갑자기 "배가 고파요!" 하며 무대에 털썩 주저앉는다.

그러자 금다래 할머니가 "사자야, 너 토끼 좋아하지?" 하며, 진짜 토끼 인형을 건네준다. 그러자 사자, 입을 쩍 벌리더니… 토끼를 질.근.질.근. 씹기 시작!

그 순간… "으아아앙!", "토끼를 살려주세요!!!", "토끼 잡아먹지 마세요, 사자 나빠요!"

관객석에선 울음바다가 터졌다. 아이들의 순수한 마음은 탈춤 속 설정도 용납하지 않았다. 무대 위 단원들은 당황했고, 객석의 교사들은 웃음을 참느라 혼신의 힘을 다했다.

공연이 끝나고 단원들은 회의에 들어갔다.
"토끼를 씹는 장면은 빼자. 그 대신 마이쮸 사탕 어때?"
그리하여 다음 공연부터는 사자는 토끼 대신 마이쮸를 얻고, 아이들은 사탕을 받아먹으며 행복해했다. 이 경험은 잔치마당 단원들에게 잊지 못할 소중한 교훈이 되었다.
아이들과 공연은 함께 완성하는 것이라는 것을.
금다래꿍은 그렇게 아이들과 함께 자라고 있었다.

금다래꿍 작품의 재미 요소는 사자가 뱀이 되고, 기린이 되고, 낙타로 변신한다.

4
디지털 플랫폼을 활용한 마케팅 전략이 있다

    디지털 플랫폼을 활용한 마케팅 전략은 전통공연의 접근성과 감성적 친밀감을 동시에 확장하는 방식으로 전개된다. 공연 하이라이트 영상과 유튜브 콘텐츠는 관람 유도와 학습 연계를 가능하게 한다. SNS 기반 홍보는 가족 단위 관객 유입에 효과적이며, 실시간 반응은 자발적 확산을 유도한다. 후기, 카드뉴스, 캐릭터 콘텐츠는 정서적 공감대를 형성하고 브랜드 충성도를 높인다. 해시태그와 댓글 캠페인은 일상 속 공연 참여를 유도하며, 공연을 일상 콘텐츠로 재배치하는 전략이 된다.

1) 디지털 홍보를 통한 관객층 확장
   : 공연 하이라이트 영상, 부모 세대 맞춤형 SNS 콘텐츠, 유튜브 기반 콘텐츠, 디지털 피드백 시스템

    디지털 홍보는 전통공연의 접근성을 넓히고 관객층을 다변화하는 핵심 전략이다. 공연 하이라이트 영상은 관람 의사결정을 유도한다. 유튜브 콘텐츠는 공연 전후 학습과 감정 회상을 유도한다. SNS를 통한 부모 세대 중심 콘텐츠는 가족 단위 관객 유입에 효과적이다. 실시간 피드백 시스템은 관객의 반응을 콘텐츠 확산으로 연결한다. 디지털 기반의 노출과 소통 구조는 공연 브랜드의 확산

성과 지속성을 동시에 실현한다.

디지털 홍보를 통한 관객층 확장 전략은 무엇일까?

첫째, 공연 하이라이트 영상은 관객의 관람 유입을 유도하는 핵심적 도입 콘텐츠다. 공연 하이라이트 영상은 전통공연에 익숙하지 않은 예비 관객에게 공연의 정서와 분위기를 직관적으로 전달한다. 주요 장면, 캐릭터 등장, 음악 클라이맥스 등을 중심으로 구성된 짧은 영상은 '공연을 미리 본 느낌'을 주며 관람 동기를 자극한다. 유튜브, SNS, 교육 플랫폼 등을 통한 멀티 채널 업로드는 다양한 연령층의 노출 가능성을 높인다. 공유 기능을 통해 자연스러운 홍보 확산 효과까지 유도한다.

둘째, 부모 세대 맞춤형 SNS 콘텐츠는 가족 단위 관객층 확대에 실질적인 효과를 발휘한다. 30~40대 부모는 자녀의 교육과 문화 체험에 높은 관심을 보이는 관객군으로, 공연의 교육적·정서적 효과에 대한 정보를 적극 수집한다. 후기 이미지, 짧은 관람 영상, 카드뉴스 형태의 간결한 설명 콘텐츠는 공연에 대한 신뢰와 감성적 몰입을 동시에 제공한다. 인스타그램이나 페이스북을 통한 시각 중심의 게시물은 공연을 단순한 '볼거리'가 아니라 '함께 느끼는 경험'으로 전환시킨다. 이러한 SNS 콘텐츠는 아이와 함께 공연장을 찾게 만드는 결정적 촉매 역할을 수행한다.

셋째, 유튜브 기반 콘텐츠는 공연의 기억을 확장한다. 다세대 관객의 반복 접촉을 유도하는 장치다. 금다래꿍은 공연 외에도 추임새 배우기, 캐릭터 소개, 메이킹 영상 등 다양한 형식의 유튜브 콘텐츠를 개발하여 관객과의 연결을 공연장 밖으로 확장한다. 어린이와 부모가 함께 볼 수 있는 놀이형 콘텐츠는 공연 전후의 감정적 일관성을 유지한다. 관람 전에는 기대감을, 관람 후에는 기억을 상기시키는 학습적 순환 구조를 만든다. 반복 시청 가능한 디지털 콘텐츠는 공연의 일회성 한계를 극복한다. 브랜드와 관객 간의 정서적 거리감을 줄이는 핵심 수단이 된다.

넷째, 디지털 피드백 시스템은 공연의 개선과 브랜드 신뢰 형성을 위한 관객 참여 기반이다. 온라인 설문조사, 후기 공유 이벤트, SNS 해시태그 참여 캠페인은 관객이 공연에 대한 의견을 표현한다. 동시에 콘텐츠 확산에 기여할 수 있는 쌍방향 구조를 만든다. 관람 후의 소감이나 사진을 자발적으로 공유하는 관객은 또 다른 관객을 유입시키는 매개자가 된다. 이러한 참여는 공연 브랜드에 대한 애착을 강화한다. 공연 제작진은 피드백을 분석해 향후 콘텐츠 개선이나 프로그램 기획에 반영한다. 관객 의견은 단순 감상이 아니라 공연 질적 향상에 실질적 영향을 미친다.

2) 소셜 미디어와 콘텐츠 마케팅 활용
  : 소셜 미디어 활용, 시각적 카드뉴스, 캐릭터 기반 콘텐츠,
   SNS 기반 참여 이벤트

소셜 미디어는 공연 브랜드의 정서적 친밀감을 형성하고 자발적 확산을 유도하는 감성 마케팅의 핵심 채널이다. 인스타그램과 페이스북 중심의 후기, 카드뉴스, 관객 인터뷰 콘텐츠는 공연에 대한 신뢰와 몰입을 높인다. 캐릭터 중심 콘텐츠는 팬심을 자극하며 브랜드 충성도를 형성하고, 해시태그 이벤트나 댓글 캠페인은 관객 참여를 촉진한다. 이는 공연을 일상의 감정 콘텐츠로 확장하는 실천적 마케팅 전략이다.

소셜 미디어와 콘텐츠 마케팅을 활용하는 방안은 무엇일까?

첫째, 소셜 미디어는 공연 브랜드의 친밀성과 일상성을 강화하는 핵심적 홍보

채널이다. 인스타그램, 페이스북, 블로그 등 시각 중심의 플랫폼은 공연 장면, 캐릭터 이미지, 후기 콘텐츠 등을 통해 관객의 관심과 감정적 연결을 동시에 자극한다. 공연의 일부를 일상 콘텐츠로 재가공함으로써 '누구나 공유할 수 있는 이야기'로 확장되어, 이는 자연스러운 바이럴 효과로 이어진다. 시의성과 감성의 결합은 공연을 '기억에 남는 경험'이 아닌 '일상에 머무는 콘텐츠'로 변화시키는 중요한 전환점이 된다.

둘째, 카드뉴스와 관객 인터뷰 콘텐츠는 공연의 감동과 교육적 메시지를 간결하게 전달하는 효과적인 형식이다. 짧고 명료한 문장과 시각적 정보로 구성된 카드뉴스는 모바일 친화적이다. 어린이 소감과 부모, 교사의 리뷰는 공연에 대한 신뢰도를 높인다. 콘텐츠는 단순한 홍보를 넘어 관객이 직접 감정을 표현하며, 공연 가치를 증명하는 공공성의 장으로 작용한다. 정보 전달과 정서 공유를 동시에 실현하는 이 형식은 공연에 대한 관심을 실질적인 관람 행동으로 전환시키는 매개체가 된다.

셋째, 캐릭터 기반 콘텐츠는 어린이 관객과의 정서적 유대 형성을 강화하고 브랜드 충성도를 높이는 핵심 도구다. 공연 속 호랑이, 토끼, 사자 등의 캐릭터는 각각의 개성과 역할을 시리즈 콘텐츠로 제작해 반복 노출된다. SNS 콘텐츠, 굿즈, 온라인 퀴즈 등으로 연계되어 입체적인 브랜드 경험을 만든다. 어린이들은 캐릭터를 통해 공연과 지속적이며, 정서적으로 연결된다. 이는 자연스럽게 공연 팬층의 기반이 된다. 캐릭터는 공연 콘텐츠를 감정 중심의 브랜드 자산으로 확장시키는 전략적 매개로 작용한다.

넷째, SNS 기반 참여 이벤트는 관객이 콘텐츠를 능동적으로 생산·확산하도록 유도하는 실천형 마케팅 전략이다. 댓글 인증, 해시태그 공유, 퀴즈 참여 등의 이벤트는 관객의 자발적 참여를 유도하고 공연 이후의 감정을 콘텐츠로 재탄생시킨다. 이러한 행위는 관객이 홍보 수단이자 커뮤니티의 일원이 되는 감정적 유통 구조를 만든다. 참여형 콘텐츠는 관객을 일회성 소비자가 아닌 브랜드와 함께 성장하는 주체로 전환시킨다. 마케팅 핵심 장치로 기능한다.

3) 금다래꿍 마케팅과 유통 이야기 (사례)

① **전국 도서관과 박물관 홍보물(DM) 발송**

전국 도서관과 박물관에 DM을 발송해 공연 인지도를 높였다. 전국 1,200여 국공립 도서관과 700여 박물관에 홍보물을 우편으로 발송했다. 자료를 받아본 기관 중 매년 20여 곳이 직접 공연 섭외를 요청했다. 안정적인 민간 공연 수요 확보에 효과적인 방식으로 자리 잡았다.

② **공공 지원사업 적극 활용**

공공 지원사업을 적극 활용해 공연 기획과 운영 기반을 다졌다. 한국문화예술위원회의 '신나는 예술여행'과 인천시교육청의 '신나는 아트스쿨'에 연속 선정되며 신뢰도를 확보했다. 전국 단위 공공 문화행사에 참여하며 레퍼토리 공연으로의 가능성을 열었다.

③ **학교 단위 초청 마케팅**

학교 단위 초청 공연으로 교육기관 대상 마케팅을 진행했다. 시흥배곧초등학교 전교생을 대상으로 한 20회 공연은 대표적인 사례다. 민요 교과 연계 공연으로 교사와 학생 모두의 만족도가 높았다. 이후 인근 교육기관들의 공연 문의로 확장 효과를 얻었다.

④ **자체 운영 공연장 활용**

자체 공연장에서 유료 상설 공연을 운영하며 수익 기반을 구축했다. 인천에 위치한 국악전용극장 '잔치마당'에서 어린이집과 유치원을 대상으로 기획 공연을 실시했다. 지역 기반 유료 공연의 정례화를 통해 자생력을 확보하는 기반이 마련되었다.

⑤ 유튜브 채널 온라인 홍보

유튜브 채널 운영으로 온라인 콘텐츠 홍보에 나섰다. 공연 하이라이트와 메이킹 필름, 리액션 영상 등을 2~5분 내외로 제작해 업로드했다. 자막 삽입과 캐릭터 중심 섬네일로 조회수를 높였다. 공연을 관람하지 못한 이들에게도 접근성을 제공했다.

⑥ 페이스북 등 SNS 홍보

SNS 홍보를 통해 관객과의 지속적 소통을 유지했다. 인스타그램과 페이스북을 활용해 공연 사진, 캐릭터 카드뉴스, 관객 인증샷을 정기적으로 게시했다. 공연 관련 퀴즈 이벤트로 참여를 유도했다. 해시태그 중심 홍보로 온라인 인지도를 높였다.

⑦ 입소문 마케팅

금다래꿍 공연을 본 선생님들의 입소문 마케팅을 적극적으로 활용했다. 교육기관 대상 뉴스레터 발송으로 교사와의 접점을 확대했다. 공연의 교과 연계 가능성과 체험형 구성, 민요 활동 자료를 정리해 발송했다. 이러한 홍보 활동은 교육 현장의 긍정적 반응을 얻었다.

⑧ 온라인 검색 노출 홍보

SEO 키워드를 반영해 검색 기반 홍보 전략을 구축했다. '어린이 국악극', '전통문화 공연', '교육 연계 콘텐츠' 등 공연 관련 키워드를 블로그 제목, 유튜브 영상 설명에 적용했다. 온라인 검색 노출을 통해 신규 관객 유입을 기대할 수 있었다.

⑨ 동화책 브랜드 경험

동화책 제작을 통해 공연 이후의 브랜드 경험을 확장했다. 공연 내용을 바탕으로 만든 동화책은 관람 후 기념품, 학습자료로 활용되었다. 초등학교와 도서관에 비치하거나 SNS와 연계한 인증샷 이벤트도 함께 진행했다. 콘텐츠 지속성 확보에 효과적이었다.

금다래꿍 작품은 상표등록과 저작권의 보호를 받고 있다.

　디지털 플랫폼을 활용한 마케팅 전략은 전통공연의 접근성과 감성적 유입 경로를 확장하는 방식으로 실현된다. 금다래꿍은 유튜브, SNS, 블로그 등 다양한 채널을 활용해 공연 인지도를 높였다. 하이라이트 영상, 리액션 영상, 캐릭터 중심 콘텐츠는 관람 전후 학습과 정서적 교감을 유도했다. 도서관과 박물관 DM 발송, 학교 단위 초청 마케팅은 실질적인 관객 유입 효과를 만들었다. 유료 상설 공연 운영은 자생력 기반을 마련했고, 공공 지원사업은 신뢰도와 기획력을 높였다. 교사 대상 뉴스레터, 민요 교육 자료는 교육 현장과의 연결 통로로 작동했다. SEO 키워드 활용은 온라인 검색 유입을 가능하게 했다. 공연은 무대를 넘어 디지털 접점으로 확장되고 관객은 일상 속에서 공연을 다시 만난다.

홍보 마케팅을 잘하는 TIP

① **명확한 타깃 설정부터 시작하라.**
- '누구에게 보여줄 것인가'를 명확히 해야 메시지가 통한다.
- 어린이, 학부모, 교사 등 타깃별 맞춤 전략이 기본 중의 기본이다.

② **이야기(스토리)를 담아라.**
- 단순한 정보 전달이 아닌 '공감할 수 있는 이야기'가 마케팅의 핵심이다.
- 브랜드의 가치, 캐릭터의 탄생 배경 등 감정 연결 요소가 관건이다.

③ **시각 자료를 풍부하게 활용하라.**
- 사진, 영상, 일러스트, 인포그래픽 등은 말보다 강력하다.
- 특히 SNS, 유튜브, 블로그에서는 이미지 콘텐츠가 승부수이다.

④ **참여와 체험을 유도하라.**
- 관객·고객이 직접 참여할 수 있는 구조를 만들면 반응과 기억이 깊어진다.
- 해시태그 챌린지, 굿즈 이벤트, 체험형 콘텐츠 등이 효과적이다.

⑤ **디지털 플랫폼을 적극 활용하라.**
- 유튜브, 인스타그램, 카카오채널 등 채널마다 특성에 맞는 콘텐츠를 운영한다.
- 짧고 임팩트 있는 콘텐츠가 확산에 유리하다.

⑥ **관계망(네트워크)을 넓혀라**
- 교육기관, 블로거, 유튜버, 지역기관과 협력하면 파급력이 커진다.
- 혼자 마케팅하지 말고, 함께 퍼뜨릴 '연결고리'를 활용하라.

⑦ **성과를 측정하고 계속 다듬어라.**
- 좋아요 수, 링크 클릭률, 참여율 등 성과지표를 수치화해 분석하자.
- 어떤 방식이 효과 있었는지를 파악하고 전략을 지속적으로 개선해야 한다.

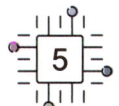

관객 맞춤형 콘텐츠와 교육적 가치를 결합해야 한다

관객 맞춤형 콘텐츠와 교육적 가치의 결합은 공연을 학습의 확장으로 연결하고 몰입을 유도하는 방식으로 실현된다. 금다래꿍은 초등 음악 교과와 연계되어 민요를 따라 부르고 추임새를 익히는 경험을 제공한다. 동화책과 활동지는 공연 이후 학습의 연속성을 가능하게 한다. 참여형 무대 구성은 관객을 주체로 전환시켜 자발적인 몰입을 이끈다. 악기 체험과 율동은 감각적 학습을 유도하며 공연은 교육의 장으로 확장된다.

1) 교과 연계 프로그램을 통한 교육적 효과 극대화
 : 음악 교과서 민요 활용, 민요교육 놀이 전환, 교육의 연속성 확보, 학습과 체험 연결

금다래꿍은 초등학교 교과 과정과 밀접하게 연계된 공연 콘텐츠로 교육적 효과를 극대화한다. 음악 교과서에 수록된 민요 '금다래꿍'을 중심으로 공연이 구성되어 학생들의 학습 몰입도를 높인다. 민요를 따라 부르고 추임새를 익히는 장면은 수업 내용을 공연 현장에서 직접 체험하게 만든다. 공연 이후 제공되는 동화책과 활동지는 학습의 연속성을 가능하게 하며, 교사와 학생 모두에게 만족도 높은 교육 경험을 제공한다.

교과 연계 프로그램을 통한 교육적 효과를 극대화하는 방법은 무엇일까?

첫째, 초등 음악 교과서에 수록된 민요와의 직접 연계이다. 금다래꿍은 초등학교 음악 교과서에 수록된 서도민요이다. 금다래꿍 공연은 학교 교육과정 속 익숙한 민요가 무대에서 생생하게 재현된다. 학생들은 공연에 대한 거부감 없이 자연스럽게 몰입한다. 교과서 속 학습 내용이 실생활 속 문화 콘텐츠로 연결된다. 공연은 하나의 교육 확장 도구로 기능한다. 민요 학습이 단순한 이론 전달에 머무르지 않고 공연을 통해 실감 나게 체득되며 교육적 효과를 높인다.

둘째, 공연 속 민요 학습 장면 구성으로 학습 효과가 증대된다. 공연 중 관객과 함께 민요를 부르고 추임새를 익히는 장면은 금다래꿍의 대표적인 교육적 장치다. 이야기 전개 속 자연스럽게 민요를 반복하고 따라 부르는 구성은 학습 효과를 극대화한다. 단순한 감상에서 벗어나 실제로 참여하고 소리 내는 과정은 아이들의 기억에 오래 남는다. 반복 리듬과 쉽고 익숙한 가락은 아이들의 집중을 유도하고 공연을 학습 활동으로 체험하게 만든다. 민요 교육을 흥미로운 놀이로 전환하는 효과를 발휘한다.

셋째, 사후 학습자료(동화책)를 통한 교육의 연속성 확보이다. 공연 이후 제공되는 금다래꿍 동화책과 활동지는 공연 내용을 복습하고 확장할 수 있는 유용한 학습 도구다. 학생들은 공연에서 본 장면을 책으로 다시 떠올리며 스토리를 정리한다. 교사는 수업 자료로 활용할 수 있다. 활동지에는 민요 따라 쓰기, 추임새 찾기, 캐릭터 색칠하기 등의 과제가 포함되어 교육적 연속성을 높인다. 학습자 중심의 체험을 공연 후 가정이나 학교에서 다시 이어갈 수 있는 구조가 마련된다.

넷째, 교사와 학생 모두에게 긍정적인 교육 경험을 제공한다. 금다래꿍은 교사와 학생 모두에게 만족도 높은 교육 경험을 제공하는 공연 콘텐츠다. 교사는 교과서와 연계된 수업 자료로 공연을 활용할 수 있어 수업의 흥미를 더하고 학습 효과를 배가시킨다. 학생은 직접 보고 듣고 참여하는 공연을 통해 교과 내용을 감각적으로 체득하게 된다. 수업에서 배운 민요가 실제 공연 속에서 살아 움직이면서 학습과 체험이 자연스럽게 연결된다. 교육적 몰입을 유도하는 효과가 나타난다.

2) 체험형 공연과 참여형 콘텐츠 설계
: 관객이 주인공, 전통악기 연주 체험, 추임새와 율동 활용, 열린 무대와 객석

금다래꿍은 관객이 공연의 주체가 되는 참여형 콘텐츠 설계를 통해 몰입과 학습 효과를 동시에 실현한다. 주인공 역할에 관객을 직접 참여시키는 구성은 공연에 대한 주인의식을 불러일으킨다. 사물놀이 악기 체험과 추임새 따라 하기, 율동 요소는 감각을 자극하며 국악의 재미를 직관적으로 전달한다. 무대와 객석의 경계를 허문 열린 구조는 공연에 대한 거리감을 낮추고 자발적 참여를 유도한다.

체험형 공연과 참여형 콘텐츠 설계를 위한 새로운 방법은 무엇일까?

첫째, 관객이 주인공이 되는 참여형 스토리텔링을 구성해야 한다. 금다래꿍은 관객이 공연의 일부가 되는 참여형 스토리텔링을 중심으로 구성된다. 극의 핵심 인물인 '손녀 분이' 역할을 관객 아이 중 한 명이 맡아 무대에 오르게 된다. 아이는 단순한 관람객을 넘어 이야기의 주인공이 되며, 극의 전개에 실질적으로 참여하게 된다. 이 구조는 공연에 대한 몰입도를 높이고, 아이에게 특별한 문화 경험과 성취감을 제공한다. 어린이의 상상력과 표현력을 자연스럽게 끌어내는 효과도 크다.

둘째, 전통악기 연주 체험을 통한 감각적 학습을 구성한다. 공연 속에는 아이들이 직접 사물놀이 악기를 체험할 수 있는 장면이 포함된다. 꽹과리, 징, 장구, 북 등 전통타악기의 리듬을 따라 하며 버나놀이를 체험한다. 국악의 기본 구조를 몸으로 느끼게 한다. 이 체험은 단순한 소리의 수용을 넘어 신체 활동을 통해 음악의 원리를 이해하게 한다. 전통음악이 낯설고 어렵게 느껴지는 아이들에게 감각적으로 접근할 수 있는 학습 방식이자 놀이 방식이다. 음악교육적 효과 또한 탁월하다.

셋째, 추임새와 율동을 활용한 놀이형 콘텐츠를 연계한다. 추임새 따라 하기와 율동을 접목한 구성은 금다래꿍 공연의 대표적인 놀이형 학습 요소다. 아이들은 공연 중 등장인물의 말에 맞춰 자연스럽게 추임새를 넣는다. 반복적인 가사에 맞춘 손동작이나 리듬 동작을 익힌다. 이 과정에서 아이들은 국악의 기본 표현 방식을 놀이처럼 체득한다. 공연이 진행되는 동안 놀이와 학습이 함께 이루어진다. 신체 활동을 통한 리듬 감각과 음악적 반응력을 기를 수 있다.

넷째. 무대와 객석의 경계를 허무는 열린 환경을 조상한다. 무대와 객석의 경계를 허무는 구성은 금다래꿍의 공연 몰입도를 한층 높여준다. 관객이 극 속의 인물과 상호작용 하거나, 무대 위로 직접 올라와 함께 연기하는 구조는 전통공연에 대한 거리감을 없앤다. 열린 구조는 어린이 관객이 극 속 세계에 적극적으로 진입하게 만든다. 이 경험은 단순한 관람 이상의 감정적 교류를 이끌어낸다. 예술 체험의 실재감을 배가시키는 중요한 장치로 작용한다.

3) 2025 대한민국 어워드 '소비자 감동 브랜드 1위' 수상 (사례)

① 사업 배경
'금다래꿍' 작품이 2025 대한민국 어워드 시상식에서 '소비자 감동 브랜드 1위'에 선

정되었다. 한국프리미엄브랜드진흥원이 주최·주관하고, 이뉴스투데이·고객만족브랜드협회·데일리경제 등이 후원하였다. 이 시상식은 소비자 신뢰와 감동을 이끌어낸 브랜드를 선정한다. 어린이 국악극 〈금다래꿍〉은 전통민요를 창의적으로 재해석해 어린이의 눈높이에 맞춘 체험형 국악 공연으로 주목받았다. 전통공연예술 분야에서 대중과의 지속적인 소통과 혁신적 기획을 인정받아 수상에 이르게 되었다.

② **추진 과정**

'금다래꿍'은 2022년 인천학생교육문화회관이 운영한 '찾아가는 아트스쿨'의 일환으로 20회에 걸쳐 공연되었다. 이 공연은 학교 현장을 직접 방문해 문화적 접근성이 낮은 지역 아동에게 수준 높은 예술 경험을 제공하였다. 참여 학생 중 500여 명과 참여 교사 100여 명이 만족도 설문조사 참여했다. 그 결과 참여 학생 96%, 참여 교사 98%라는 매우 높은 만족도를 기록하였다. 교사들은 작품이 국악을 활용한 문화예술 교육 모델로서의 가능성을 보여주었다고 평가하였고, 학생들의 자발적 참여와 몰입도도 긍정적으로 분석되었다.

③ **사업 성과** (교사)

'금다래꿍'은 교사와 학생 모두에게 높은 만족을 이끌어낸 작품이다. 교사들은 공연이 교육적 효과와 정서적 울림을 동시에 갖춘 콘텐츠라고 평가했다. "1학년 학생들이 사물놀이 악기 이름을 줄줄 말할 정도로 집중했다", "아이들의 참여가 활발했고 기념촬영까지 배려한 점이 감동적이었다"라는 의견이 있었다. 문화 접근이 어려운 지역에서도 "학교로 찾아오는 공연 중 단연 최고"라는 호평이 나왔다.

④ **사업 성과** (학생)

학생들은 공연을 신나고 재미있다고 느꼈다. 사자가 다른 동물로 변신하는 장면에서 웃음이 터졌고, 추임새와 율동에 자연스럽게 참여했다. "토끼 오빠가 잘생겼어요", "탈이 진짜 멋졌어요"라는 말은 캐릭터와 배우에 대한 애정을 보여준다. 공연이 짧게 느껴졌고, 책을 받지 못한 아쉬움은 다음 관람에 대한 기대감으로 이어졌다.

⑤ **시사점**

금다래꿍은 예술성과 교육 효과, 놀이 요소를 융합한 콘텐츠로 전통예술의 확장 가능성을 보여주었다. 공연 전후로 제공된 동화책, 활동지, 디지털 콘텐츠는 관람 경험을 교육과 연계된 학습으로 확장시켰다. 어린이 관객을 고려한 맞춤형 기획은 전통문화 콘텐츠의 접근성과 수용성을 크게 향상시켰다. 이 사례는 전통예술을 기반으로 한 사회적기업과 예술단체가 문화 브랜드로 성장할 수 있는 실질적인 방향성을 제시한 의미 있는 모델로 평가된다.

금다래꿍 작품이 2025 대한민국 어워드 '소비자 감동 브랜드 1위'를 수상했다.

관객 맞춤형 콘텐츠와 교육적 가치의 결합은 공연을 몰입과 학습의 연속선으로 연결하는 방식으로 실현된다. 금다래꿍은 초등 음악 교과와 연계해 민요와 추임새를 공연 속에서 자연스럽게 체험하게 한다. 동화책과 활동지는 학습의 확장을 가능하게 한다. 참여형 무대 구성은 관객을 주체로 만들고 감각적 체험을 유도한다. 무대 시스템은 공간 제약 없이 운영 가능하고, 참여형 구성은 공공 공연 콘텐츠로서의 확장성을 보여준다. 향후 공공예술사업은 이동형 콘텐츠, 지역 밀착형 설계, 참여 기반 기획이 핵심 전략이 된다. 또한, 금다래꿍은 2025 대한민국 어워드에서 소비자 감동 브랜드 1위에 선정되었다. 전통민요를 창의적으로 재해석하고 어린이의 눈높이에 맞춘 체험형 국악극으로 주목받았다. 대중과의 지속적인 소통과 기획의 혁신성이 수상의 배경이 되었다.

추임새와 율동을 활용한 놀이형 콘텐츠 연계 TIP

① **반복 리듬으로 쉽게 따라 할 수 있게 구성하라**
- '얼씨구', '좋다' 등 짧고 리듬감 있는 추임새를 반복적으로 진행한다.
- 박자에 맞춰 자연스럽게 율동을 연결하면 아이들이 금방 익힌다.

② **이야기 속 상황과 추임새를 연결하라**
- 극 중 인물이 말을 할 때 관객이 추임새로 반응하도록 설정한다.
- 예) "우리 분이 어디 갔지요?" → 관객 : "찾아라~!"

③ **동작은 단순하고 직관적으로 디자인하라**
- 박수, 손 흔들기, 발 구르기 등 누구나 할 수 있는 동작을 우선 적용한다.
- 나이에 따라 난이도를 조금씩 다르게 설계하는 것도 좋다.

④ **캐릭터별 전용 추임새와 동작을 정해 일관성 부여하라**
- 사자는 "어흥~ 좋아!", 토끼는 "깡총깡총 잘한다!" 등으로 진행한다.
- 각 캐릭터에 맞는 추임새와 율동은 아이들의 기억에 오래 남는다.

⑤ **무대와 객석이 함께하는 타이밍을 명확히 설정하라**
- 추임새를 넣는 타이밍에 신호나 대사를 정해 리드하게 한다.
- "자, 다 같이 해볼까요?" 식의 유도 문구를 활용한다.

⑥ **놀이 요소와 학습 목표를 자연스럽게 연결하라**
- 추임새를 민요 가사와 연결하거나, 율동 속에 박자 개념을 포함한다.
- 예) '금다래꿍' 추임새로 장단 구조를 익히게 설계한다.

⑦ **공연 후에도 따라 할 수 있도록 자료화하라**
- 추임새 율동 영상, 따라 하기 카드, 색칠놀이 연계 콘텐츠를 제작한다.
- 가정이나 학교에서 '놀이 복습'이 가능하도록 하면 교육적 효과가 배가된다.

글로벌 시장으로의
확장 전략을 세워야 한다

    글로벌 시장으로의 확장 전략은 언어와 문화의 경계를 넘는 공연 설계를 통해 전통 콘텐츠의 국제 경쟁력을 확보하는 방향으로 전개된다. 금다래꿍은 브라질 해외 초청 공연에서 높은 호응을 얻으며 국악극의 확장 가능성을 입증하였다. 사물놀이와 민요는 비언어적 퍼포먼스로 구성되어 언어 장벽을 최소화한다. 동물 캐릭터와 전래적 상징은 문화적 보편성과 친밀감을 동시에 형성한다. 공연은 예술성과 교육성을 겸비한 콘텐츠로서 국제 문화 교류의 플랫폼으로 작동한다.

1) 해외 공연과 글로벌 시장 진출
   : 넌버벌 퍼포먼스, 국제 행사와 전략적 연계, 국제적 경쟁력 확보,
     현지 네트워크 협력

    금다래꿍은 브라질 등 해외 초청 공연을 통해 한국 전통문화의 글로벌 시장 진출 가능성을 입증하였다. 민요, 사물놀이, 탈춤 등 전통요소를 현대적으로 구성한 공연은 다양한 문화권에서 높은 호응을 얻었다. 어린이 대상 국악극은 시각성과 상호작용 요소가 강해 언어 장벽을 넘는 확장성이 크다. 현지의 한국문화원, 교육기관, 축제 프로그램과 연계한 초청 방식은 시장 진입의 실질적 전략이 된다. 공연 콘텐츠의 예술성과 교육성을 동시에 갖춘 구조는 국제 문화 교류

의 플랫폼으로도 활용 가능하다.

해외 공연과 글로벌 시장 진출을 위한 전략은 무엇인가?

첫째, 금다래꿍은 브라질 공연을 통한 글로벌 반응과 가능성을 입증하였다. 2023년 브라질 상파울루에서 개최된 아리랑 페스티벌 초청 공연은 금다래꿍의 글로벌 진출 가능성을 실제로 검증한 사례이다. 국악극에 대한 해외 관객들의 반응은 뜨거웠고, 전통민요와 동물 캐릭터가 문화적 거리감을 줄이는 데 효과적이었다. 공연은 한국 문화를 처음 접한 관객에게 신선한 시각적 경험을 제공했다. 넌버벌 퍼포먼스 중심의 사물놀이 타악 리듬은 언어가 달라도 소통 가능한 매개가 되었다. 참여형 구성은 관객의 호기심과 반응을 유도하는 핵심 장치가 되었다.

둘째, 국제 행사와의 전략적 연계를 통한 관객 확보가 중요하다. 해외 공연은 독립적인 단독 무대보다 현지 문화 행사, 국제 페스티벌과의 연계 시 효과가 크다. 금다래꿍은 국제 문화행사와 연결하여 공연 기회를 확보하고, 현지 관객 유입과 자연스러운 문화 교류의 접점을 형성했다. 이미 준비된 지역 플랫폼을 활용하여 홍보 부담을 줄이고 관객과의 거리도 좁힐 수 있었다. 이 전략은 예술단체의 해외 진출 초기 비용 부담을 줄이면서 안정적인 무대 환경을 제공하는 데 유리하게 작용한다.

셋째, 어린이 대상 콘텐츠의 국제적 경쟁력을 확보한다. 어린이 국악극은 대상 연령층 특성상 언어 장벽이 낮다. 시각적·감각적 콘텐츠로 구성되기 쉬워 해외 시장에서 유리한 장르이다. 금다래꿍은 동물 캐릭터, 반복되는 리듬, 간단한 추임새로 구성되어 문화적 장벽을 낮춘다. 특히 아이들이 직접 참여하는 구조는 국가와 상관없이 동일한 몰입 효과를 유도한다. 교육적 메시지를 담은 공연 구성은 현지 학교나 기관과의 협업 기반으로도 활용할 수 있는 확장 가능성을 보여준다.

넷째, 현지 동포들과 한국문화원과의 협업 구축이 필요하다. 글로벌 공연 확장을 위해서는 현지 네트워크 구축이 필수적이다. 한국문화원과 한인회 등의 현지 네트워크 협업이 핵심이다. 금다래꿍은 한국문화원 주최 행사나 한류 콘텐츠 기반 프로그램과 연계할 수 있는 여지가 크다. 현지 기관은 홍보 채널, 번역 지원, 관객 모집 등 실질적인 운영 인프라를 제공할 수 있다. 이와 같은 협업은 단기 공연을 넘어서 장기적인 콘텐츠 유통 기반 형성에 필수적인 전략으로 작용한다.

2) 언어 장벽을 넘어서는 넌버벌 퍼포먼스 콘텐츠 구성
 : 국악의 리듬과 몸짓, 동물 캐릭터 활용, 관객 참여 연출 기법, 스토리 구조 극대화

금다래꿍은 언어 의존도를 최소화한 퍼포먼스 중심의 연출을 통해 언어 장벽을 극복하는 전략을 구현하였다. 사물놀이, 장단, 율동, 표정, 추임새 등 비언어적 표현 요소는 국적과 언어를 초월해 관객의 감정을 자극한다. 등장인물의 동물 캐릭터와 전래적 상징물은 문화적 보편성 위에 친근함을 더하며, 어린이 관객에게 높은 몰입감을 제공한다. 이러한 퍼포먼스 구조는 해외 진출 시 별도의 번역 작업 없이도 공연을 원활하게 구성할 수 있는 장점이 있다. 이는 국악극의 글로벌화에서 핵심 전략 중 하나로 평가된다.

언어 장벽을 넘어서는 넌버벌 퍼포먼스 콘텐츠 구성은 어떻게 준비할까?

첫째, 국악의 리듬과 몸짓이 만들어내는 감각적 소통을 구성한다. 금다래꿍은 언어 대신 리듬과 신체 움직임으로 감정을 전달하는 방식으로 구성되어 있다. 사물놀이의 타악 리듬, 전통장단의 반복 구조는 관객의 청각을 자극하며 자

연스러운 집중을 유도한다. 배우들의 표정, 몸짓, 동물의 동작 묘사는 대사 없이도 관객의 감정을 끌어내는 힘을 갖고 있다. 이러한 감각 중심의 퍼포먼스 구성은 외국인 관객에게도 메시지를 명확히 전달하는 방식으로 작용하며, 언어 의존도를 대폭 줄인다.

둘째, 동물 캐릭터 활용을 통한 문화적 보편성을 확보한다. 동물 캐릭터는 전 세계 어린이들에게 공통적으로 친근하고 흥미로운 소재이다. 금다래꿍은 호랑이, 사자, 곰, 토끼 등의 동물을 주인공으로 설정하여 이야기를 전개한다. 이러한 캐릭터는 특정 언어나 문화에 국한되지 않고, 감정 표현과 역할 수행이 명확하여 전달력이 뛰어나다. 각 동물의 움직임과 소리를 활용한 연기는 관객의 해석을 필요로 하지 않아 직관적이다. 캐릭터 중심 구성은 언어를 초월한 감성적 접근을 가능하게 한다.

셋째, 추임새와 율동 중심의 관객 참여 연출 기법을 활용한다. 금다래꿍은 관객이 직접 추임새를 넣고 율동에 참여하는 구성을 통해 공연의 몰입을 이끈다. "얼씨구!", "좋다~"와 같은 짧은 추임새는 따라 하기 쉽고 반복이 많아 외국인 관객도 쉽게 동참할 수 있다. 율동은 간단하면서도 이야기 흐름에 맞게 설계되어 있어 장면 이해를 돕는다. 관객이 몸을 움직이며 함께 공연을 완성하는 방식은 언어와 무관하게 예술 경험을 공유하게 한다. 공연의 감정선에 깊이 관여하게 만든다.

넷째, 번역 없이도 통하는 스토리 구조와 감정 흐름을 극대화한다. 금다래꿍의 이야기 구조는 명확하고 간단한 '찾기 여정' 중심으로 구성되어 있어 언어 없이도 이해가 가능하다. 손녀를 찾는 할머니, 도와주는 동물 친구들, 문제 해결의 흐름은 보편적 스토리텔링으로 작동한다. 장면마다 등장하는 감정의 변화는 음악과 몸짓으로 표현되며, 설명 없이도 전달된다. 공연 전체가 하나의 감정 여정으로 설계되어 있기 때문에 번역 없이도 감상과 공감이 가능한 구조를 완성한다.

3) 브라질 상파울루 국악극 금다래꿍 공연 (사례)

잔치마당은 '2023 전통공연예술행사 해외진출 지원 공모'를 통해 브라질 상파울루에서 어린이 국악극 '금다래꿍' 브랜드를 선보였다. 이번 공연을 단순한 일회성 행사에 그치지 않고, 지속적인 문화교류의 발판으로 삼기 위해 브라질한인문화예술연합회, 브라질한국무용협회, 성 김대건 한인성당, 브라질 문화원, 현지 한인과 예술단체와 협력하여 글로벌 네트워크를 확장하는 전략을 실행했다. 또한, 프랑스, 미국, 중국 등 30개국 50여 개 도시에서의 공연 경험을 바탕으로 기존 해외 네트워크를 적극적으로 연결했다. 이를 통해 현지 기관과의 협력을 강화하며 국제적인 문화교류 플랫폼을 형성했다.

① 위기 상항에 대한 비상 대응

해외 공연은 다양한 변수에 직면할 수 있다. 잔치마당은 이에 대비해 효과적인 비상 대응 전략을 사전에 마련하여 안정적인 공연 운영을 보장했다. 그러나 돌발 상황에 대비해 공연 일정 조정, 대체 공연 준비, 현지 관계자와의 긴밀한 소통 체계를 구축했음에도 불구하고 브라질 공연에서는 예상치 못한 장소 변경으로 공연 일정이 조정되는 상황이 발생했다. 이에 협력 단체와 신속히 협의해 대체 공연장을 확보하고, 홍보 전략도 즉각 조정했다. 또한, 공연과 연계한 워크숍과 문화 체험 프로그램을 진행하며 현지 관객과의 접점을 유지했다. 이처럼 유연한 대응을 통해 공연 일정 변경에도 관객 경험을 극대화할 수 있었다.

② 디지털 홍보와 위기관리 전략을 활용한 브랜드 홍보

잔치마당은 예상치 못한 이슈에 대응하기 위해 디지털 홍보 전략을 적극적으로 활용했다. 공연 전후 SNS, 유튜브, 현지 언론 홍보를 통해 브랜드 이미지를 강화하는 홍보를 진행했다. 공연 중 발생할 수 있는 문제에 대해 실시간 소통이 가능한 온라인 채널을 운영하여 현지 관객 및 협력 단체와 긴밀한 관계를 유지했다. 공연 후에도 지속적인 온라인 콘텐츠를 배포하여 브랜드를 유지할 수 있도록 하였다. 단순한 공연이 아닌 장기적인 글로벌 브랜드로 자리 잡을 수 있는 전략적인 기반을 마련했다.

③ 해외 진출 지속 가능성을 위한 네트워킹 확대

브라질 공연을 통해 잔치마당은 해외 진출의 지속 가능성을 높이기 위한 장기적인 협력 전략을 실행했다. 공연이 끝난 후에도 현지 한인 사회와 문화예술 단체와 지속적으로 협력할 수 있는 파트너십을 형성했다. 한인 교민뿐만 아니라 브라질 현지 관객과의 소통을 강화하기 위해 워크숍, 문화예술 세미나, 공동 프로젝트 등을 기획했다. 이러한 네트워크 기반은 향후 브라질뿐만 아니라 남미 전역으로의 진출을 위한 교두보 역할을 하며, 잔치마당이 글로벌 전통예술 브랜드로 자리 잡는 데 중요한 역할을 하게 될 계기를 마련했다.

④ 현지 단체와의 위기 대응 협력

잔치마당의 브라질 공연 사례는 해외 진출에서 네트워크 구축과 비상 대응 전략의 중요성을 잘 보여준다. 현지 단체와 협력하여 안정적인 공연 기획과 문화교류 네트워크를 형성했으며, 예측할 수 없는 상황에 대비한 비상 대응 시스템을 마련해 성공적인 해외 공연을 이끌어냈다. 디지털 홍보와 지속적인 협력 관계 유지 전략을 통해 공연 이후에도 브랜드 가치와 해외 시장에서의 영향력을 꾸준히 확장해 나가고 있다. 이러한 전략은 앞으로 한국 전통예술이 세계 무대에서 안정적인 입지를 다지는 데 중요한 모델이 될 것이다.

금다래꿍 작품의 첫 해외 초청공연은 2023 브라질 상파울루에서 시작되었다.

글로벌 시장으로의 확장 전략은 언어와 문화의 장벽을 넘어 전통공연의 보편적 감성과 상호작용성을 극대화하는 방향으로 전개된다. 금다래꿍은 브라질 초청 공연을 통해 국악극의 해외 경쟁력을 입증했다. 사물놀이, 민요, 율동은 비언어적 퍼포먼스로 구성되어 언어 장벽을 최소화한다. 동물 캐릭터와 전래적 상징은 세계 어린이들이 공감할 수 있는 문화적 보편성을 담고 있다.

전통문화 콘텐츠의 넌버벌 작품 구성 전략 TIP

① **스토리 구조는 단순하고 명확하게 설계하라**
  · '찾기', '모험', '변신', '협력'과 같은 세계 보편적 서사 구조는 언어 없이도 쉽게 이해된다.

② **전통음악과 장단으로 감정을 표현하라**
  · 대사보다 장단과 리듬의 고조와 완급으로 등장인물의 감정, 분위기를 전달하는 것이 효과적이다.

③ **동작과 몸짓 중심의 신체 표현을 강화하라**
  · 전통무용, 탈춤, 마임 요소를 활용하여 감정, 관계, 사건을 시각적으로 드러낼 수 있도록 구성한다.

④ **시각적 상징과 색채를 적극 활용하라**
  · 의상, 소품, 조명, 탈의 색과 형태 등으로 인물의 성격과 상황을 직관적으로 전달할 수 있다.

⑤ **캐릭터를 동물 또는 보편적 아이콘으로 설정하라**
  · 전통 속 사자, 호랑이, 곰, 토끼 등은 언어를 몰라도 어린이와 해외 관객에게 쉽게 통하는 상징이다.

⑥ **민요, 추임새, 율동은 따라 하기 쉬운 형태로 구성하라**
  · 반복 구조와 리듬 중심 구성은 자연스러운 참여를 유도하고, 언어 없이도 공연에 몰입하게 만든다.

⑦ **시작과 끝은 음악 또는 이미지로 명확하게 구분하라**
  · 말이 아닌 '소리'와 '장면'의 전환을 통해 장면의 흐름을 관객이 놓치지 않도록 설계하는 것이 중요하다.

〈에피소드 ⑥〉

뺨 한 대로 지켜낸
고사머리

　저자는 2024-2025 문화체육관광부 문화관광축제에 선정된 부평풍물대축제 기획단장으로 활동하였다. 부평풍물대축제 초창기 에피소드이다. 축제의 대표 공연 중 하나인 '부평풍물완판'을 연출할 때였다. 이 공연에는 마을의 수호신인 당산에게 제를 올리는 '당산굿'이 포함되어 있었으나, 예상치 못한 문제가 발생했다. 새로 선출된 구청장이 교회 장로 출신이었고, 이에 지역 목사님들이 '굿'이라는 단어에 민감하게 반응한 것이다. 특히, 완판공연의 대표 제주는 구청장이 지내는 것이 관례였기에 논란이 일었다.

　"아니, 이게 무슨 무속 행위입니까!", "이건 전통입니다. 풍물패가 마을을 위해 기원하는 의식이에요.", "굿은 안 됩니다!"
　이런 대화가 몇 번 오간 후, 저자는 타협안을 내놓았다.
　"좋습니다. '당산굿'을 '당산제'로 부릅시다."
　목사님들은 마지못해 고개를 끄덕였고, 구청장님도 안도하는 표정이었다.
　그런데 문제는 여기서 끝나지 않았다.

　진짜 전쟁은 고사머리였다.
　당산제에서 가장 중요한 건 뭐다? 바로 고사상 위에 올려지는 돼지머리!
　돼지머리는 단순한 제물이 아니라, 풍요와 안녕을 기원하는 중요한 상징이었다.
　그런데 목사님들이 이번엔 또 반발했다.
　"돼지머리는 빼야 합니다. 종교적 이유로 받아들일 수 없습니다."

저자는 속으로 생각했다. '이건 말도 안 된다. 돼지머리가 빠지면 고사가 아니지!'

축제의 운명을 건 최종 결전이 시작됐다.

저자는 끝까지 고사머리를 지켜야 한다고 주장했고, 목사님들은 없애야 한다고 버텼다. 양측은 팽팽하게 대립했다.

결국, 축제위원장님이 중재자로 나섰다. "자, 다들 진정하고. 연출자, 너한테 한 가지만 묻겠다. 정말로 고사머리가 그렇게 중요한가?" 저자는 단호하게 말했다. "네! 중요합니다."

그 순간, 위원장님은 저자의 뺨을 찰싹! 때렸다.

저자는 너무 당황했고 뺨을 만지며 말했다. "위원장님, 왜 그러십니까?"

그러자 위원장님이 천천히 말했다.

"이 뺨 한 대와 고사머리를 바꾼다고 생각해라." "……?"

한 대 맞고 전통을 지키는 거라면, 감수할 수밖에 없었다. 저자는 울컥했지만, 속으로 '그래, 이 한 대쯤이야!'라고 생각했다. 결국, 최종 합의는 이렇게 이루어졌.

고사머리는 유지한다! 하지만 대표 제주는 구청장이 아닌 축제위원장이 맡는다!

그 후, 매년 부평풍물대축제의 서막을 여는 '고유제'에는 돼지머리가 당당하게 올라가 있다. 저자는 축제 때마다 돼지머리를 보면 그날의 뺨을 떠올린다.

'아… 저 머리를 지키려고 내가 한 대 맞았지.' 그렇다.

내 뺨 한 대로 전통을 지켜낸 것이다. 부평풍물대축제는 오늘도 전통을 지키며 계속된다.

축제의 안녕을 기원하는 고유제를 지내고 있다. (부평풍물대축제 사진 제공)

〈공연제작 참고 자료〉

《국악과 스토리텔링의 만남》 | 김형석 | 국립국악원 | 2019
국악을 기반으로 한 창작 콘텐츠의 스토리텔링 기법을 소개하며, 전통과 현대의 융합 방식, 관객 소통 구조를 구체적인 공연 사례를 통해 분석한다.

《어린이 국악공연 콘텐츠 개발》 | 박재은 | 한국문화예술교육진흥원 | 2021
유아 및 초등 교육을 위한 국악 공연 콘텐츠 기획 및 개발 과정을 중심으로 교육적 효과와 참여도 높은 구성 방안을 제시한 실무 연구서이다.

《참여형 공연예술의 관객 경험 확장》 | 이은미 | 공연과 리뷰 | 2022
관객 참여 기반의 공연 예술이 어떤 방식으로 경험을 확장시키며 감정적 몰입을 이끄는지를 인터랙티브 콘텐츠 사례를 중심으로 조명한다.

《전통예술의 현대적 재해석 전략》 | 임경희 | 예술경영지원센터 | 2018
전통예술 콘텐츠를 현대 무대에 맞춰 재구성하고 디지털 기반의 마케팅 및 유통 전략을 통해 새로운 브랜드 가치를 만드는 방안을 제시한다.

《창작국악극의 제작 단계별 사례 연구》 | 김미진 | 한국전통예술학회 | 2020
기획, 대본, 음악, 연출, 무대 제작 등 창작국악극의 제작 과정을 단계별로 설명하며, 제작 현장의 실제 사례를 통해 실무 노하우를 정리한 책이다.

《창작공연의 브랜드화와 지속 가능성》 | 조현경 | 한국문화정책학회 | 2021
창작 공연 콘텐츠가 장기적으로 지속되기 위한 브랜딩 및 경제적, 사회적 지속가능성 요소를 분석하고 개선 방안을 제시한다.

《국악극의 창작 단계별 협업 사례》 | 장지은 | 국립국악원논문집 | 2020
기획, 음악, 무대 구성 등 창작 국악극의 제작 과정에서 협업의 중요성과 실질적인 운영 방식에 대해 분석하였다.

《창작극의 기획 단계별 리스크 관리》 | 정수민 | 공연기획학회지 | 2020
창작극의 기획, 제작, 운영 과정에서 발생할 수 있는 위험 요소와 해결 방안을 분석한 실무 중심의 사례 연구 논문이다.

공연장 운영

예술가와 지역사회를
연결해야 한다

잔치마당 국악전용극장은 AI 시대에도 직접 체험의 가치를 제공하는 장소 기반 예술경영의 모델이다. 단순 무대를 넘어 지역과 예술, 관객과 단체가 만나는 복합문화공간으로서 창작·체험·교육·네트워킹을 융합해 자립 기반과 공동체 접점을 마련했다. 전통국악을 현대적으로 재해석한 정기 공연과 체험형 교육은 다양한 연령층의 국악 접근성을 높였다. 공공기관과 민간기업 협력을 통해 안정적 재원을 확보하고, 감동 후불제 공연과 자체 상품 개발로 수익 모델을 다각화했다. 이 장은 전통공연 예술공간이 AI 시대에도 경쟁력을 유지하며 지역사회와 유기적으로 성장하는 방법을 종합적으로 보여준다.

1
공연장 운영 기획과 제작은 어떻게 해야 하는가

공연장을 효과적으로 운영하려면 체계적인 공연 기획, 효율적인 제작과 운영, 안정적인 예산 관리가 필요하다. 공연 기획은 극장의 정체성과 목표를 반영하여 작품을 선정하고, 관객층과 지역성을 고려한 전략을 수립하는 과정이다. 제작과 운영 과정에서는 무대, 음향, 조명 등 기술적 요소를 준비하고, 출연진 및 제작진과 협력하여 원활한 공연 진행을 보장해야 한다. 예산 편성과 관리는 제작비, 운영비, 마케팅 비용을 효율적으로 배분하고 재원 확보 전략을 마련해 공연장의 지속성을 높이는 역할을 한다.

1) 공연 기획 전략
: 프로그램 기획, 기획 방향 설정, 콘텐츠 개발

공연 기획은 공연장의 정체성과 목표를 반영하여 작품을 선정하고 제작 방향을 설정하는 과정이다. 예술적 방향과 지역 특성을 고려해 프로그램을 구성하고, 관객층의 특성과 선호도를 분석해 맞춤형 공연을 개발해야 한다. 신진 예술가와 기성 아티스트가 협업하면 창의적인 콘텐츠를 개발할 수 있다. 장르 융합과 새로운 형식을 시도하면 차별성을 확보할 수 있다. 작품 주제와 연출 기법을 체계적으로 계획하고, 기술적 요소를 효과적으로 활용해야 한다. 홍보와 마케팅 전략을 병행하면 공연 인지도를 높이고 관객 참여를 확대할 수 있다. 공연이 관객과 소통하는 방식으로 기획되면 공연장의 정체성이 확립된다.

공연 기획의 과정은 어떠하며, 전략은 어떻게 세워야 할까?

첫째, 공연 기획은 공연장의 정체성과 목표를 반영하여 프로그램을 구성하는 과정이다. 공연장이 지향하는 예술적 방향과 지역 문화적 특성을 고려하여 공연의 주제를 설정하고, 공연장의 역사와 운영 철학을 기반으로 작품을 선정해야 한다. 장기 운영 계획에 맞춰 공연 포맷을 개발해야 한다. 다양한 장르의 공연을 균형 있게 배치해 계절별·연령별 맞춤형 프로그램을 구성한다. 관객층의 취향을 반영한 기획으로 공연장의 정체성을 확립하고 브랜드 가치를 높인다.

둘째, 공연 기획은 관객층 분석을 바탕으로 효과적인 방향을 설정하는 과정이다. 기존 관객층의 특성과 선호도를 분석하여 공연 유형을 결정하고, 새로운 관객 유입을 위한 차별화된 기획 전략을 마련해야 한다. 연령, 취향, 문화소비 패턴 등을 고려한 맞춤형 공연을 기획하고, 지역사회와의 연계를 강화하여 관객 참여를 유도해야 한다. 다양한 채널을 활용한 관객 피드백 수집과 트렌드 분석을 통해 공연 프로그램을 지속적으로 개선할 필요가 있다. 관객의 기대를 반영한 기획을 통해 공연 만족도를 높이고, 장기적인 관객층 확보로 공연장의 지속성을 유지할 수 있다.

셋째, 공연 기획은 예술가들과 협력하여 독창적인 콘텐츠를 개발하는 과정이다. 공연의 완성도를 높이기 위해 우수한 창작진과 출연진을 섭외하고, 공연장의 기획 의도에 맞는 창작 환경을 조성해야 한다. 신진 예술가와 기성 아티스트를 균형 있게 배치하여 다양한 공연을 선보이고, 장르 간 융합을 시도함으로써 새로운 형태의 공연을 창출할 수 있다. 지역 예술인과의 협업을 통해 공동 창작 프로젝트를 추진하고, 공연장 고유의 브랜드 공연을 기획하여 차별성을 확보할 필요가 있다. 공연장이 예술가들의 창작 공간으로 자리 잡으면 지속적인 콘텐츠 개발을 통해 극장의 경쟁력을 더욱 강화할 수 있다.

2) 공연 제작과 운영
: 무대 기술 준비, 출연진과 제작진 협업, 예산 편성 관리

공연 제작과 운영은 기획된 공연을 실현하고 성공적으로 진행하기 위한 핵심 과정이다. 무대 디자인과 기술적 요소를 체계적으로 준비하고, 출연진과 제작진 간의 긴밀한 협업을 구축하며, 공연 당일 운영과 사후 관리를 철저히 수행해야 한다. 무대 및 기술 요소의 정밀한 조율은 공연의 완성도를 높이고, 출연진과 제작진의 원활한 소통은 공연의 예술적 성취를 극대화한다. 철저한 운영과 체계적인 피드백 관리는 공연의 지속적인 발전을 가능하게 하며, 극장의 신뢰도와 경쟁력을 강화하는 중요한 역할을 한다.

공연 제작과 운영을 하려면 무엇을 준비하고, 실행해야 할까?

첫째, 무대 디자인과 음향, 조명, 영상 등 기술적 요소를 구축하고 사전 테스트를 통해 공연의 품질을 보장해야 한다. 공연의 시각적, 청각적 효과는 관객의 몰입을 결정짓는 중요한 요소이며, 기술적 요소의 오류나 부족함은 공연 전체의 완성도를 저하시킬 수 있다. 각 기술팀은 공연의 특성에 맞춰 세밀하게 준비하며, 여러 차례의 테스트와 점검을 통해 최상의 상태를 유지해야 한다. 기술적 요소와 무대 디자인이 완벽히 결합되면 공연의 감동을 더욱 극대화할 수 있다.

둘째, 연출진, 배우, 스태프 간의 협력 체계를 구축하고 리허설을 통해 공연의 흐름과 디테일을 점검해야 한다. 각자의 역할을 명확히 하고 소통을 강화함으로써 공연의 완성도를 높인다. 출연진과 제작진이 서로의 의견을 존중하고, 효과적으로 협력할 때, 공연은 그 자체로도 큰 예술적 성취를 이루게 된다. 연출진의 비전이 배우와 스태프의 역할에 정확히 전달되며, 이들이 유기적으로 협력할 때, 작품은 관객에게 강렬한 인상을 남기게 된다. 리허설에서의 반복적인 점검과 세부적인 조정은 공연의 품질을 극대화하는 데 중요한 과정이다.

셋째, 공연 당일 운영을 원활하게 하고 안전 관리 체계를 철저히 유지해야 한다. 공연 당일, 예상치 못한 상황이 발생할 수 있으므로, 모든 스태프와 관계자들이 신속하고 효율적으로 대응할 수 있도록 체계적인 준비가 필요하다. 관객 피드백을 수집하고 이를 바탕으로 개선 방안을 마련함으로써 지속적인 품질 향상을 추구해야 한다. 공연이 끝난 후에는 관객의 의견을 분석하여 공연의 장단점을 파악하고, 다음 공연에 반영함으로써 공연장의 브랜드 가치를 높이고 지속 가능한 운영을 하게 한다. 피드백을 적극적으로 수렴하여 개선점을 도출하는 과정이 공연장의 신뢰도와 지속적인 발전을 이끌어낸다.

3) 예산 편성 및 관리
: 예산 수립, 재원 확보, 예산 집행

공연장의 성공적인 제작과 운영을 위해서는 체계적인 예산 편성과 효율적인 관리가 필수적이다. 예산이 적절히 편성되지 않으면 제작 과정에서 자원 부족이 발생하고, 비효율적인 재정 운영은 공연장의 지속 가능성을 위협할 수 있다. 이를 해결하기 위해 예산을 세부 항목별로 설정하고 자원을 효과적으로 배분해야 한다. 안정적인 재원 확보 전략을 마련해 예산 집행의 투명성을 유지하고 재정 운영의 신뢰성을 높인다. 효율성을 극대화하기 위해 지속적인 점검과 최적화를 추진한다.

공연 예산의 편성과 관리를 하려면 무엇을 알고, 실행해야 할까?

첫째, 공연 제작 예산은 제작비, 운영비, 마케팅비 등 세부 항목별로 설정하고 자원을 적절히 배분해야 한다. 제작비는 무대, 기술, 출연진 비용을 포함하며, 운영비는 공연장 관리와 스태프 인건비를 고려해야 한다. 마케팅비는 홍보와 관객 유치에 효과적으로 배분해야 하며, 예산이 불균형하면 공연 품질과 운영 안정성이 저하될 수 있다. 초기 단계에서 명확한 예산 계획을 수립하고 자원 배분의 우선순위를 신중하게 결정해야 한다.

둘째, 공연장 운영의 안정성을 위해 티켓 판매, 후원, 공공 지원 등 다양한 재원 확보 전략이 필요하다. 티켓 수익 극대화를 위해 가격 정책을 조정하고 조기 예매 할인, 패키지 티켓을 적용할 필요가 있다. 후원과 협찬 유치를 위해 기업과 협력하며, 공공 지원금과 예술 기금을 적극적으로 활용해야 한다. 굿즈 판매, 워크숍, 교육 프로그램 등 부가 수익 모델을 개발하여 공연 외적 수입원을 확대하는 것도 중요하다. 효과적인 재원 확보 전략이 운영될 때 공연장의 지속적인 성장이 가능하다.

셋째, 예산 운영의 효율성을 높이려면 집행 과정의 투명성을 확보하고 지속적인 점검과 최적화를 실시하는 것이 중요하다. 모든 지출 항목을 명확히 기록하며 정기적인 회계 점검을 진행해야 한다. 초과 지출을 방지하기 위해 사용 계획을 철저히 검토하고, 예상치 못한 비용 발생에 대비한 비상 예산을 마련하는 것이 필요하다. 공연 종료 후에는 지출 내역을 분석하여 향후 개선 방향을 도출한다. 예산 집행이 투명하게 이루어지고 지속적인 관리가 뒷받침될 때, 공연의 재정 안정성이 확보되고 공연장의 장기적 운영이 가능해진다.

4) 전통예술 공연장 플랫폼 구축 (사례)

잔치마당은 인천 최초의 민간 국악전용극장으로, 전통예술의 전문화와 대중화를 목표로 운영된다. 2004년 개관 이후 전통예술 공연장으로서 지역 예술단체와 개인 국악인에게 공연과 교육의 장을 제공하고 있다. 명인·명창 초청 공연, 창작연희 쇼케이스, 국악 교육 등 다양한 프로그램을 운영한다. 전통예술의 계승과 현대적 재해석을 지원하며, 지역민이 쉽게 접근할 수 있는 문화 공간을 조성하고 있다. 공연장의 지속적 발전을 위해 기획력을 강화하고, 세계적 수준의 전통예술 허브로 자리 잡는 것을 목표로 한다.

① **공연 기획**

전통예술의 대중화와 예술적 가치 확장을 위해 다양한 기획 공연을 추진한다. 매월 마지막 주 문화가 있는 날 기획공연과 수요상설 '광대들의 놀음판' 명인·명창전을 운영하여 정기적인 공연 문화를 조성한다. 가족과 어린이 대상 창작공연과 전통국악인의 역량 강화를 위한 교육 프로그램도 운영하고 있다. 전통예술이 일상 속에서 자연스럽게 자리 잡도록 하면서 지역민의 문화 향유 기회를 확대하고 있다. 지역을 넘어 글로벌 무대에서도 경쟁력을 갖춘 공연장으로 성장하는 방향을 지향한다.

② **전통예술 플랫폼**

부평풍물대축제와 연계하여 전통공연을 정기적으로 선보이며, 지역 예술가들에게 공연 기회를 제공한다. 창작연희 '두드림의 즐거움'은 인천 지역의 전통놀이와 제의를 공연예술로 승화한 대표 콘텐츠로 자리 잡고 있다. 명인·명창 초청 공연을 통해 전통예술의 정수를 소개하며, 신진 국악인들에게 발표 기회를 마련하고 있다. 광복 80주년 기념 팔도아리랑 부르기 축제를 주관하며 전통음악의 문화적 가치를 확산하는 데에도 힘쓰고 있다. 공연장을 중심으로 국악을 생활화하고 지역문화와 연계한 공연 기획을 지속하고 있다.

③ **사업 확산**

전통예술 콘텐츠 개발과 확산을 위한 노력이 성과를 내고 있다. 어린이 국악극 〈금다래꿍〉은 신나는 예술여행과 찾아가는 아트스쿨 사업에 선정되며 예술성과 대중성을 인정받았다. 2023년 브라질 공연을 통해 전통예술의 해외 진출 가능성을 확인하며 글로벌 네트워크를 확장했다. 공연과 연계한 도서 제작 등 콘텐츠 유통을 강화하며 전통 공연의 지속성을 높이고 있다. 국내외에서 전통예술의 경쟁력을 확보하며 문화예술의 영향력을 확대하는 방향으로 나아가고 있다.

지속적인 공연 기획과 창작 역량 강화를 통해 전통예술의 상설화가 이루어질 것이다. 국악 공연이 대중과 소통하는 장이 되어 관객 참여를 높이며, 지역문화 발전에도 기여할 것이다. 국악 아카데미 운영을 통해 전통예술 교육을 강화하고, 신진 예술인을 발굴하는 기반을 마련하고 있다. 공연 콘텐츠의 해외 진출과 문화 관광 활성화를 추진하며 국악의 글로벌 인지도를 확대하고 있다. 전통예술의 현대적 계승과 지속 가능한 발전을 선도하는 공간으로 자리 잡아 갈 것이다.

잔치마당 예술단이 잔치마당 공연장에서 어린이 국악극 금다래꿍을 공연하고 있다.

공연장의 성공적인 운영을 위해선 기획 방향, 제작 과정, 예산 관리가 명확해야 한다. 공연 기획은 극장의 정체성과 관객층을 고려해 작품을 선정하고 운영 전략을 세우는 일이다. 제작 단계에선 무대 기술을 정교하게 설계하고 출연진을 조율해야 한다. 운영 시스템도 체계적으로 구축해야 한다. 예산은 제작비와 운영비를 효율적으로 나누고 안정적인 재원을 확보해야 한다. 잔치마당은 명인·명창 초청 공연과 창작 연희 쇼케이스를 운영한다. 지역 예술가에게 무대를 제공하며 전통예술의 대중화와 국제화를 이끈다. 공연장이 성장하고 글로벌 허브로 도약하려면 기획과 운영의 전문성이 필수다.

공연장 운영 기획과 제작 TIP

① **공연장의 정체성 반영과 차별화된 기획**
- 공연장의 예술적 방향성과 지역적 특성을 고려해 공연을 기획해야 한다.
- 브랜드 공연을 개발하고, 경쟁력 있는 콘텐츠를 제작해 차별성을 확보해야 한다.

② **관객 분석을 통한 맞춤형 프로그램 구성**
- 연령대, 문화적 취향, 소비 패턴 등을 분석해 적절한 장르와 형식을 선정해야 한다.
- 기존 관객층 유지와 신규 관객 유입을 위한 기획 전략을 병행해야 한다.

③ **체계적인 제작 일정과 예산 관리**
- 사전 기획 단계에서 공연 제작 일정을 명확히 설정하고, 현실적인 예산을 편성해야 한다.
- 예상 지출을 고려해 제작비, 마케팅비, 운영비 등을 균형 있게 배분해야 한다.

④ **효율적인 협업 시스템 구축**
- 연출진, 배우, 기술 스태프 간 협업 체계를 확립하고 원활한 의사소통 환경을 조성해야 한다.
- 리허설과 제작 과정을 체계적으로 운영해 공연 완성도를 높여야 한다.

⑤ **공연 운영과 사후 관리 전략 마련**
- 공연 운영 단계에서는 관객 경험을 극대화할 수 있도록 서비스 품질을 관리해야 한다.
- 공연 종료 후 관객 피드백을 분석하고, 개선점을 반영해 지속적인 기획 역량을 강화해야 한다.

2
인력 운영과 조직 관리의 노하우가 있다

공연 운영의 성공을 위해서는 조직을 체계적으로 관리하고 인력을 적절히 배치해야 한다. 예술 인력은 공연의 창의성과 완성도를 결정하는 만큼, 효과적인 협업 체계를 구축하고 역량을 지속적으로 강화하는 노력이 필요하다. 안정적인 창작 환경을 조성하려면 복지 제도를 개선하고 공정한 보상 체계를 마련하는 것이 중요하다. 공연장 관리 조직은 운영의 효율성을 높이기 위해 역할을 명확히 분담하며, 체계적인 업무 프로세스를 구축해야 한다. 조직 간 원활한 소통과 협업이 이루어질 때 운영 안정성을 확보할 수 있으며, 정기적인 평가와 개선을 바탕으로 지속 가능한 공연장 운영을 이룬다.

1) 예술 인력 운영
: 예술 인력 구성, 협업 체계 구축, 역량 강화, 복지 환경 개선

공연의 완성도를 높이기 위해서는 예술 인력을 효과적으로 운영하는 것이 중요하다. 연출가, 배우, 무대 스태프 등 각 분야의 전문가를 적절히 구성하고, 원활한 협업 체계를 구축하여 공연이 조화롭게 진행될 수 있도록 해야 한다. 예술 인력의 역량 강화를 위해 지속적인 교육과 실습 기회를 제공하고, 창작 활동에 필요한 지원을 아끼지 않아야 한다. 안정적인 근무 환경과 공정한 보상 체계를

마련하면 예술 인력이 창작에 집중할 수 있는 기반이 형성된다. 이러한 노력이 뒷받침될 때 창작 능력을 극대화하고 공연의 질을 향상시킬 수 있으며, 궁극적으로 지속 가능한 공연장 환경을 조성하여 예술 산업의 발전을 도모할 수 있다.

공연장 예술 인력 운영을 잘하려면 무엇을 알고 실행해야 할까?

첫째, 공연의 성공을 위해서는 연출가, 배우, 무대 스태프 등 분야별 예술 인력을 체계적으로 구성하고 역할을 명확히 배분해야 한다. 연출가는 공연의 예술적 방향을 설정하고, 배우는 캐릭터를 완성하며, 무대 스태프는 기술적 요소를 담당해야 한다. 역할이 명확하지 않으면 협업이 원활하지 않고 공연의 완성도가 낮아질 수 있다. 각 분야의 전문가를 적절히 배치하고, 공연 특성에 맞는 역할과 책임을 구체적으로 설정해야 한다. 효율적인 팀워크를 구축해야 공연장의 질을 극대화할 수 있다.

둘째, 공연 제작에서는 예술 인력 간 협업이 중요하다. 연출진, 배우, 기술팀 사이에 명확한 소통 체계를 구축해야 한다. 정기 회의를 통해 협업의 효율성을 높인다. 부서 간 조율을 위해 역할과 업무 범위를 명확히 해야 한다. 책임도 분명하게 나눠야 한다. 협업이 원활하지 않으면 공연에 차질이 생긴다. 갈등이 발생할 가능성도 커진다. 이를 막기 위해 유기적인 협력 시스템이 필요하다. 신뢰를 바탕으로 한 소통 문화가 중요하다. 자유롭게 의견을 나눌 수 있는 환경이 창작을 원활하게 만든다. 이때 공연의 완성도가 높아지고 창의적인 시너지도 생긴다.

셋째, 공연장의 지속적인 발전을 위해 예술 인력의 역량을 강화하는 것이 중요하다. 정기적인 교육을 실시하고 워크숍과 멘토링 프로그램을 운영하여 학습 기회를 확대해야 한다. 연출과 연기 기법을 심화시키고 기술적 요소를 익힐 수 있도록 지원해야 한다. 최신 공연 트렌드와 기술을 반영한 교육을 제공하면 예술적 감각이 향상된다. 창작력이 저하되면 공연의 수준이 정체될 가능성이 높다. 체계적인 역량 강화 프로그램을 도입하고 창작 환경을 개선해야 한다. 예술 인력이 지속적으로 성장할 수 있도록 실질적인 지원이 필요하다.

넷째, 예술 인력이 안정적으로 활동하기 위해서는 근무 환경을 개선하고 공정한 복지 제도를 마련해야 한다. 정당한 계약과 보상을 보장하고, 장시간 근무와 불규칙한 일정으로 인한 피로를 최소화해야 한다. 열악한 근무 환경은 예술 인력의 창작 의지를 저하시킬 수 있으며, 공연의 질에도 부정적인 영향을 미친다. 휴식 시간 보장, 건강 관리 지원, 심리 상담 프로그램 등을 운영해야 한다. 공정한 보상 체계를 마련하고, 창작자들이 지속적으로 활동할 수 있는 환경을 조성해야 한다. 이러한 근무 환경 조성은 예술 인력의 만족도를 높이고 공연장 운영의 안정성을 확보할 수 있다.

2) 공연장 관리 조직
: 역할 분담, 프로세스 구축, 조직 간 소통 강화, 극장 운영 평가

공연장의 원활한 운영을 위해선 체계적인 관리 조직이 필요하다. 운영팀, 기술팀, 관객 서비스팀은 각자의 역할을 명확히 수행해야 한다. 업무 프로세스는 효율적으로 구축해야 한다. 운영의 일관성을 유지하는 것도 중요하다. 조직 간 협업과 소통이 원활하면 운영 안정성이 높아진다. 시설 관리와 공연 일정 조율도 철저해야 한다. 관객 만족을 위해 피드백을 반영하고 편의시설을 개선해야 한다. 운영 전반에 대한 지속적인 평가와 보완이 필요하다. 공연장은 제작과 서비스를 모두 안정적으로 지원할 수 있어야 한다. 체계적인 관리는 공연장의 경쟁력을 높인다.

공연장 운영을 위한 관리 조직은 어떻게 구성하고, 운영해야 할까?

첫째, 공연장의 운영 효율성을 높이기 위해서는 운영 조직을 체계적으로 구성하고 각 부서의 역할을 명확히 해야 한다. 공연장 운영팀은 일정 조율과 시설 관리를 담당하며, 기술 지원팀은 무대·음향·조명 시스템을 유지·보수한다. 관객 서비스팀은 티켓 판매와 고객 응대를 담당하며, 원활한 서비스 제공을 위해 훈련된 인력이 필요하다. 조직 구성과 역할이 명확하지 않으면 운영 과정에서 혼선이 발생하고 공연장의 기능이 저하될 수 있다. 조직별 역할을 명확히 설정하고, 운영의 효율성을 극대화해야 한다.

둘째, 공연장 운영의 안정성을 확보하려면 체계적인 업무 프로세스를 구축해야 한다. 공연 일정 조정, 시설 점검, 인력 배치 등 모든 운영 과정이 정해진 절차에 따라 이루어져야 한다. 표준화된 업무 프로세스가 없으면 운영이 비효율적이고 돌발 상황 발생 시 신속한 대응이 어렵다. 이를 방지하기 위해 사전 준비 절차를 명확히 하고, 각 부서가 협력하여 운영 프로세스를 최적화해야 한다. 업무 자동화 시스템을 도입하고, 정기적인 점검과 개선을 통해 운영의 효율성을 극대화해야 한다.

셋째, 공연장의 원활한 운영을 위해서는 각 부서 간 협업과 소통이 중요하다. 운영팀, 기술 지원팀, 관객 서비스팀이 긴밀하게 협력하지 않으면 공연 진행에 차질이 발생할 수 있다. 부서 간 원활한 정보 공유를 위해 정기적인 회의를 개최하고, 공통의 소통 플랫폼을 활용해야 한다. 긴급 상황 발생 시 신속한 대응이 가능하도록 명확한 의사결정 구조를 구축해야 한다. 협업과 소통이 원활하면 공연장 운영이 효율적으로 이루어지고, 공연 품질과 관객 만족도가 향상될 수 있다.

넷째, 공연장의 지속적인 발전을 위해서는 운영 실태를 면밀히 점검하고 개선 방안을 마련하는 것이 중요하다. 정기적인 운영 평가를 통해 시설 관리, 관객 서비스, 인력 운영 등 다양한 측면에서 발생하는 문제점을 파악해야 한다. 평가 결과를 반영하여 현실적인 개선 전략을 수립하고, 운영 프로세스를 더욱 효과적으로 정비할 필요가 있다. 관객 피드백을 적극 수용하여 서비스 수준을 향상시키고, 최신 기술을 도입해 운영의 효율성을 높이는 것이 바람직하다. 지속적인 평가와 보완이 이루어지면 공연장의 경쟁력이 강화되며 장기적인 안정성이 확보될 수 있다.

3) 공연장의 운영 방향과 지속 가능성 (사례)

잔치마당 공연장은 명확한 조직 체계를 바탕으로 안정적으로 운영된다. 인력은 철저한 모집과 선발 과정을 통해 선발되며, 체계적인 교육과 공정한 보수 체계로 역량을 키운다. 민주적인 의사결정 구조는 협업 문화를 조성하고, 유연한 근무 환경과 복지 제도는 단원의 만족도를 높인다. 이러한 운영 방식은 예술성과 지속 가능성을 함께 추구하는 기반이 된다. 공연장은 전통연희를 계승하면서도 변화에 유연하게 대응하는 조직으로 자리 잡고 있다. 단원의 성장이 곧 단체의 성장으로 이어지는 선순환 구조를 만들고 있다.

① **조직 구성**

잔치마당 공연장은 대표자, 기획경영팀, 공연교육팀, 극장운영팀으로 구성된다. 대표자는 예술감독을 겸임하며 공연 방향과 주요 결정을 담당한다. 기획경영팀은 공연 기획, 홍보, 재정 관리 등 운영을 총괄한다. 공연교육팀은 전통연희 교육을 운영하고, 공연 기획과 연출을 맡는다. 극장운영팀은 무대와 음향 시스템을 관리하며, 공연이 원활하게 진행되도록 기술적 지원을 제공한다. 각 팀은 명확한 역할을 수행하며 협업을 통해 단체 운영을 원활히 한다.

② **인력 확보**

인력 확보는 전통연희 전공자, 공연 경력자, 연희 기술 보유자를 중심으로 이루어진다. 신입 단원은 내부 교육을 통해 단체의 예술적 색을 익힌다. 의사결정은 정기 회의를 통해 구성원의 의견을 수렴하며, 예술감독과 전문가들이 예술적 판단을 내린다. 또한, 내부 피드백 채널을 운영해 단원들의 의견을 반영하고, 지속적으로 운영 방식을 개선한다. 이를 통해 민주적이고 효율적인 조직 운영을 실현한다.

③ 선발 방법

구성원 모집과 선발 방법은 체계적인 절차를 통해 진행된다. 모집은 공식 웹사이트와 소셜 미디어를 활용하여 홍보한다. 국악 전공자를 대상으로 한 적극적인 홍보와 교육 프로그램을 연계하여 잠재적 인재를 발굴한다. 전통연희에 대한 관심과 역량을 갖춘 지원자를 유치하고, 단체의 예술적 목표에 적합한 인재를 확보한다. 모집된 지원자는 서류, 실기, 면접 전형을 거쳐 선발되며, 서류 심사를 통해 기본 역량을 평가한 후 실기 시험에서 춤, 노래, 연기 등 전공을 검증한다. 이후 면접을 통해 단체와의 적합성 및 예술적 비전을 평가하며, 정식 단원으로 선발된다. 이러한 과정을 통해 실력과 단체 적응도를 종합적으로 고려한 선발이 이루어진다.

④ 복리후생

교육제도는 신입 단원이 전통연희 기능과 단체의 예술적 방향성을 익히도록 기초 교육을 제공한다. 경력자의 멘토링을 통해 기술 전수를 체계화하고, 자기계발을 위한 교육을 장려한다. 보수체계는 기본 급여와 공연 수당으로 구성되며, 공연 규모와 성격에 따라 차등 지급된다. 장기 근속자와 주요 기여자에게 성과급을 제공해 동기를 부여하고, 경력에 따른 급여 인상 체계를 운영해 소속감을 높인다. 식비를 지원하며, 4대 보험을 제공해 안정적인 환경을 조성한다. 근무 시간은 공연 및 연습 일정에 맞춰 유연하게 조정된다. 정기 연습과 리허설을 거쳐 공연 완성도를 높이고, 공연이 없는 기간에는 연차 휴가를 활용해 단원의 재충전을 보장한다.

잔치마당 예술단이 제작한 "우리들의 청춘시절-만담의 폭소마차" 쇼케이스 공연

잔치마당 공연장은 명확한 조직 체계를 기반으로 효율적인 예술 인력 운영과 체계적인 공연장 관리를 실현한다. 예술 인력은 명확한 역할 분담과 협업 체계를 구축해 공연의 완성도를 높인다. 내부 교육과 멘토링을 통해 역량을 강화하고, 복지 환경을 개선해 지속적인 창작 활동을 지원한다. 공연장 관리는 극장의 운영 프로세스를 정비하고, 조직 간 소통을 강화해 원활한 운영을 보장한다. 정기적인 평가를 통해 개선점을 도출하고, 공연 환경을 최적화한다. 잔치마당 공연장은 예술성과 지속 가능성을 동시에 실현하는 공연장으로 자리매김하고 있다.

공연장 인력 운영과 조직 관리 TIP

① **명확한 역할 분담과 책임 부여**
- 각 부서와 인력의 역할을 정의하고, 책임을 분명히 해야 효율적인 업무 수행이 가능하다.
- 예술 인력과 관리 직원 간의 경계를 확실히 구분하여 역할에 대한 협력이 이루어지도록 한다.

② **효과적인 소통 체계 구축**
- 부서 간 원활한 정보 공유를 위해 정기적인 회의나 디지털 소통 채널을 마련해야 한다.
- 직원들 간 피드백과 의견 교환이 자유롭게 이루어지도록 조직문화를 조성하는 것이 중요하다.

③ **인력 역량 강화 및 교육 프로그램 제공**
- 예술 인력과 관리 인력 모두를 위한 정기적인 교육과 워크숍을 통해 역량을 강화해야 한다.
- 최신 공연 트렌드와 기술을 반영한 교육으로 직무 전문성을 높이고 창의적인 환경을 조성한다.

④ **업무 프로세스의 표준화 및 최적화**
- 극장 운영에 필요한 각종 업무 프로세스를 표준화하여 일관된 관리가 가능하게 해야 한다.
- 효율적인 업무 흐름을 만들어 급변하는 상황에서도 빠르게 대응할 수 있는 시스템을 구축한다.

⑤ **정기적인 평가와 피드백을 통한 개선**
- 각 부서와 인력에 대해 정기적으로 성과 평가를 진행하고, 피드백을 통해 개선점을 도출한다.
- 평가 결과를 반영해 조직 내 문제점을 해결하고 지속 가능한 발전을 위한 전략을 수립한다.

3
관객 개발과 마케팅 전략을 세워야 한다

공연장의 관객 개발을 위해서는 관객층 확대와 효과적인 마케팅 홍보 전략이 중요하다. 맞춤형 프로그램 개발을 통해 다양한 연령대와 취향에 맞는 공연을 제공하고, 지역사회와 연계하여 관객 참여를 유도해야 한다. 소셜 미디어를 활용한 실시간 홍보와 가족 및 어린이 프로그램 기획을 통해 새로운 관객층을 유입할 수 있다. 타깃 마케팅과 온라인 플랫폼을 적극 활용하고, 협력 마케팅 제휴와 관객 참여 마케팅을 통해 관객의 관심을 지속적으로 유지하고 확대할 수 있다.

1) 관객층 확대 전략
: 맞춤형 프로그램 개발, 지역사회 연계, 소셜 미디어 활용, 가족 어린이 프로그램 기획

공연장의 관객층을 확대하기 위해서는 다양한 전략을 종합적으로 활용해야 한다. 기존 관객층을 유지하는 동시에 새로운 관객을 유입하기 위해서는 타깃별 맞춤형 프로그램과 지역 사회와의 협력, 디지털 마케팅 등을 적극적으로 활용해야 한다. 젊은 층과 가족 단위 관객을 위한 특별한 프로그램을 기획해 다양한 연령대와 취향을 가진 관객들을 확보하는 것이 중요하다. 이러한 전략을 통해 공연장은 지속 가능한 성장과 관객층 확대를 실현할 수 있다.

관객층 확대를 하려면 무엇을 해야 할까?

첫째, 관객층을 확대하려면 연령대, 성향, 문화적 배경을 고려한 맞춤형 프로그램을 제공해야 한다. 공연 장르와 형식을 세분화하고 관심사를 반영한 기획이 필요하다. 관객의 기대에 부합하는 공연을 운영하면 만족도가 높아지고 유입이 증가한다. 맞춤형 프로그램은 관객층 확대의 핵심 전략이다. 홍보 채널을 다변화하고 디지털 마케팅을 활용하면 접근성이 향상된다. 관객과의 소통을 강화하고 참여 기회를 확대하면 장기적인 관객 확보가 가능하다. 피드백을 분석해 프로그램을 개선하면 충성도가 높아지고 재방문율이 증가한다. 다양한 시도를 통해 관객 기반을 확장하고 공연의 지속 가능성을 확보해야 한다.

둘째, 공연장이 지역 사회와 긴밀히 연계되면 관객층 확대에 긍정적인 영향을 준다. 지역 커뮤니티와 협력해 문화 행사와 협력 프로젝트를 운영하고, 주민들에게 공연 참여 기회를 제공해야 한다. 관심을 높이고 공연에 대한 친근감을 형성하면 지역 관객층이 자연스럽게 확대된다. 지역 사회와 협력하면 공연장이 지역문화의 중심으로 자리 잡고 지속적인 관객층 확대가 가능해진다. 공연 외에도 교육 프로그램이나 체험 활동을 운영하면 지역 주민과의 유대감이 강화된다. 적극적인 소통과 협업이 이루어질 때 공연장은 지역 사회에서 중요한 문화 공간으로 자리 잡는다.

셋째, 디지털 마케팅과 소셜 미디어는 현대 관객과의 소통에서 중요한 역할을 한다. 온라인 플랫폼을 활용한 공연 홍보와 예매 시스템을 구축하면 접근성이 향상된다. 소셜 미디어 채널을 통해 공연의 매력을 적극적으로 알리면 관객 유입 효과가 커진다. 더 많은 관객과 소통하면 공연에 대한 관심이 증가하고 새로운 관객층이 유입된다. 디지털 마케팅을 전략적으로 운영하면 공연장은 폭넓은 관객층을 확보할 수 있다. 브랜드 가치를 강화하고 장기적인 관객 충성도를 높이는 데 기여한다.

넷째, 가족 단위 관객과 어린이, 젊은 층을 위한 맞춤형 프로그램을 기획하면 새로운 관객층을 유입할 수 있다. 어린이와 가족을 위한 교육적이고 즐거운 공연을 제공하면 공연장 방문이 활성화된다. 젊은 층을 대상으로 한 트렌디한 공연을 기획하면 문화적 관심을 높일 수 있다. 다양한 연령대의 관객이 극장을 찾으면 관객층이 더욱 다각화된다. 맞춤형 프로그램과 함께 인터랙티브 공연, 체험형 이벤트, 워크숍 등을 운영하면 관객 참여도가 증가한다. SNS 및 디지털 플랫폼을 활용한 홍보 전략을 병행하면 공연에 대한 접근성을 높일 수 있다. 공연장이 다양한 관객층을 확보하면 장기적인 성장과 문화적 영향력을 확대할 수 있다.

2) 마케팅 홍보
: 타깃 마케팅, 온라인 플랫폼 활용, 협력 마케팅 제휴, 관객참여 마케팅

공연장의 마케팅 홍보 전략은 관객층 확대와 공연의 성공적인 진행을 위해 필수적인 요소이다. 타깃 마케팅 전략을 활용해 맞춤형 홍보를 진행하고, 온라인 플랫폼과 소셜 미디어를 적극적으로 활용해야 한다. 기업이나 기관과 협력하여 상호 홍보 효과를 극대화하고, 관객 참여를 유도하는 방식으로 효과적인 홍보 전략을 구축할 수 있다. 공연장은 공연에 대한 인식을 높이고 더 많은 관객을 유치하는 방향으로 마케팅을 최적화해야 한다. 공연 정보를 지속적으로 업데이트하고, 관객의 반응을 분석해 마케팅 방향을 개선하는 것이 필요하다.

공연장 마케팅은 어떻게 해야 효과가 극대화될까?

첫째, 공연 마케팅의 효과를 높이려면 특정 관객층을 분석하고 맞춤형 전략을 적용해야 한다. 연령대, 취향, 문화적 배경을 반영해 타깃층을 설정하고, 관심을 끌 수 있는 홍보 방안을 마련한다. 타깃 마케팅을 활용하면 공연에 대한 관심을 집중시키고 관객의 요구에 맞는 메시지를 전달할 수 있다. 정확한 타깃층을 설정하면 효과적인 홍보와 관객 유입이 가능하다. 관객 분석 데이터를 활용하면 마케팅 효과를 극대화하고 장기적인 관객 충성도를 높일 수 있다.

 둘째, 디지털 시대에는 온라인 플랫폼과 소셜 미디어를 활용한 홍보가 중요하다. 공연 정보를 공식 웹사이트와 SNS 채널에 지속적으로 업데이트하고, 다양한 콘텐츠(영상, 포스터, 인터뷰 등)를 제공해 관객의 관심을 유도해야 한다. SNS를 활용한 실시간 소통과 참여를 통해 관객과의 관계를 강화하는 것이 필요하다. 온라인 홍보는 지역적 제약을 뛰어넘어 더 넓은 범위의 관객을 확보할 수 있는 효과적인 방법이다. 유튜브, 인스타그램, 페이스북 등의 채널을 적극 활용하면 젊은 관객층을 확보할 수 있으며, 지속적인 콘텐츠 제작이 관객과의 소통을 강화하는 핵심이 된다.

 셋째, 기업이나 기관과의 제휴 마케팅은 상호 홍보와 관객 유치를 위한 효과적인 방법이다. 공연과 관련된 브랜드, 커뮤니티, 문화 기관과 협력해 공동 이벤트나 캠페인을 진행하면 브랜드 가치를 높이고 관객층을 확장할 수 있다. 제휴를 통해 공연의 인지도를 높이고, 다양한 홍보 자원을 공유하여 비용 대비 높은 홍보 효과를 얻을 수 있다. 협력 마케팅은 공연장의 지속적인 성장을 위한 필수 전략이다. 다양한 기업 및 문화 기관과 협력하면 후원 유치도 가능하며, 이를 통해 공연장의 재정적 안정성을 확보할 수 있다.

 넷째, 관객의 참여를 유도하고 피드백을 반영한 마케팅 전략은 공연의 품질을 높이고 관객 만족도를 증가시킨다. 온라인 설문조사나 SNS 캠페인을 통해 관객의 의견을 수렴하고, 그 피드백을 기반으로 마케팅 전략을 개선할 수 있다. 관객이 자신의 의견이 반영되는 경험을 하면 공연장에 대한 충성도가 높아지고, 입소문을 통해 더 많은 관객을 유치할 수 있다. 관객 중심의 마케팅 전략을 지속적으로 강화해야 한다. 정기적인 관객 분석을 통해 변화하는 트렌드에 맞춘 마케닝 선략을 수립하면 지속 가능한 관객층을 확보할 수 있다.

3) 감동 받는 만큼 관객이 공연료를 책정하는 감동 후불제 (사례)

후불제 감동 공연은 관객이 공연을 본 후 감동한 만큼 자발적으로 공연료를 지불하는 방식이다. 이는 문화예술의 접근성을 높이고 공연 예술의 질적 향상을 유도하기 위해 도입되었다. 기존 선불제 공연은 관객이 비용 부담으로 인해 공연을 기피하는 경우가 많았다. 하지만 후불제 공연은 이러한 장벽을 허물고 누구나 공연을 즐길 수 있도록 돕는다. 예술가들에게는 공연의 질을 극대화해야 하는 동기를 부여한다. 관객이 직접 공연의 가치를 평가하는 만큼 예술가들은 더욱 진정성 있는 무대를 선보인다. 신뢰를 바탕으로 한 후불제 방식은 공연과 관객 사이의 유대감을 높이며, 지속 가능한 문화예술 생태계를 조성하는 데 기여한다.

① **진도북놀이 박강열 명인**

잔치마당 공연장은 관람객의 관람료를 후불제로 운영하고 있다. 2024년 9월 11일 명인명창 기획공연으로 전라남도 무형유산 '양태옥류 진도북놀이' 예능보유자인 박강열 명인을 초청해 진행되었다. 공연의 시작은 박 명인의 아쟁산조와 진도북놀이의 강렬한 장단과 역동적인 춤사위로 관객들에게 깊은 인상을 남겼다. 공연 후 관객들은 감동한 만큼 자율적으로 공연료를 지불했다. 이는 전통예술이 새로운 방식으로 관객과 소통할 수 있다는 가능성을 보여주었다.

② **공연의 성과**

후불제 감동 공연은 문화예술의 대중화를 촉진하고, 공연 예술의 질을 높이는 성과를 거두었다. 첫째, 경제적 부담 없이 누구나 공연을 관람할 수 있어 문화 향유 기회가 확대되었다. 둘째, 예술가들은 더욱 몰입도 높은 무대를 제공하며 공연의 완성도를 높였다. 셋째, 공연료를 자율적으로 지불하는 시스템은 관객과 예술가 사이의 신뢰를 형성하는 데 기여했다. 넷째, 새로운 공연 소비 모델을 제시하며 국악과 전통예술의 활성화에 기여했다. 박강열 명인 초청 공연에서도 이러한 성과가 확인되었다. 이날 초청공연료 100만 원 지출에 후불제 관람료는 107만 원 수입이었다. 관객들은 공연의 가치를 직접 판단하고 자발적으로 공연료를 지불하며 후불제 공연의 취지에 공감했다.

③ 감동 후불제 모델 구축

후불제 감동 공연이 지속 가능하려면 몇 가지 과제가 남아 있다. 첫째, 예술가들이 경제적 안정성을 확보할 수 있도록 기본 지원이 필요하다. 후불제 공연이 공연료의 불확실성을 내포하고 있기 때문이다. 둘째, 다양한 장르에서 후불제 공연을 시도하며 관객층을 확대해야 한다. 전통예술뿐만 아니라 연극, 무용, 현대음악 등에서도 후불제 모델을 적용할 수 있다. 셋째, 디지털 기술을 활용한 홍보와 온라인 후불제 시스템 구축이 요구된다. SNS와 유튜브를 통해 공연을 알리고, 온라인 기부나 후원 모델을 접목하면 후불제 공연의 지속성을 높일 수 있다. 넷째, 관객의 적극적인 참여를 유도할 수 있는 프로그램 개발도 필요하다.

후불제 감동 공연은 공연 예술과 관객이 상호 신뢰를 바탕으로 만들어가는 새로운 문화예술 소비 방식이다. 이는 단순한 공연 관람을 넘어, 예술의 가치를 직접 평가하고 지지하는 의미 있는 경험이 된다. 잔치마당 공연장의 박강열 명인 초청 공연은 이러한 후불제 공연의 성공적인 사례로 평가된다. 관객들은 감동한 만큼 공연료를 지불하며 예술가들의 헌신에 보답했다. 앞으로 후불제 공연이 더욱 발전하려면 공공 지원 확대, 장르 다변화, 디지털 홍보 강화 등의 노력이 필요하다.

감동한 만큼 관객이 공연료 가격을 지불하는 후불제 공연 (박강열 명인전)

관객층 확대를 위해 맞춤형 프로그램을 개발하고 지역사회와 연계해야 한다. 소셜 미디어를 적극 활용하며 가족과 어린이를 위한 프로그램도 기획하는 것이 중요하다. 마케팅 전략으로는 타깃 마케팅을 강화하고 온라인 플랫폼을 효과적으로 활용해야 한다. 후불제 감동 공연은 예술과 관객이 신뢰를 바탕으로 가치를 공유하는 새로운 소비 방식이다. 잔치마당 공연장의 박강열 명인 초청 공연이 그 대표적인 사례다. 관객들은 감동한 만큼 공연료를 지불하며 예술가의 헌신에 보답했다. 이러한 공연이 더욱 발전하려면 장르를 다양화하고 디지털 홍보를 강화하는 노력도 필요하다. 후불제 공연이 한국 공연예술의 새로운 패러다임으로 자리 잡길 기대한다.

관객 개발 마케팅 전략 TIP

① **세분화된 타깃 마케팅**
  · 다양한 관객층에 맞춤형 콘텐츠와 메시지를 제공한다.

② **소셜 미디어 활용과 소통 강화**
  · 소셜 미디어로 실시간 소통하고 관심을 유지한다.

③ **관객 맞춤형 프로그램 개발**
  · 다양한 연령대와 취향을 반영한 맞춤 프로그램을 만든다.

④ **로열티 프로그램과 할인 혜택 제공**
  · 할인 혜택과 멤버십으로 충성도 높은 관객을 만든다.

⑤ **지역 사회와의 협업 강화**
  · 지역 사회와 협력하여 참여를 유도하고 관심을 끈다.

4
재원 조성과 지속 가능성의 노하우가 있다

재원 조성과 지속 가능한 경영 모델은 공연장의 장기적 성장을 위해 중요한 요소이다. 안정적인 재정 기반을 마련하기 위한 다양한 전략이 필요하다. 공공 지원금과 파트너십을 적극 활용하고, 예매 시스템을 최적화하며, 개인 후원자와의 관계를 강화해야 한다. 지속 가능한 경영을 실현하기 위해 수익원 다각화, 친환경 경영 실천, 사회적 책임 강화와 같은 전략을 도입하고, 효율적인 비용 관리로 자원의 낭비를 최소화해야 한다. 이러한 요소들이 결합되어 공연장은 재정적 자립과 함께 지속 가능한 성장을 이룰 수 있다.

1) 재원 확보 전략
: 공공 지원금 활용, 파트너십 구축, 예매 시스템 최적화, 개인 후원 활용

공연장의 재원 조성 확보는 공연 운영의 지속 가능성을 위한 핵심 전략이다. 공공 지원 및 보조금을 활용하고, 기업 후원과 파트너십을 통해 안정적인 재정적 기반을 마련해야 한다. 티켓 판매와 예매 시스템을 최적화하여 수익을 증대시키고, 기부 및 크라우드펀딩을 활용해 추가 자금을 확보하는 전략이 필요하다. 공연장은 경제적 자립을 높이고 장기적인 운영을 유지하며 예술과 문화의 확산을 위해 지속적인 재정적 지원을 받을 수 있다.

공연장 운영을 위한 재원 확보는 어떻게 해야 할까?

첫째, 공연장은 정부와 지방자치단체의 문화예술 지원금을 확보해야 한다. 이 지원금은 공연 기획과 제작에 필요한 자금원이며 예술 프로젝트의 진행을 원활하게 만든다. 공공 지원은 공공의 문화적 가치 증진을 목표로 하며 다양한 프로그램 운영을 가능하게 한다. 보조금을 확보하려면 공연장의 사업 계획이 구체적이고 창의적이어야 하며 관련 법규와 정책을 충분히 이해하고 체계적인 신청 절차를 준비하는 것이 중요하다.

둘째, 기업 후원과 파트너십은 안정적인 재정적 기반을 마련하는 데 중요한 역할을 한다. 기업과 협력하면 재정적 지원뿐만 아니라 상호 브랜드 가치 향상과 사회적 책임(CSR) 활동에도 기여할 수 있다. 후원 기업과의 장기적인 관계 구축을 위해 맞춤형 후원 패키지를 제공하고, 공연이나 행사와 연계한 공동 마케팅 활동을 전개하는 전략이 필요하다. 기업 후원은 공연장의 홍보 활동을 강화하고 관객과 기업의 긍정적인 상호작용을 창출할 수 있는 기회를 제공한다.

셋째, 티켓 판매와 예매 시스템을 최적화하면 수익을 증대시킬 수 있다. 공연의 가격 책정 전략을 통해 다양한 가격대의 티켓을 제공하여 폭넓은 관객층을 유도하고, 할인 혜택이나 프로모션을 통해 예매를 촉진할 수 있다. 편리한 온라인 예매 시스템을 구축하여 관객들이 쉽게 접근하고 예매를 할 수 있도록 한다. 현장 판매와 온라인 예매를 연계하여 최적의 판매 경로를 만들면 예매 수익을 극대화할 수 있다. 예매 시스템의 효율성을 높이는 것이 공연장의 수익성 향상에 중요한 역할을 한다.

넷째, 개인 기부자와 크라우드펀딩 플랫폼을 활용하여 추가적인 재원을 확보할 수 있다. 크라우드펀딩 캠페인은 공연 예술에 대한 관심을 높이고 관객들이 직접적으로 공연장의 활동을 지원하는 방식이다. 기부자에게 특별한 혜택을 제공하며 후원자와의 지속적인 관계를 구축한다. 기부 및 크라우드펀딩은 공연장이 다양한 예술적 시도와 창작을 가능하게 한다. 동시에 관객들에게 참여감을 제공하는 방식으로 공연장의 문화적 가치 증진에 기여한다.

2) 지속 가능한 경영 모델
: 수익원 개발, 친환경 경영 실천, 사회적 책임 강화, 효율적인 비용 관리

공연장의 지속 가능한 경영 모델은 재정적 자립을 위한 중요한 요소이다. 다양한 수익원을 개발하고 친환경적 경영 실천을 통해 지속 가능성을 높여야 한다. 공연장은 사회적 책임을 강화하며 지역 사회와 협력을 강화해야 한다. 효율적인 비용 관리로 자원을 절약하며 운영 효율성을 극대화한다. 공연장은 경제적, 사회적, 환경적 측면에서 균형 잡힌 성장을 이루고 장기적으로 안정적인 운영을 실현할 수 있다. 지속 가능한 경영 모델은 공연장이 미래에도 관객과 문화 예술의 중심으로 자리 잡는 데 기여하며, 공연 예술의 가치를 높이는 중요한 기반이 된다.

공연장을 지속적으로 운영하려면 무엇을 해야 할까?

첫째, 공연장은 티켓 판매 외에도 다양한 수익원을 개발하여 재정적 자립을 도모할 수 있다. 부대시설 운영, 상품 판매, 공연 외 행사 개최 등 여러 수익원을 창출하여 한정된 자원에 의존하지 않고 경영 안정성을 확보해야 한다. 다양한 문화 프로그램과 협력 사업을 통해 공연장의 존재 가치를 높이고, 관객층을 확대하는 수익 모델을 개발하는 것이 중요하다. 기업 후원과 스폰서십을 적극

활용하면 재정적 안정성을 더욱 높일 수 있다. 이러한 다양한 수익 모델은 공연장의 장기적인 경제적 자립과 안정성에 기여하며 지속적인 예술 창작 활동을 가능하게 한다.

둘째, 지속 가능한 경영을 위해 친환경적 정책을 도입해야 한다. 공연장은 에너지 절약, 재활용 프로그램, 탄소 배출 감소 등 환경친화적인 경영 방안을 마련하여 장기적인 환경적 영향을 줄일 수 있다. 사회적 책임을 다하는 공연장으로서의 이미지를 구축한다. 관객들에게 긍정적인 인식을 심어주며, 자연과의 균형을 이루는 지속 가능한 경영을 실현해야 한다. 친환경 경영은 브랜드 가치를 높이고 관객의 충성도를 확보하는 데 중요한 역할을 한다. LED 조명과 친환경 소재를 활용한 무대 디자인을 도입하면 운영 비용 절감과 환경 보호 효과를 동시에 달성할 수 있다.

셋째, 공연장은 지역 사회와의 협력을 강화하며 사회적 책임을 수행해야 한다. 다양한 프로그램과 협업을 통해 문화적 가치는 물론 사회적 가치를 증진할 수 있다. 지역 예술인과 협력하고, 사회적 행사나 공익적 프로젝트에 참여함으로써 지역민들과의 관계를 강화해야 한다. 공연장이 지역 사회에 긍정적인 영향을 미칠 수 있도록 하는 것이 중요하다. 사회적 책임 강화를 통해 공연장의 문화적 역할을 확립하고 지역 내 영향력을 증대할 수 있다. 지역 기반의 예술교육 프로그램을 제공하면 문화예술 접근성을 높이고 공연장의 역할을 더욱 확대할 수 있다.

넷째, 비용 절감을 위해 효율적인 예산 운영과 자원 관리를 실현해야 한다. 자원의 낭비를 최소화하고, 필요한 곳에 정확한 예산을 배분하여 운영 효율성을 극대화해야 한다. 자원 최적화 시스템을 도입하거나 부서 간 협력 체계를 강화하여 비용을 절감하고 재정적 부담을 줄이는 방법을 모색해야 한다. 효율적인 비용 관리는 극장의 경쟁력을 강화하고, 장기적으로 지속 가능한 성장을 돕는 핵심 요소로 작용한다. 공연 제작 과정에서 비용 절감 전략을 적용하면 예산을 보다 효율적으로 활용할 수 있다. 수익성과 운영 안정성을 동시에 확보할 수 있다.

3) 가무악 《광대들의 판놀음》 창작주체 창작공간 지원사업 선정 (사례)

잔치마당 공연장은 한국문화예술위원회 2025 문예진흥기금 공연예술 창작주체(창작공간) 다년간 지원사업에 선정되었다. 공연법에 따른 등록과 최근 3년 내 안전 검사 기록을 갖춰야 하며, 검사 결과에 따른 조치를 완료해야 한다. 공동 기획 공연을 연 3회 이상 개최하고, 중·대규모 지원 신청 시 상근 인력을 고용해야 한다. 자기부담금은 필요 경비의 10% 이상 편성해야 하며, e나라도움 시스템을 통해 지원금을 집행하고 정산해야 한다. 다년 지원 연속 선정 시 최소 자부담 비율이 증가할 수 있다.

① **연간 공연 활동**

잔치마당 공연장은 가무악 《광대들의 판놀음》을 주제로 다양한 공연과 교육 프로그램을 운영한다. 가족 국악극, 환경 국악극, 어린이 연희극, 명인·명창 초청 기획 공연 등을 연간 정기적으로 개최한다. 창작 판놀음과 어린이 국악극 등 창작 공연을 추진하며, 지역 국악예술단체를 위한 대관 공연도 운영한다. 직장인과 일반인을 대상으로 국악아카데미를 운영하여 국악의 대중화와 교육을 확대한다. 공연의 지속적인 운영과 국악 보급을 위해 기획과 운영의 전문성을 강화해야 한다.

② **3개년 운영 전략**

잔치마당은 3개년 사업 로드맵을 통해 국악전용극장의 경쟁력을 강화하고자 한다. 2025년에는 국악전용극장의 전문화 기반을 구축한다. 직원과 단원의 역량을 강화하고, 기획 및 상설 공연 중심의 운영 체계로 전환한다. 창작 어린이 국악극을 제작하여 지역의 전통설화를 기반으로 한 콘텐츠를 개발한다. 지원금 외 유료 관람료와 기업 후원을 통해 전체 재원의 30%를 확보한다. 2026년에는 전통연희 상설 공연을 확대하며, 창작 쇼케이스 활동을 강화하여 단원의 창작 역량을 높인다. 2027년에는 어린이 전용 전통예술극장으로 전환하여 공연장의 경쟁력을 확보할 계획이다.

③ 지역사회와의 협력

지역 문화예술단체와의 협력 네트워크를 구축하여 공연장의 홍보 효과를 극대화한다. 부평아트센터, 인천학생교육문화회관 등과 공동 홍보 체계를 마련하고, 부평구문화예술인협회와 인천국악협회 등 지역 단체와 협력 네트워크를 형성한다. 공연장 홍보 서포터즈 100명을 모집하고, 온·오프라인 홍보를 진행한다. 부평구 22개 동 풍물단과 지역 국악·풍물 단체에도 홍보 활동을 진행한다. 기업체와의 협력을 강화하여 상시 프로그램을 운영하고, 기업 임직원과 고객을 대상으로 국악 공연을 체험할 기회를 제공한다.

④ 공연장 안정성 확보

공연장 운영의 안정성을 확보하기 위해 철저한 안전관리 계획을 수립해야 한다. 가무악 공연 《광대들의 판놀음》을 비롯한 다양한 공연을 안전하게 운영하기 위해 안전점검을 정기적으로 시행한다. 예상 관람 인원은 회당 100명으로 운영되며, 사전 예약과 현장 발권을 병행하여 매표를 진행한다. DB손해보험을 통해 대인 및 대물 보상을 포함한 보험에 가입하여 안전사고에 대비한다. 공연장 이용객과 참여자의 안전을 보장하며, 공연이 원활하게 진행될 수 있도록 한다.

2025년 잔치마당 공연장이 한국문화예술위원회의 창작주체 창작공간 다년간 지원사업에 선정된 것은 전통예술의 계승과 대중화를 위한 중요한 전환점이다. 국악 창작과 보급이 활성화되며, 지역 사회와 세계를 연결하는 문화적 가치를 실현할 수 있다. 국악전용극장의 지속적인 성장과 예술적 역량 강화를 통해 전통공연예술의 현대적 재해석이 가능해지고, 다양한 계층이 국악을 접할 기회가 확대된다. 국악이 대중과 더욱 가까워지고 국제 무대에서도 경쟁력을 갖추는 데 기여할 것이다.

잔치마당 공연장은 매월 마지막 주 수요일 저녁 "명인전-광대들의 판놀음"을 운영한다.

공연장이 지속적으로 성장하고 재정적으로 자립하기 위해 공공 지원금과 파트너십을 적극 활용해야 한다. 예매 시스템을 최적화하고 후원 네트워크를 강화해 안정적인 재원을 마련해야 한다. 수익원을 다각화하고 친환경 경영과 사회적 책임을 실천하며 지속 가능성을 높여야 한다. 효율적인 비용 관리로 자원 낭비를 최소화하는 것도 중요하다. 2025년 잔치마당 공연장의 창작공간 지원사업 선정은 전통예술의 계승과 대중화를 위한 중요한 계기가 된다. 국악 창작과 보급이 활성화되면서 현대적 재해석이 이루어지고 다양한 계층이 국악을 접할 기회가 확대된다.

재원 조성과 지속 가능성 TIP

① **다양한 수익원 확보**
· 티켓 외 수익원 개발로 안정적 재정 기반 마련.

② **공공 지원 및 후원 확대**
· 정부 지원금과 기업 후원 확보로 재정 안정화.

③ **크라우드펀딩 활용**
· 대중 참여를 통한 프로젝트 자금 확보.

④ **친환경적 경영 실천**
· 친환경 경영으로 비용 절감 및 지속 가능성 강화.

⑤ **자원 최적화 및 비용 관리**
· 효율적 예산 관리로 자원 절약 및 비용 절감.

5
문화예술 교육 활성화 전략은 무엇인가

공연장의 지속적인 성장을 위해 지역사회와 연계된 문화예술 교육 프로그램이 필요하다. 시민 참여형 예술 프로그램은 지역 기반 창작 프로젝트와 커뮤니티 중심 행사와 결합되어야 한다. 디지털 기술을 활용한 온라인 예술 교육은 누구나 쉽게 예술을 접하고 배울 수 있도록 구성해야 한다. 연령별 맞춤형 문화예술 교육도 중요하다. 유아와 어린이는 놀이 중심 교육을 통해 창의적 감각을 키워야 한다. 청소년은 공연 실습과 멘토링을 통해 창작 경험을 쌓아야 한다. 성인과 직장인은 문화예술을 활용한 자기 계발과 여가 활동을 경험해야 한다. 중장년층은 정서적 안정과 사회적 소통을 확대할 기회를 제공받아야 한다.

1) 시민 참여형 문화예술 프로그램 기획
: 지역 기반, 커뮤니티 중심, 디지털 기술 활용, 사회적 연대 강화

시민 참여형 문화예술 프로그램 확대는 지역문화 활성화와 공동체 강화를 위한 전략이다. 지역 기반 문화예술 체험 프로그램을 운영하면 주민들은 문화예술을 직접 경험할 기회를 얻는다. 창작 과정에 참여하면 예술적 감수성이 높아지고 지역문화에 대한 이해가 깊어진다. 커뮤니티 중심의 문화예술 행사를 개최하면 시민들은 자연스럽게 문화예술 활동에 참여한다. 지역사회와의 유대감이 형성되면서 공동체 참여도가 증가한다. 디지털 기술을 활용한 예술 교육은 예술 접근성을 확대한다. 새로운 창작 방식을 제공하여 다양한 연령층이 예술을 쉽게 접할 수 있다. 문화예술을 통한 사회적 연대 강화는 시민 참여를 높인다. 공공예술 프로젝트와 포용적 예술 활동을 통해 지역사회 변화에 기여한다.

시민 참여형 문화예술 프로그램은 무엇이고, 어떻게 하면 운영을 잘할 수 있을까?

첫째, 지역 기반 예술 체험 프로그램은 주민이 직접 참여하여 예술을 경험할 기회를 제공한다. 지역 특성을 반영한 창작 워크숍과 공연을 기획하면 예술적 감수성이 향상된다. 지역문화에 대한 이해가 깊어지면서 문화예술에 대한 관심이 높아진다. 시민 주도형 예술 프로젝트가 활성화되면 주민들은 문화 생산자로서의 역할을 수행한다. 개인의 창의성이 개발되면서 지역사회와의 문화적 유대감이 강화된다. 공동체 참여도가 증가하면 문화예술 활동이 지역 발전의 중요한 요소가 된다.

둘째, 예술을 활용한 사회적 참여 프로그램은 지역 문제 해결과 공동체 활성화에 기여한다. 시민 주도형 공공 예술 프로젝트를 통해 지역사회 이슈를 예술적으로 표현할 수 있다. 공감대가 형성되면서 공동체 의식이 강화된다. 소외 계층과 협력하여 문화예술 프로그램을 운영하면 사회적 포용성이 높아진다. 다양한 계층이 예술을 통해 소통할 기회를 얻는다. 예술을 매개로 한 연대 활동이 활성화되면 지역 공동체의 결속력이 강화된다. 지속 가능한 사회적 가치가 창출된다. 예술이 사회적 변화와 혁신의 중요한 매개체로 자리 잡는다.

셋째, 커뮤니티 중심 예술 행사는 지역 주민이 직접 기획하고 참여하는 방식으로 운영된다. 정기적인 예술 행사가 열리면 주민들의 문화예술 참여도가 높아진다. 문화예술이 활성화되면서 창작 의욕이 고취된다. 시민이 직접 공연과 전시를 기획하면 예술적 소통이 활발해진다. 지역 예술가들이 작품을 선보이고 시민들과 교류하면 예술의 지속성과 발전 가능성이 확대된다. 지역 경제와 문화예술 생태계가 균형을 이루면서 문화예술 기반이 더욱 탄탄해진다.

넷째, 디지털 기술을 활용한 예술 교육은 온라인 플랫폼을 통해 다양한 예술 강좌와 콘텐츠를 제공한다. 가상현실(VR)과 증강현실(AR)을 활용하면 몰입감 있는 예술 체험이 가능하다. 교육 효과가 극대화되면서 예술 교육의 방식이 다양해진다. 디지털 미디어 아트를 창작 활동에 접목하면 새로운 형태의 예술적 표현이 가능해진다. 창작 방식이 다변화되면서 예술 교육의 접근성이 확대된다. 다양한 연령층이 예술을 경험할 기회를 얻는다. 전통적인 예술 교육과의 융합을 통해 창의적인 학습 환경이 조성된다.

2) 다양한 연령층을 위한 맞춤형 예술 교육 운영
: 유아와 어린이, 청소년, 성인과 직장인, 중장년층 평생교육

공연예술이 대중과 가까워지려면 연령별 특성을 고려한 맞춤형 교육이 중요하다. 유아 및 어린이는 창의적 사고와 감각 발달을 위한 놀이 중심 교육이 필요하다. 청소년은 실습형 교육과 멘토링을 통해 표현력과 창작 역량을 길러야 한다. 성인은 문화예술을 활용한 자기 계발과 스트레스 해소를 위한 프로그램을 접할 수 있어야 한다. 노년층은 건강 증진과 정서적 안정을 위한 예술 활동을 지속적으로 지원받아야 한다. 연령별 맞춤형 예술 교육이 활성화되면 공연장은 보다 많은 관객과 소통할 수 있다. 공연예술의 사회적 가치를 확산하는 중심 공간으로 자리 잡을 수 있다.

유아 및 어린이를 위한 창의적 예술 교육은 놀이 중심 프로그램을 통해 감각 발달과 창의적 사고를 촉진하는 것이 핵심이다. 연령별 특성에 맞춘 음악, 미술,

연극 활동을 통해 아이들이 예술을 자연스럽게 접하도록 구성해야 한다. 부모와 함께하는 교육형 공연과 체험 활동을 제공하면 가족 간 유대감이 강화되고 예술에 대한 긍정적 경험이 형성된다. 창의력을 키울 수 있는 실습 중심 프로그램을 확대하고, 감정 표현과 사회성을 기를 수 있는 환경을 조성하면 어린이들의 예술적 감수성이 더욱 향상된다. 체계적인 예술 교육이 이루어지면 어린이들은 문화예술에 친숙함을 갖고 성장할 수 있다.

청소년 대상의 전문 예술 교육은 공연 예술 분야에 대한 관심을 높이고 실습 중심 교육을 통해 창작 역량을 강화하는 데 초점을 맞춰야 한다. 연극, 무용, 음악 등 다양한 장르의 실습형 교육을 운영하면 청소년들의 표현력과 창의성이 향상된다. 예술가 멘토링과 창작 프로젝트를 지원하면 예술적 탐구심이 고취되고 장기적인 성장 기회가 마련된다. 문화예술 직업 체험을 제공하면 실무 경험을 쌓을 기회가 확대되고 예술계 진로 탐색에 도움이 된다. 공연 기획과 제작 과정에 직접 참여하도록 프로그램을 운영하면 실무 이해도가 높아지고 자발적인 창작 활동이 활성화된다.

성인 및 직장인을 위한 문화예술 프로그램은 스트레스 해소와 창의적 여가 활동을 제공하여 삶의 활력을 높이는 데 기여한다. 직장인의 시간적 제약을 고려해 야간 및 주말 강좌를 운영하면 참여율이 증가하고 문화예술에 대한 접근성이 확대된다. 시민 참여형 공연 및 창작 프로그램을 운영하면 공동체 의식이 강화되고 다양한 예술적 경험을 공유할 기회가 마련된다. 맞춤형 프로그램을 기획하면 성인들이 예술을 통해 삶의 질을 높이고 지속적으로 문화예술 활동을 즐길 수 있다. 예술을 통한 심리적 안정과 자기표현 기회를 제공하면 창의성이 계발되고, 자아실현의 가능성이 커지며 지역문화 발전에도 기여할 수 있다.

노년층을 위한 평생 예술 교육은 건강 증진과 정서적 안정을 지원하며 예술을 통해 사회적 소통을 활성화하는 것이 중요하다. 전통예술과 지역문화를 접할 수 있는 프로그램을 운영하면 문화적 공감대가 형성되고 세대 간 교류가 촉진된다. 노년층이 쉽게 참여할 수 있도록 맞춤형 예술 치료 프로그램을 제공하면 신체적, 정신적 건강 유지에 도움이 된다. 예술 교육을 통해 지속적인 배움과 창작 활동을 지원하면 삶의 질이 향상되고 사회적 참여 기회가 확대된다. 정기적인 예술 동아리 및 공연 참여 기회를 제공하면 노년층이 활기찬 사회 구성원으로 역할을 수행할 수 있다. 다양한 연령대와 함께 소통하는 기회가 증대된다.

3) 문화예술 교육을 통한 신규 관객 개발 (사례)

잔치마당 공연장은 2024 인천문화재단 문화예술 교육 지원사업의 일환으로 진행된 꿈다락 문화예술 교육사업에 참여했다. 이 사업은 생애주기별 문화예술 교육 참여자의 특성을 고려하여 단체·기관 및 문화시설의 프로그램 운영을 지원하는 것을 목표로 한다. 잔치마당 공연장은 '신(新)중년 놀이 프로젝트'를 주제로 40대 후반부터 60대 중반까지의 세대가 새로운 삶의 활력을 찾을 수 있도록 기획했다. 문화예술을 통해 감수성을 자극하고 자기표현력을 키우며, 행복감과 자아존중감을 형성할 기회를 제공하는 데 중점을 두었다.

① 사업 방향
놀이를 활용한 신중년 맞춤형 문화예술 교육을 제공하는 것이 핵심이다. 자유로운 참여를 강조하고 적극적인 신체 활동을 포함한 프로그램을 구성했다. 단순한 휴식이 아니라 예술적 감각과 창의성을 키울 수 있도록 기획했으며, 풍물과 민요를 배우고 공연하는 과정을 통해 전통문화의 의미를 체험할 기회를 제공했다. 이를 통해 세대 간 소통과 문화적 연대를 강화하고 지속 가능한 예술 교육 모델을 구축하고자 했다.

② 사업 개요
'신(新)중년 놀이 프로젝트'는 2024년 5월 7일부터 11월 13일까지 진행되었다. 국악 전용극장 잔치마당에서 총 26회의 교육을 운영하며 신중년 25명이 참여했다. 프로그램은 놀이와 전통예술을 결합하여 신체 활동을 중심으로 구성되었다. 기본 장단을 익히고 풍물을 배우며 놀이의 요소를 더해 참여를 유도했다. 다양한 교육 방식을 적용하여 참가자들이 자율적으로 몰입하고 즐길 수 있도록 했다. 단순한 학습을 넘어 체험과 실연 중심으로 운영하여 효과를 극대화했다.

③ 사업 진행

활동형 대면 교육을 통해 참가자들은 직접 걷고 뛰며 풍물을 익히는 시간을 가졌다. 단순한 이론 교육이 아니라 몸으로 체험하는 학습을 강조했다. 진도 강강술래 현장학습을 통해 전통놀이의 실제적 의미를 체득하도록 했다. 풍물과 민요 특강을 통해 예술적 감각을 높이고 표현력을 강화했으며, 부평풍물대축제에 참가하여 시민들과 소통하며 배운 내용을 공연으로 선보였다. 발표회 공연을 통해 가족과 친구들에게 성과를 공유하며 프로그램을 마무리했다.

④ 사업 성과

참가자들의 높은 출석률과 적극적인 참여가 돋보였으며, 신중년 세대를 위한 맞춤형 문화예술 교육의 효과성을 확인할 수 있었다. 강강술래 현장학습과 축제 참여가 교육 지속성 유지에 긍정적인 영향을 미쳤으며, 놀이와 전통예술이 결합된 체험형 교육이 참여 동기를 높이는 데 기여했다. 단순한 학습을 넘어 실생활에서 문화예술을 즐기는 태도를 형성하는 데 도움이 되었다. 신중년 세대의 사회적 관계망 확대와 공동체 의식 함양에도 긍정적인 영향을 미쳤다.

이번 사업을 통해 신중년 세대를 위한 문화예술 교육의 필요성이 다시 한번 강조되었다. 체험과 놀이가 결합된 교육이 학습 효과를 높이는 중요한 요소임을 확인했으며, 신중년이 스스로 참여하고 즐길 수 있는 환경 조성이 필수적이라는 점이 부각되었다. 특히, 현장학습과 축제 참가가 교육 지속성 유지에 중요한 역할을 한다는 점이 주목할 만하다. 잔치마당 공연장은 이번 사업을 통해 새로운 관객층을 확보하는 기회를 마련했다. 신중년층이 공연장을 자주 찾고 지속적으로 문화예술을 접할 수 있도록 유도함으로써 예술경영 관점에서도 긍정적인 성과를 도출했다. 이는 공연장 활성화뿐만 아니라 지역 문화예술 생태계 확장에도 기여할 수 있는 중요한 사례로 평가될 것이다.

잔치마당 공연장에서 운영한 "2024 신(新)중년 놀이 프로젝트" 풍물놀이 발표회

공연장의 지속적 성장을 위해 지역사회와 연계된 문화예술 교육이 필요하다. 시민 참여형 예술 프로그램은 지역 기반 창작 프로젝트 및 커뮤니티 중심 행사와 결합되어야 한다. 디지털 기술을 활용한 온라인 교육은 누구나 쉽게 예술을 접할 수 있도록 구성해야 한다. 연령별 맞춤형 교육도 중요하다. 잔치마당 공연장은 새로운 관객층을 확보하고 신중년층이 지속적으로 예술을 접하도록 유도해 긍정적 성과를 거뒀다. 공연장 활성화뿐 아니라 지역 문화예술 생태계 확장에도 기여하는 사례다. 장기적 관객층 확보를 위해 지속적 프로그램 운영과 커뮤니티 구축이 필수적이며, 공연장은 문화교육과 지역 연계를 강화하는 복합 문화 허브로 발전할 수 있다.

다양한 연령층을 위한 맞춤형 예술교육 활성화 TIP

① **연령별 맞춤형 교육 제공**
  · 유아는 놀이, 청소년은 실습, 성인은 자기계발, 중장년층은 정서 안정 중심으로 교육한다.

② **참여형 교육 확대**
  · 공연 체험, 인터랙티브 전시, 창작 워크숍을 통해 실습 기회를 강화한다.

③ **지역사회 및 교육기관 협력**
  · 커뮤니티, 학교, 공공기관과 연계해 교육 접근성을 높인다.

④ **디지털 기술 활용**
  · 온라인 강좌, VR·AR을 활용해 시공간 제약 없는 예술 학습을 지원한다.

⑤ **지속적 평가 및 개선**
  · 교육 만족도 조사와 피드백을 반영해 프로그램을 발전시킨다.

6 창작을 위한 예술공간 조성을 해야 한다

　창작을 위한 예술공간은 창작자들에게 실험적 공간을 제공하고, 안정적인 창작 활동을 지원해야 한다. 창작 과정의 공유를 통해 협업을 활성화하고 창작 기회를 확대한다. 다양한 장르 간 협력을 유도해 새로운 예술적 시도를 가능하게 한다. 기획, 개발, 제작, 완성, 유통의 단계별 제작 과정을 체계적으로 운영해야 한다. 창작 공간 내에서 아이디어 구상부터 실제 구현까지의 과정을 지원하는 시스템이 구축되어야 한다. 창작자들이 자유롭게 작품을 실험하고 발전시킬 수 있도록 환경을 조성해야 한다. 지속적인 창작 활동을 보장하는 공간이 마련될 때 예술 생태계의 활성화가 가능하다.

1) 창작자들을 위한 실험적 공간 지원
: 안정적 창작 활동, 창작 과정 공유, 창작 기회 확대, 다양한 장르 협력

　예술 창작 공간은 창작자들이 자유롭게 실험하고 협업할 수 있는 환경을 제공하며 창작의 지속 가능성을 높이는 중요한 요소이다. 창작 레지던시와 공동 작업 공간은 예술가들이 안정적으로 작품 활동을 이어갈 수 있도록 지원한다. 협업을 통해 창의적 시너지를 극대화하는 역할을 한다. 오픈 스튜디오는 예술가가 창작 과정을 공유하며 관객과 소통할 수 있는 기회를 제공한다. 신진 예술가는 이 공간에서 작품을 전시하고 지원을 받아 예술 생태계를 더욱 발전시킨다. 다양한 분야가 융합된 협업 창작 공간을 조성하면 예술과 기술, 디자인이 결합되어 새로운 예술적 시도가 이루어진다. 창작 방식이 확장되면서 예술의 경계도 넓어진다.

예술 창작 공간을 조성하면 어떤 효과가 있을까?

첫째, 창작 레지던시와 공동 작업 공간 운영은 예술가들에게 안정적인 창작 환경을 제공하여 몰입도를 높인다. 창작 공간을 제공하면 예술가들이 작품 개발에 집중할 수 있으며 협업을 통한 창의적 시너지도 극대화할 수 있다. 지속적인 공간 지원과 프로그램 운영이 이루어질 때 예술 생태계가 활성화된다. 창작 지원이 체계적으로 이루어지면 예술가들의 창작 의욕이 높아지고 작품의 질적 향상도 기대할 수 있다. 창작 공간 내 전문 장비와 재료 지원이 추가되면 창작 과정이 더욱 효율적으로 운영될 수 있다.

둘째, 오픈 스튜디오 활성화는 예술가들이 창작 과정을 공유하고 관객과 직접 소통할 수 있는 기회를 제공한다. 창작 공간을 개방하면 예술가들은 작품에 대한 피드백을 즉각적으로 받을 수 있으며 관객은 예술을 더욱 가깝게 경험할 수 있다. 창작 과정이 개방될 때 예술과 대중 간의 거리가 좁혀지고 문화예술에 대한 관심이 증가한다. 예술가와 관객이 지속적으로 교류할 수 있는 창작 환경이 마련되면 예술의 사회적 가치가 더욱 확대될 수 있다. 지역사회와 연계한 프로그램을 운영하면 예술가와 시민 간의 소통 기회도 더욱 넓어질 수 있다.

셋째, 신진 예술가를 위한 공간 지원과 창작 기회 확대는 예술 생태계의 지속 가능성을 높이는 중요한 요소이다. 신진 예술가에게 저렴한 창작 공간과 전시 기회를 제공하면 새로운 예술적 시도와 실험이 활발해질 수 있다. 예술가들이 안정적으로 작품을 발표할 수 있는 공간이 마련되면 창작의 다양성이 확대된다. 창작 기회를 균등하게 보장하면 예술계의 경쟁력이 강화되고 지속적인 예술 발전이 가능해진다. 창작 발표 후 홍보 지원이 이루어진다면 신진 예술가들의 활동이 더욱 활발해지고 대중과의 연결도 강화될 수 있다.

넷째, 다양한 분야가 협력할 수 있는 융합 창작 공간 조성은 예술, 기술, 디자인 등 다양한 영역의 협력을 활성화한다. 다양한 전공과 배경을 가진 창작자들이 함께 작업할 수 있는 환경이 구축되면 창의적인 아이디어가 더욱 활발하게 교류될 수 있다. 협업 공간이 마련되면 예술적 실험과 혁신적인 프로젝트가 탄생할 가능성이 높아진다. 융합 창작이 활성화되면 새로운 예술 형식이 발전하고 창작의 경계를 확장할 수 있다. 협업 공간에 전문가 멘토링과 네트워킹 기회가 더해지면 창작자들의 발전 가능성이 더욱 커질 수 있다.

2) 창작작품 단계별 제작 과정
: 기획, 개발, 제작, 완성, 유통

창작은 단순한 아이디어에서 시작해 구체적인 결과물로 완성되는 과정이다. 작품이 탄생하기까지 기획, 개발, 제작, 완성, 배포의 다섯 단계가 필요하다. 기획 단계에서는 주제를 설정하고 방향을 정한다. 개발 과정에서 아이디어를 구체화하고 실현 가능성을 검토한다. 제작 단계에서는 실제 작업을 수행하며 완성도를 높인다. 이후 최종 점검을 통해 작품을 다듬고 배포하여 대중과 만난다. 이 과정은 창작자의 의도와 기술이 조화를 이루는 시간이다. 각 단계에서의 치밀한 계획과 실행이 작품의 완성도를 결정한다.

창작작품은 어떤 과정을 거쳐 완성되고 대중들에게 유통될까?

첫째, 창작의 첫걸음은 기획이다. 작품의 주제를 정하고 방향을 설정한다. 관객의 관심사를 분석하고 시장 조사를 진행한다. 작품이 전달할 메시지를 명확히 하고 예산과 일정을 수립한다. 제작 목표를 설정하고 실행 가능성을 검토한다. 핵심 제작진을 구성하고 역할을 분배한다. 작품의 장르와 형식을 결정하고 예상되는 기술적 요소를 고려한다. 기획 단계에서 방향성이 정해져야 이후 과정이 원활해진다. 초기 기획이 탄탄할수록 제작 과정에서 시행착오를 줄일 수 있다. 기획이 명확하면 창작 과정에서의 혼란을 방지할 수 있다. 작품의 성공 가능성은 이 단계에서 결정된다.

둘째, 개발 과정에서 아이디어를 구체화한다. 스토리보드를 작성하고 대본을 개발한다. 캐릭터 설정과 서사 구조를 정리한다. 배경 조사를 통해 작품의 현실성을 확보한다. 초기 프로토타입(Prototype)을 제작해 작품의 가능성을 점검한다. 내부 시연을 통해 개선점을 도출한다. 피드백을 반영해 작품을 보완한다. 기술적 요소를 실험하고 연출 방식의 타당성을 검토한다. 예술적 표현과 실현 가능성을 조율해 완성도를 높인다. 세부적인 연출 계획을 수립하고 제작 단계에서의 작업 방향을 확정한다. 개발 단계에서 충분한 검토가 이루어져야 제작 과정의 시행착오를 줄일 수 있다. 실험과 검토를 거쳐야 완성도를 높일 수 있다.

셋째, 제작 단계에서 실제 작업이 진행된다. 연습과 촬영을 통해 작품을 구현한다. 무대, 조명, 음향, 특수효과 등 기술적인 요소를 적용한다. 진행 상황을 점검하고 예상치 못한 문제를 해결한다. 중간 점검을 통해 완성도를 높인다. 리허설을 반복하며 세부적인 연출을 다듬는다. 디테일한 부분을 조정해 표현력을 극대화한다. 스태프와 협업하며 작품의 완성도를 높인다. 창작진 간의 소통이 중요하며 일정에 맞춰 진행해야 한다. 예상치 못한 변수를 해결하며 최상의 결과물을 만들어야 한다. 철저한 준비와 반복적인 검토가 필요한 단계다. 완성도 높은 작품을 위해 세부적인 조정을 지속해야 한다.

넷째, 완성 단계에서는 최종 점검이 이루어진다. 전체 리허설을 진행해 작품의 완성도를 확인한다. 연출과 편집을 조정해 세부적인 부분을 보완한다. 테스트 상영을 통해 관객의 반응을 분석한다. 홍보 콘텐츠를 제작해 작품을 알린다. 문제점을 보완하고 최종 마무리를 진행한다. 작품의 질을 높이기 위해 마지막까지 세심한 조정이 필요하다. 연출 의도를 관객에게 효과적으로 전달하는지 검토한다. 음악과 효과음을 조정해 감각적인 요소를 극대화한다. 마지막 점검을 통해 작은 실수까지 수정한다. 완성도 높은 결과물이 창작의 목표다. 세부 조정과 테스트를 반복하며 최고의 결과를 만든다.

다섯째, 유통(배포) 단계에서 작품이 대중에게 공개된다. 공연, 전시, 출판 등 형태에 맞춰 발표를 진행한다. 마케팅 전략을 활용해 관객과 소통한다. 피드백을 분석하고 향후 발전 방향을 모색한다. 관객 반응을 반영해 지속적인 개선을 추진한다. 차기작을 기획하고 창작 활동을 이어간다. 유통 후에도 작품의 반응을 모니터링하고 보완점을 찾는다. 홍보와 리뷰 관리를 통해 작품의 확산을 도모한다. 다양한 채널을 활용해 작품의 접근성을 높인다. 창작의 과정은 반복되며 완성도를 높이는 방향으로 발전한다. 유통 이후에도 지속적인 관리와 개선이 필요하다.

3) 창작연희극 〈동그랑땡〉, 기획부터 유통까지의 여정 (사례)

① 기획 단계

창작연희극 〈동그랑땡〉의 기획은 어린이 국악극 시리즈의 연장선에서 출발했다. 2017년 〈금다래꿍〉, 2019년 〈동동마을을 구해주세요〉를 거치며 어린이 관객과의 소통 경험이 축적되었다. 2021년, 코로나19로 공연이 어려워진 상황에서 새로운 작품을 구상했다. 협동과 개성 존중을 주제로 정하고, 전통연희와 국악을 활용한 체험형 공연을 기획했다. 대상 연령층을 유아와 초등학생으로 설정하고, 기존 공연에서 얻은 피드백을 반영했다. 작품의 주요 요소를 전통연희, 국악, 마술로 확정하고, 스토리의 방향성을 구체화했다. 기획 단계에서 확고한 방향성이 설정되어야 이후 과정이 원활하게 진행될 수 있다.

② 개발 단계
개발 과정에서 〈동그랑땡〉의 서사와 캐릭터를 구체화했다. 세 친구 '동이, 그랑이, 땡이'가 서로 다름을 인정하고 협력하는 과정에 초점을 맞췄다. 기존 민요 '동그랑땡'의 리듬과 멜로디를 활용해 음악적 개성을 살렸다. 어린이 관객의 참여를 유도하기 위해 단심줄놀이, 민요 부르기 등 체험 요소를 추가했다. 공연 흐름을 고려한 대본을 개발하고, 연희적 요소를 극적 구성에 녹였다. 또한, 국악과 마술을 결합해 시각적 효과를 극대화하는 방안을 모색했다. 초기 리허설을 진행하며 작품의 진행 속도를 조정했다. 관객 반응을 고려해 이야기의 몰입도를 높일 방법을 찾았다.

③ 제작 단계
제작 단계에서는 본격적인 연습과 무대 구현이 이루어졌다. 연희, 국악, 마술을 조화롭게 배치하기 위해 협업을 강화했다. 단원들은 극의 흐름에 맞춰 연습을 진행하며 캐릭터의 감정을 세밀하게 조정했다. 대본을 기반으로 한 동선과 연기 톤을 맞추고, 음악과 연희를 자연스럽게 연결했다. 무대 디자인은 어린이의 흥미를 끌 수 있도록 색감과 구성을 고려해 제작했다. 소품과 의상도 개성 있는 캐릭터 표현에 맞춰 제작했다. 무대 리허설을 반복해 연출의 완성도를 높였다. 조명과 음향을 조정하며 공연의 집중도를 강화했다. 기술적 요소를 점검하며 공연 환경을 최적화했다.

④ 완성 단계
최종 리허설을 통해 공연의 완성도를 점검했다. 연출적 요소를 조정하며 관객의 몰입도를 극대화하는 방향으로 수정했다. 관객 테스트 공연을 진행하여 반응을 분석하고, 극의 전개 속도를 조절했다. 작품의 메시지가 명확하게 전달될 수 있도록 연기 톤과 음악의 흐름을 세밀하게 다듬었다. 조명과 음향 효과를 최종적으로 조정해 시각적, 청각적 완성도를 높였다. 홍보 콘텐츠를 제작하여 온라인과 오프라인을 통해 작품을 알렸다. 공연 영상을 촬영하여 향후 홍보 및 교육자료로 활용할 수 있도록 정리했다. 작품의 최종 형태를 확정하고 무대 기술과 연기적 요소를 마무리했다.

⑤ 유통(배포) 단계

　공연이 완성된 후, 본격적인 유통과 배포가 진행되었다. 창작연희극 〈동그랑땡〉은 2024년 인천종합문화예술회관 '황금토끼' 선정 작품으로 공연되었다. 부평문화사랑방 기획 초청 공연과 국악전용극장 잔치마당아트홀에서 상설 공연을 진행했다. 공연 영상과 홍보 콘텐츠를 온라인에 배포하여 관객과의 소통을 확대했다. 어린이와 가족 단위 관객에게 쉽게 다가갈 수 있도록 공연을 다양한 공간에서 선보였다. 창작연희극으로서의 가치를 지속적으로 확산하고, 향후 재공연과 후속작 기획을 위한 피드백을 수집했다.

어린이 공연 3번째 작품 창작연희국 "동그랑땡"을 잔치마당 공연장에서 선보이고 있다.

　창작을 위한 예술공간은 창작자들이 자유롭게 실험하고 협력할 수 있는 환경을 조성해야 한다. 창작연희극 〈동그랑땡〉을 제작한 잔치마당 사례는 이러한 공간의 중요성을 보여준다. 잔치마당은 코로나19로 공연이 어려운 상황에서도 창작을 지속하며 어린이 국악극 시리즈를 발전시켰다. 전통연희와 국악을 결합한 체험형 공연을 기획하고, 기획부터 유통까지 체계적인 제작 과정을 거쳤다. 안정적인 창작 공간과 단계별 지원이 뒷받침될 때 창작자는 예술적 가치를 극대화할 수 있다. 창작이 지속될 수 있는 환경이 마련될 때 예술의 발전과 확산이 가능하다.

지속 가능한 창작 예술공간 활용 TIP

① 창작 공간의 다목적 활용 극대화
- 공연, 전시, 워크숍, 강연 등 다양한 용도로 활용하여 공간의 가치를 극대화한다.
- 시간대별, 장르별로 공간을 유연하게 배정해 창작 기회를 확대한다.

② 지역사회와 연계한 열린 창작 공간 운영
- 지역 예술가 및 주민이 함께하는 창작 워크숍과 오픈 스튜디오를 운영한다.
- 커뮤니티 행사를 통해 창작 공간을 지역 문화 허브로 발전시킨다.

③ 창작자 간 협업 및 네트워킹 활성화
- 창작 공간 내 네트워킹 프로그램을 운영하여 예술가, 기술자, 연구자 간 협업을 촉진한다.
- 다학제적(다양한 분야의) 협업 프로젝트를 지원해 새로운 창작 가능성을 모색한다.

④ 디지털 기술을 활용한 창작 공간 확장
- VR·AR을 접목한 창작 공간을 조성하여 실험적 예술 활동을 활성화한다.
- 온라인 플랫폼을 활용해 원격 창작과 전시 기회를 제공한다.

⑤ 안정적인 재정 확보 및 지속적인 운영 지원
- 공공 및 민간 후원을 유치하고, 크라우드펀딩과 기부 모델을 운영하여 자금 지원을 확대한다.
- 친환경적 운영 방식(재생 에너지 활용, 자원 재사용 등)을 도입해 지속 가능성을 높인다.

〈에피소드 ⑦〉
아이들아,
공연은 공짜가 아니란다!

잔치마당 공연장이 분주했다. 오늘은 어린이 국악극 〈금다래꿍〉 공연이 있는 날. 인천문화재단 작은예술공간 지원사업으로 진행된 공연이라 원래는 무료였지만, 공연장에서는 특별한 실험을 해보기로 했다. 바로 어린이들이 직접 1,000원을 내고 티켓을 사는 유료 공연이었다.

"공연은 공짜가 아니란다!", "티켓을 사야 공연을 볼 수 있어!"

공연장 앞, 아이들 전용 매표소가 설치되었다. 이게 웬일인가? 평소에 극장 문만 열리면 우르르 입장하던 아이들이 줄을 서야 했다. 매표소 앞에는 커다란 팻말이 걸려 있었다.

"공연 관람료 1,000원! 직접 내고 티켓을 받아 가세요!"

아이들은 약간 당황한 표정이었다. 공연은 항상 부모님이 예매해 주거나, 선생님이 단체로 신청해 주는 거라고 생각했기 때문이다. 그런데 이번에는 달랐다. 선생님도, 부모님도 돈을 내지 않았다. 직접 아이들 손에 1,000원을 쥐여줬다.

"어? 나 이거 처음 해봐!", "이거 주면 티켓 주는 거야?"

아이들은 신기한 표정으로 손에 꼭 쥔 1,000원을 매표소 창구에 내밀었다. 그러자 매표소 직원이 활짝 웃으며 티켓을 건넸다.

"네, 여기 티켓이오! 즐거운 관람 되세요!"

어린이들은 한 손에 티켓을 꼭 쥔 채 신나게 공연장으로 들어갔다. 작은 종이 한 장이지만, 이 티켓은 단순한 입장권이 아니었다. 아이들이 직접 돈을 내고 '구매한' 첫 번째 공연 티켓이었다.

한 시간 후, 공연이 끝났다. 극장 밖으로 나온 아이들은 손에 티켓을 쥔 채 종종걸음으로 선생님께 달려갔다.

"선생님, 나 오늘 공연 티켓 샀어요!", "이거 봐! 내가 내 돈으로 샀어요!"

천 원짜리 티켓이 마치 보물이라도 된 듯, 아이들은 신나게 티켓을 흔들며 자랑했다. 어떤 아이는 티켓을 꼭 품속에 넣었고, 어떤 아이는 친구들과 비교하며 자랑을 늘어놓았다.

"선생님, 공연 너무 재밌었어! 나 또 보고 싶어!"

"그래? 다음에도 티켓 사야 하는데 괜찮겠어?"

"응! 내가 또 천 원 낼 거야!"

어른들은 이 모습을 보며 흐뭇한 미소를 지었다. 단순히 공연을 본 것이 아니라, 아이들이 직접 가치를 지불하고 문화소비를 경험한 날이었다.

공연은 단순한 놀이가 아니다. 무대 위에서 예술가들은 최선을 다해 연기하고, 관객들은 그 가치를 느끼며 감동한다. 그리고 그 가치를 존중하는 가장 기본적인 방법이 티켓을 구매하는 것이다.

잔치마당의 실험은 성공적이었다. 아이들은 단순한 1,000원이 아니라, 공연을 보려면 티켓을 사야 한다는 문화적 경험을 배웠다. 티켓을 직접 사는 작은 경험이, 언젠가 아이들이 성장해서 공연 예술을 존중하는 문화 소비자로 자리 잡는 씨앗이 될 것이다.

그날 이후, 잔치마당에서는 종종 이런 이야기가 오갔다.

"선생님, 다음에 또 공연 보러 가고 싶어!"

"그래, 우리 다음에도 티켓 사러 가자!"

그리고 아이들 마음속에도 작은 목소리가 남았다.

'공연은 공짜가 아니란다!'

공연 시작 전 어린이가 공연료 1,000원과 공연 티켓을 교환하고 있다.

〈공연장 운영 참고 자료〉

《지역문화공간의 운영 전략》 | 김정희 | 민속원 | 2020
지역 기반 문화공간의 기획, 운영, 커뮤니티 연계 전략을 중심으로 지속 가능한 문화공간 모델을 제시하며, 지역 예술단체와의 협업 사례를 다룬다.

《전통예술 공연장의 기획과 제작》 | 박현정 | 공연예술학연구 | 2019
전통공연 예술장의 프로그램 기획과 제작 시스템, 무대 기술 등을 소개하며, 운영자와 창작자의 협력 모델을 구체적으로 분석한 실무 중심 서적이다.

《시민 참여형 공연장 사례 분석》 | 이지현 | 한국문화정책학회 | 2022
공연장을 단순 공연 공간이 아닌 시민 문화 커뮤니티로 재구성하는 접근을 제안하며, 국내외 사례를 통해 참여 기반 운영 모델을 분석한다.

《지역 기반 공연장 마케팅 전략》 | 김영선 | 문화예술경영연구 | 2020
공연장 특성에 맞는 타깃 마케팅 전략, SNS 활용, 지역 연계 프로그램 등을 통해 관객 개발과 수익 창출을 병행하는 전략을 제시한 연구서이다.

《문화예술교육과 지역공연장 연계 사례》 | 정은혜 | 예술교육연구 | 2021
공연장과 교육기관의 협업 모델을 중심으로 다양한 연령층의 예술교육을 지역 커뮤니티 속에서 실현하는 운영 방식을 사례 중심으로 다룬다.

《예술교육 프로그램의 효과 분석》 | 정지윤 | 예술교육연구 | 2020
공공 예술교육 프로그램이 학습자에게 미치는 정서적, 인지적 영향과 장기적 효과를 측정하고 이를 운영 지침에 반영한 실증적 연구이다.

《전통예술 기반 콘텐츠의 교육적 활용》 | 문채연 | 문화교육학회 | 2022
전통예술을 기반으로 한 콘텐츠가 정규 교육과정 및 창의체험 프로그램에서 어떻게 융합되는지를 다룬 교육 사례 중심 논문이다.

《예술 마케팅 커뮤니케이션 전략》 | 한소영 | 문화마케팅연구 | 2023
공연예술과 시각예술 분야에서 효과적인 마케팅 커뮤니케이션을 위한 전략 구성, 타깃 분석, 채널 활용 기법 등을 분석한 연구이다.

《지역문화 기반 예술창작공간 연구》 | 김유림 | 지역문화정책 | 2021
지역 커뮤니티와 예술가가 협업하는 창작공간의 운영 방식과 사회적 가치 창출 사례를 중심으로 지속 가능한 예술 생태계 모델을 제시한다.

《문화예술 협업 플랫폼의 가능성》 | 배성우 | 콘텐츠경영연구 | 2020
예술가, 제작자, 지역사회가 디지털 플랫폼을 통해 협업할 수 있는 구조와 실제 사례를 통해 창작 공유 생태계의 가능성을 제시하였다.

PART 5

창작 콘텐츠

'온고作신 Re-sign 프로젝트'가 있다

AI는 효율과 정밀함을 추구하지만, 예술은 때로 비효율과 파편에서 시작된다. '온고作신 Re-sign 프로젝트'는 예술과 환경의 결합이다. 폐기된 국악기를 해체하고 조각으로 만들어 시각예술로 재구성했다. 이 프로젝트는 창작 국악극, 지역 전시, 환경 동화책, 기업체 협업까지 이어졌다. 버려진 물건에서 새로운 이야기를 끌어냈다. 예술은 메시지를 만드는 행위다. 이 장에서는 사회적 문제를 예술로 풀어낸 이 프로젝트를 통해 예술의 공공성과 확장성을 동시에 보여준다. 참여자들은 예술을 통해 환경을 바라보고, 환경을 통해 삶을 다시 생각하게 된다.

1
환경과 예술의 만남은 기적을 만든다

예술은 환경 문제 해결에 중요한 역할을 한다. 작품은 환경 위기의 심각성을 직관적으로 전달하며 대중의 관심을 이끌어낸다. 체험형 예술 활동은 관객이 환경 문제를 직접 경험하고 공감하도록 한다. 재활용 소재를 활용한 창작은 자원순환의 중요성을 강조하며 실천을 유도한다. 예술가들의 프로젝트는 지역사회와 협력해 실질적인 환경 개선 활동으로 확대된다. 예술 활동 자체가 환경에 부정적인 영향을 미칠 수 있어 친환경적인 소재와 방법을 적용한 창작이 필요하다. 지속 가능한 예술은 환경 오염을 줄이고 예술의 지속성을 확보하는 역할을 한다. 관객에게 생태적 사고를 유도해 환경친화적 가치를 확산한다.

1) 예술이 환경 문제 해결에 기여하는 방식
: 체험형 예술활동, 재활용 예술, 지역사회 기반예술

예술은 환경 문제 해결을 위한 강력한 도구다. 시각예술은 강렬한 이미지와 상징을 통해 환경 문제의 심각성을 직관적으로 전달하며, 대중의 관심과 행동 변화를 유도한다. 예술가들은 작품을 통해 환경 위기의 본질을 드러내고 경각심을 높인다. 대중은 이를 통해 환경 문제가 자신의 삶과 직결된 문제임을 깨닫는다. 감각적 경험을 통한 인식의 변화는 환경 보호 실천을 지속적으로 이끌어내는 데 중요한 역할을 한다.

체험형 예술 활동은 관객이 직접 참여하는 방식으로 환경 문제에 대한 공감과 책임감을 형성한다. 인터랙티브 전시와 퍼포먼스 예술은 관객을 능동적 참여자로 만들어 환경 문제를 몸소 체험하게 하고, 지속 가능한 실천을 유도한다. 환경 교육과 결합한 예술 프로그램은 어린이와 청소년들에게 환경 보호의 중요성을 자연스럽게 인식시키며 행동 변화를 촉진한다. 몰입형 예술 경험은 환경 문제를 추상적인 개념이 아닌 실제적인 경험으로 바꾸어 관객이 생활 속에서 환경 보호를 실천하는 계기를 제공한다.

재활용 예술은 폐기물을 창의적으로 활용해 자원순환의 중요성을 강조하고, 환경 오염 문제 해결에 기여한다. 예술가들은 산업 폐기물, 플라스틱, 버려진 가구 등을 활용해 작품을 제작하며, 대중이 재활용의 가치를 이해하고 실천할 수 있도록 유도한다. 친환경 예술품은 지속 가능한 소비문화를 확산시킨다. 기업과 브랜드가 환경친화적 생산 방식을 도입하도록 영향을 미친다. 이러한 예술적 접근은 일상의 소비 패턴을 돌아보게 하고 환경 보호 실천 의지를 강화하는 데 기여한다.

지역사회 기반 예술 프로젝트는 주민 참여를 통해 환경 보호 의식을 높이고, 공공미술은 지역 주민과 협력하여 환경 보호 메시지를 전달한다. 공동체 단위에서 지속 가능성을 고민하도록 하여 장기적인 환경 보호 실천으로 이어지게 만든다. 지역 예술 프로젝트는 구성원 간 협력을 촉진하며, 공공 공간을 활용한 예술 작업을 통해 지역 주민들이 환경 문제를 보다 가깝게 느끼고 행동할 수 있도록 돕는다.

예술은 감각적, 경험적, 실천적인 방식으로 환경 문제에 접근하며 대중의 관심과 행동 변화를 유도하는 효과적인 수단이다. 예술 작품을 통한 환경 인식 강화, 체험형 예술을 통한 공감대 형성, 재활용 예술을 통한 자원순환 촉진, 지역사회 참여형 프로젝트 등 다양한 방식으로 환경 보호 활동에 기여한다. 예술의 힘은 단순한 감상을 넘어 환경 보호를 위한 능동적 실천을 촉진하며 지속 가능한 미래를 위한 행동을 유도하는 중요한 역할을 한다.

2) 지속 가능한 환경 예술의 필요성
: 환경예술, 체험형 환경예술, 재활용과 친환경 재료 활용

현대 사회에서 환경 오염과 기후 변화가 심각해지면서 지속 가능한 환경 예술의 중요성이 강조되고 있다. 기존의 예술 창작 과정에서 발생하는 자원 낭비와 오염 문제를 줄이기 위해 친환경적인 제작 방식이 필요하다. 자연에서 얻은 재료를 사용하거나 재활용 소재를 활용한 작품 제작은 환경 보호에 기여할 수 있다. 예술가는 지속 가능성을 고려한 창작 방식을 실천하고 관객은 친환경 예술을 소비하는 문화에 동참해야 한다. 지속 가능한 환경 예술은 예술의 본질을 유지하면서도 자연과 공존하는 방향으로 발전해야 한다.

환경 예술은 자연을 예술의 소재와 주제로 삼아 환경 보호의 필요성을 강조한다. 기후 변화, 생태계 파괴, 오염 문제를 시각적으로 표현하는 예술 작품은 대중에게 환경 위기의 심각성을 알리는 효과적인 수단이 된다. 관객은 환경 예술을 통해 환경 문제를 감각적으로 경험하고 이를 자신의 문제로 인식할 수 있다. 지속 가능한 환경 예술은 단순한 미적 표현을 넘어 환경 보호를 위한 실천을 유도하는 중요한 역할을 한다. 예술 작품을 통해 자연의 소중함을 체험하는 과정은 사람들의 환경 보호 의식을 높이는 계기가 된다.

체험형 환경 예술은 관객이 직접 참여하여 환경 문제를 경험할 수 있도록 설계된다. 자연 속에서 이루어지는 예술 활동이나 인터랙티브 전시는 관객과 자연의 관계를 재인식하게 한다. 공공 공간에서 진행되는 환경 예술 프로젝트는 지역사회 주민들의 참여를 유도하고 공동체의 환경 보호 의식을 높인다. 이러한 예술적 접근은 개인과 공동체가 지속 가능한 미래를 위해 실천할 수 있는 동기를 제공한다.

재활용과 친환경 재료를 활용한 예술 창작은 지속 가능한 환경 예술의 핵심이다. 버려진 자원을 활용한 예술 작품은 자원순환의 가치를 강조하며, 예술가와 소비자 모두에게 환경 보호 실천을 장려하는 효과가 있다. 환경친화적인 제작 방식은 예술 시장에서 경쟁력을 갖추는 동시에 윤리적 소비를 중시하는 현대 사회에서 더욱 중요해지고 있다. 지속 가능한 환경 예술은 예술 산업이 환경친화적 경제 모델로 전환하는 데 기여할 수 있다.

지속 가능한 환경 예술은 예술의 본질을 유지하면서 환경 보호, 사회적 책임, 경제적 지속 가능성을 모두 포함하는 개념이다. 환경 문제를 고려하지 않는 예술 창작은 미래 세대에게 부담을 줄 수 있으며, 지속 가능한 예술 실천은 환경 위기 대응에 중요한 역할을 한다. 예술가는 지속 가능한 창작 방식을 연구하고 실천하며, 대중은 친환경 예술을 소비하고 확산하는 노력을 해야 한다. 환경 예술은 예술과 환경 보호가 공존할 수 있는 방법을 모색하는 중요한 실천이며, 미래 세대를 위한 필수적인 가치로 자리 잡아야 한다.

3) 디자인(Design)에서 리자인(Re-sign) 시대로 (사례)

① **리자인(Re-sign)의 개념**
리자인(Re-sign)은 재활용을 뜻하는 'Recycle'과 'Design'의 합성어로, 폐기물을 재활용하는 데 그치지 않고 디자인을 가미해 새로운 제품을 만들어 새로운 가치를 창출하는 개념이다. 지속 가능성과 친환경 요소를 강조하며 자원의 순환을 극대화하는 것이 핵심이다. 이러한 리자인 산업은 환경 보호뿐만 아니라 경제적 가치를 창출하는 중요한

역할을 한다. 이탈리아 디자인 기업 Design 2.0이 제시한 프로젝트의 개념에서 기인하며, Resign Academy를 통해 폐기물을 활용한 디자인을 전파하고 있다.

② **다양하게 활용되고 있는 리자인(Re-sign) 분야**
리자인(Re-sign) 개념은 패션, 인테리어, 섬유, 건축, 가정용품 등 다양한 산업 분야에서 활용되고 있다. 미국 에코이스트는 사탕 및 음료 포장지를 활용해 가방을 제작하고, 일본 코한은 폐타이어를 재활용한 가방을 선보이고 있다. 독일 ZweitSinn은 버려진 원목을 감각적인 디자인으로 재해석하여 책장을 만들며, 영국 GreenBottleUnit은 유리병을 가공하여 보도블록을 생산한다. 대만 방직산업종합연구소는 페트병을 섬유로 가공하여 월드컵 대표팀 유니폼을 제작하며, 미국 메소드社는 폐플라스틱을 세제통으로 재탄생시키고 있다.

③ **리자인(Re-sign)의 성공 비결**
리자인(Re-sign)이 성공적인 비즈니스 모델로 자리 잡은 이유는 친환경제품 시장이 확대되고 소비자들의 환경 의식이 높아졌기 때문이다. 연구에 따르면 유럽 소비자 10명 중 8명은 상품 구매 시 환경 영향을 고려하며, 일본 소비자의 90%는 같은 가격이면 친환경제품을 선택한다. 소비자의 변화된 인식이 리자인 제품의 시장을 성장시키는 중요한 요인으로 작용하고 있다. 폐자재의 활용이 용이해지면서 리자인 산업이 더욱 확산되고 있다. 일부 기업들은 제조공장과 협력하여 폐기물 공급망을 구축하며 친환경성과 원자재 확보라는 두 가지 목표를 달성하고 있다.

④ **유럽에서 떠오르는 리자인 산업**
유럽에서는 리자인(Re-sign) 산업이 빠르게 성장하고 있으며, 벨기에와 네덜란드에서 60여 명의 리자이너들이 제품을 전시 및 판매하고 있다. 덴마크는 쓰레기 재활용률이 70%에 달하는 환경 선진국으로 리자인 산업이 활발하게 전개되고 있다. 덴마크 디자인 산업은 수출 비중의 20%를 차지하며 세계적으로 인정받고 있다. 대표적인 리자인 기업 Komplot은 재활용 PET 펠트로 만든 의자 Nobody로 북유럽 디자인상을 수상했다. 이러한 흐름은 리자인 산업의 가능성을 보여주고 있으며, 지속적으로 확대될 전망이다.

⑤ **친환경 기술과 디자인으로 승부하는 기업들**
리자인(Re-sign) 기업들은 혁신적인 기술과 디자인을 결합하여 지속 가능한 제품을 생산

하고 있다. 대만 방직산업종합연구소는 10년 연구 끝에 페트병을 섬유로 변환하는 기술을 개발하여 월드컵 대표팀 유니폼을 제작했다. 일본 코한은 매년 1억 개가 넘는 폐타이어를 활용하여 내구성이 뛰어난 고무를 추출하는 기술을 개발했다. 이 기술을 적용한 브랜드 HEVEA는 세련된 디자인과 높은 내구성으로 소비자들에게 인기를 얻고 있다. 리자인 기업들은 친환경적 요소를 가미하여 지속 가능한 시장을 확대하고 있다.

⑥ 공익 목적에서 전문 리자인 기업으로 성장
일부 리자인(Re-sign) 기업들은 공익적 목적에서 출발하여 점차 전문적인 기업으로 성장하고 있다. 영국 GreenBottleUnit은 전통도로 보수를 위해 폐유리병을 활용한 벽돌을 제작하고 있으며, 폐유리는 지자체에서 공급받고 제품 개발에는 지역주민이 참여한다. 기업과 지자체, 지역주민이 협력하여 성공적인 모델을 만들어가고 있으며, 현재 독일, 프랑스, 일본으로 시장을 확장하고 있다. 멕시코의 Mitz사업단은 빈민 지역에서 폐포장지를 활용한 수공예품 제작을 시작해 현재 140명의 지역주민이 참여하는 기업으로 성장했다. 연간 백만 달러의 수익을 창출하며 이를 지역교육에 투자하고 있다.

⑦ 우리 기업에 주는 시사점
리자인(Re-sign) 산업의 성공 사례는 친환경 트렌드가 피할 수 없는 흐름임을 보여준다. 단순한 재활용이 아닌 디자인과 결합한 새로운 가치 창출이 중요한 전략으로 자리 잡고 있다. 친환경 시장이 급속도로 성장함에 따라 기업들은 미개발 녹색 시장을 개척하여 새로운 기회를 모색해야 한다. 일부 리자인 기업들은 단순한 제품 개발을 넘어 폐기물 재활용 방법을 연구하는 과정에서 혁신적인 제품을 창출하고 있다. 기업의 사회적 책임을 실천하며 브랜드 인지도와 신뢰도를 높이고 있다. 녹색 시장을 선점하기 위해서는 기업이 근본적으로 친환경적인 방향으로 체질을 변화시키는 것이 중요하다.

폐포장지 활용 : 멕시코 Mitz사업단

미국 에코이스트(Ecoist)

(출처 : Kotra Executive Brief 10-025. 자료 인용)

예술은 환경 문제 해결의 효과적인 수단이 될 수 있다. 특히 리자인(Re-sign) 산업은 예술성과 지속 가능성을 결합한 대표 사례다. 단순한 재활용을 넘어 디자인을 통한 새로운 가치 창출로 주목받고 있다. 폐자재는 예술가들의 손에서 혁신적 제품으로 재탄생한다. 이는 자원순환의 중요성을 시각적으로 전달하며 대중의 참여를 유도한다. 일부 리자인 기업은 환경친화적 소재와 기법을 활용해 창작 과정 자체의 지속 가능성을 확보하고 있다. 예술 활동은 지역사회 및 기업과의 협업을 통해 친환경 실천으로 확장된다. 리자인(Re-sign)은 지역과 기업 협업을 통해 사회적 책임을 실현하며 녹색 시장의 전략으로 주목받고 있다.

폐기물을 예술작품으로 제작할 때 유용한 TIP

① **재료의 흔적을 관찰하고 해석하기**
　폐기물에 남아 있는 사용감, 변형, 손상 등의 흔적은 이야기의 출발점이 된다. 그 안에 담긴 시간성과 정체성을 예술의 주제로 끌어올린다.

② **형태를 바꾸지 말고 성격을 바꿔보기**
　기존의 외형을 유지하되, 그것이 담고 있는 의미를 전환하는 방식도 유효하다. 원래는 기능적이었던 물건을 상징적 오브제로 재탄생시킨다.

③ **무작위 수집보다 의도적인 선별이 효과적**
　폐기물을 모을 때는 주제나 색감, 재질, 크기 등을 기준으로 선별한다. 의도적으로 수집하면 일관된 메시지를 가진 작품을 만들 수 있다.

④ **다양한 접합 기술을 시도하기**
　못, 실, 본드, 리벳, 와이어 등 여러 방법으로 폐기물을 연결해 본다. 접합 방식은 작품의 구조뿐 아니라 조형미에도 큰 영향을 미친다.

⑤ **해체와 재구성은 핵심 전략이다**
　기존의 구조를 완전히 분해하고, 예상하지 못한 방식으로 재조립해 본다. 조각적 표현이나 설치미술에서 매우 효과적인 기법이다.

⑥ **메시지를 시각적으로 분명히 드러내기**
　환경, 소비, 순환, 기억 등 자신이 전하고 싶은 메시지를 이미지와 구성으로 명확하게 전달한다. 관객이 직관적으로 이해할 수 있는 요소가 중요하다.

⑦ **창작 과정 자체를 예술로 인식하기**
　폐기물을 다루는 과정, 선택, 수집, 조립, 고민 자체가 작품의 일부다. 결과물뿐 아니라 그 과정을 함께 드러내면 더 큰 예술적 울림을 만든다.

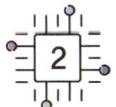

재활용 소재를 활용한 예술 창작은 이렇게 하면 된다

환경 문제 해결을 위한 실천적 방안으로 재활용 소재를 활용한 예술 창작이 주목받고 있다. 에코아트와 정크아트는 폐기물을 예술적 재료로 활용함으로써 환경 보호 메시지를 효과적으로 전달할 수 있다. 친환경적인 창작 방식은 예술 활동이 지속 가능한 방향으로 발전하도록 돕는다. 이러한 창작 활동은 자원순환의 중요성을 강조하는 동시에 예술적 표현을 통해 환경 문제에 대한 대중의 관심을 유도하는 역할을 한다. 환경과 예술을 결합한 창작 활동은 지속 가능한 미래를 위한 창의적 실천 방법이 될 수 있다.

1) 에코아트(Eco Art)와 정크아트(Junk Art)
  : 친환경적 매체활용, 버려진 자원활용, 자원순환과 환경인식 개선

환경 위기가 일상화된 시대에 예술은 생태적 전환의 언어로 주목받는다. 자연의 순환과 자원의 낭비를 시각적으로 조명하는 예술 활동은 단순한 표현을 넘어 사회적 실천으로 확장된다. 에코아트와 정크아트는 이러한 흐름 속에서 환경 문제를 창의적으로 다루는 대표적인 예술 형식으로 자리 잡았다. 예술은 문제를 설명하는 언어이자 감각적 공감대를 만드는 촉매로 기능하며, 환경과 인간의 새로운 관계를 상상하는 방식으로 발전하고 있다. 환경 예술은 기존의 미적 관점

에서 벗어나 삶의 방식과 태도를 전환하게 만드는 사회적 메시지를 담은 실천적 예술로 확장되고 있다.

에코아트는 생태계 보존, 자연과 인간의 관계, 환경 윤리 등을 주제로 자연 재료나 친환경적 매체를 활용하여 표현하는 예술이다. 작품은 주로 나뭇가지, 돌, 흙, 식물 등 자연물을 이용해 설치되며, 사라짐과 변화 자체를 예술의 일부로 수용하는 특징이 있다. 인간의 생태 감수성을 자극하고 생명의 흐름에 대한 성찰을 유도한다. 관객은 자연 안에서 예술을 마주하고, 자연 그 자체가 예술의 주체이자 메시지가 되는 새로운 감각적 경험을 얻게 된다. 에코아트는 인간의 위치를 자연 중심 질서로 재배치하고, 생태 윤리의 실천을 예술로 연결하는 창조적 접근이다.

정크아트는 폐기물, 산업 쓰레기, 고철, 플라스틱 등 버려진 자원을 활용해 조형물이나 설치 작품을 만드는 방식이다. 무가치하게 여겨지던 물건들이 예술적 해석을 통해 새롭게 조명되며, 소비사회에 대한 비판과 재사용의 가치를 강하게 드러낸다. 유머, 상징성, 강한 물질감이 돋보이는 시각적 형태로 구현된다. 작가는 파편화된 조각을 조합하여 새로운 조형 언어를 만들고, 관객은 그 속에서 자원의 순환과 사회의 소비 구조를 비판적으로 성찰하게 된다. 정크아트는 일상의 쓰레기를 재료 삼아 불편한 진실을 드러내며, 동시에 창의성과 사회적 의식을 결합하는 현대적 예술 행위로 작동한다.

두 예술은 모두 자원 순환과 환경 인식 개선을 위한 창작 활동이라는 점에서 공통된다. 에코아트는 자연과의 공존과 생태적 메시지에 중점을 두고, 정크아트는 인공 폐기물과 소비 구조를 비판하며 시각적 자극을 통해 메시지를 전달한다. 재료, 철학, 표현 방식에서 분명한 차이를 지닌다. 에코아트는 조용한 생태적 울림을, 정크아트는 강렬한 시각적 충격을 통해 관객의 의식에 도달하는 방식이다. 둘은 접근 방식은 다르지만 모두 환경 문제를 감각적으로 사고하고, 예술을 통해 사회적 실천으로 이어지게 만든다는 점에서 중요한 의미를 공유한다.

에코아트와 정크아트는 각각 다른 경로로 환경 문제에 접근하지만, 창작의 과정 자체가 생태적 사고를 실천하는 예술이라는 점에서 중요한 의의를 갖는다. 이들은 폐기물과 자연 재료를 예술로 전환함으로써 감각적 경험과 환경적 메시지를 동시에 전달한다. 예술은 더 이상 관람의 대상이 아닌, 환경을 실천하는 매체로 확장되고 있다. 창작자와 관객 모두가 환경의 주체로 참여하는 예술의 새로운 흐름이 생겨나고 있다. 환경 예술은 공동체와 예술, 환경을 연결하는 매개로 작용하며, 지속 가능한 삶에 대한 상상력을 자극하는 문화적 실천으로 주목받는다.

2) 친환경 아트 프로젝트
 : 해양 쓰레기, 대지예술, 주민 참여, 탄소 배출 저감

친환경 아트 프로젝트는 예술과 환경 보호를 결합한 창작 활동이다. 지속 가능한 재료를 활용하여 환경 문제를 시각적으로 알린다. 해양 쓰레기를 활용한 조각 작품은 바다 오염의 심각성을 강조한다. 지역 주민이 참여하는 폐기물 벽화 작업은 환경 보호 의식을 높인다. 대지예술은 자연 재료를 활용하여 환경과 조화를 이루는 방식을 탐구한다. 이러한 프로젝트는 창의성과 실천을 결합하여 지속 가능한 미래를 위한 인식을 확산하는 데 기여한다.

해양 쓰레기는 바다 생태계를 위협하는 주요 환경 문제다. 폐플라스틱, 폐어망, 유리 조각 등 해양 폐기물은 생물 다양성을 감소시키고 해양 오염을 가속화한다. 예술가들은 이를 조형물로 제작하여 해양 쓰레기의 위험성을 시각적으로 강조하고, 지속 가능한 자원순환에 대한 인식을 높인다. 관객은 예술 작품을 통해 해양 오염의 심각성을 체감하며, 해양 보호의 필요성을 자각하게 된다. 예술 창작 활동

은 환경 보호를 위한 메시지를 효과적으로 전달하는 중요한 도구가 된다.

대지예술은 자연을 배경으로 한 예술 형식으로, 자연이 가진 색채와 질감을 활용하여 환경과 조화를 이루는 작품을 제작한다. 흙, 돌, 나무, 잎사귀 등 자연 재료를 이용한 조형물은 시간이 지나면서 자연으로 되돌아가며, 인위적 개입을 최소화하는 방식으로 표현된다. 이를 통해 관객은 생태계의 조화와 지속 가능성의 중요성을 체험할 수 있다. 자연을 활용한 예술은 인간과 환경이 공존하는 방식을 탐구하는 의미 있는 과정이다.

지역사회 예술 캠페인은 주민 참여를 중심으로 진행되며, 버려진 자원을 활용한 벽화, 공공 조형물, 공동 창작 프로젝트 등이 대표적이다. 주민들이 직접 창작 과정에 참여하면서 환경 보호의 의미를 체험하고, 공동 작업을 통해 지역사회 구성원 간의 연대감을 형성한다. 벽화와 공공 조형물은 도시 환경을 개선하는 동시에 환경 보호 메시지를 전달하는 역할을 한다. 환경 문제 해결을 위한 예술의 실천적 가치는 지역사회를 변화시키는 데 중요한 영향을 미친다.

탄소 배출 저감은 환경 보호의 중요한 과제다. 예술가는 친환경 재료와 지속 가능한 창작 방식을 선택해야 한다. 태양광 에너지를 활용한 전시 공간, 재생 소재를 이용한 작품, 저에너지 공정을 적용한 창작 과정 등이 대표적인 실천 방법이다. 이러한 창작 방식은 환경에 미치는 영향을 최소화하는 방향으로 발전한다. 관객은 지속 가능한 예술 작품을 통해 친환경적 실천의 가능성을 경험할 수 있다. 지속 가능한 예술은 자원 절약, 탄소 배출 저감, 환경 보호 의식을 확산하는 데 기여한다. 창작 활동과 환경 보호의 조화를 모색하는 중요한 역할을 수행한다.

3) 온고작신 Re-sign 프로젝트, 폐국악기에 생명을 담다 (사례)

① **리사이클링 예술 프로젝트의 기획 의도**

잔치마당이 활동하는 인천 부평은 풍물을 소재로 축제를 펼치는 도시이다. 부평구의 22개 동 풍물단, 학교 풍물단, 지역 단체 풍물단이 사용하다 수명을 다해 버려지는 풍물 악기는 창작 작품의 소재로 활용된다. 잔치마당은 환경 문제 해결과 전통예술의 현대적 활용이라는 두 가지 목표를 결합해 리사이클링 예술 프로젝트 '온고작신 Re-sign'을 기획하였다. '온고작신(溫故作新)'은 '옛것을 익혀 새로운 것을 만든다'라는 뜻으로 '폐품'을 '상품'으로 부활의 의미를 담고 있다. 이 프로젝트는 수명을 다한 폐국악기를 새로운 시각예술 작품으로 재탄생시켜 자원순환의 중요성을 예술적으로 표현하는 것을 목표로 한다.

② **폐국악기, 자원이 되다**

폐국악기는 시각예술의 소재로 새롭게 주목받고 있다. 'Re-sign 프로젝트'는 1차 공연예술에서 수명을 다한 장구, 징, 꽹과리, 북, 소고 등의 폐국악기들이 2차 시각예술 작가들의 손을 거쳐 창작 작품으로 부활하는 것을 골자로 하고 있다. 'Re-sign 프로젝트'는 폐국악기들을 수거해 해체하고 재조합하는 작업을 수행한다. 예술가들은 악기의 원재료와 형식을 살리면서도 전혀 다른 조형미를 부여한다. 이러한 작품들은 새로운 시각적 경험을 제공하며, 전통과 현대의 경계를 넘나든다. 예술로의 자원으로 주목 받고 있는 것이다.

③ **시각예술로 재탄생하는 폐국악기**

폐국악기는 단순한 재활용 대상이 아니다. 시간의 흔적이 담긴 재료는 예술적 상상력을 자극하는 매개가 된다. 시각예술과 만나 재탄생한 악기는 역사성과 정체성을 담은 예술작품으로 다시 살아난다. 전통에 대한 인식을 새롭게 하고, 환경적 순환 가치를 확장하는 문화적 역할도 수행한다.

④ **온고작신 Re-sign 작품 구성**

온고작신 Re-sign 전시는 공연장 로비 및 전시 공간에 설치되어 관객들이 공연 전후로 작품을 체험할 수 있도록 구성되어 있다. 전시는 다음과 같은 주요 작품들로 이루

어져 있다:

- 미술과 서예 창작 작품: 작가들은 찢어진 장구 가죽을 꿰매고 또는 찢어진 장구 가죽의 소재를 그대로 활용하여 시각 작품으로 제작한다.
- 장구 조명 설치 작품: 장구의 나무 몸체에 LED 조명을 결합하여 전통적 리듬의 시각적 재해석을 시도한 작품으로, 전통과 현대가 공존하는 분위기를 연출한다.
- 금속 타악기 벽면 설치 아트: 꽹과리와 징의 금속 표면을 활용하여 벽면에 설치된 이 작품은 재료의 원초적 속성과 환경의 상호작용을 시각화한다.
- 타악기 가죽을 활용한 텍스타일 작품: 오래된 장구나 북의 가죽을 재활용하여 전통문양과 현대적 패턴을 결합한 예술작품으로, 폐기물이 예술적 가치로 재탄생하는 과정을 보여준다. 이러한 작품들은 시각적 아름다움과 환경 메시지를 동시에 전달하며 관객에게 색다른 예술적 경험을 제공한다.

⑤ 환경 예술의 사회적 가치와 지속성

이 사업은 상명대학교 공예디자인과 학생들과 부평문화예술인협회 소속 미술·서예 예술인들이 함께 참여하여 제작되었다. 상명대학교 학생들이 만든 작품은 2015년 12월 코엑스에서 열린 '공예 트렌드 페어'에 참가하여, 폐자원의 공예작품으로서 재탄생의 가치를 드러냈다. 부평문화예술인협회 작가들의 작품은 전국 리사이클링 대회에 출품되어 우수상을 수상하며 작품성을 인정받았다. 이들의 작품 전시는 KBS, YTN, MBN, 동아일보, 경인일보, 인천일보 등 다양한 언론에 보도되어 큰 관심을 모았다. 특히 '온고作신' 프로젝트는 특허 및 디자인 상표 등록을 통해 예술 활동의 지속 가능성을 확보하였다. 예술가들은 폐악기를 전통과 현대를 잇는 가교로 해석하여, 감상자에게 새로운 시각적 경험을 제공한다. 나아가 이러한 작업은 환경 보호와 문화유산 보존이라는 사회적 가치를 함께 담고 있다.

폐국악기에 생명을 담은 온고작신 Re-sign 작품

재활용 소재를 활용한 예술 창작은 환경 문제 해결의 실천적 방법으로 주목받고 있다. 에코아트(Eco Art)와 정크아트(Junk Art)는 폐자재를 예술 재료로 삼아 자원순환의 가치를 전달한다. 상명대학교 학생들과 부평문화예술인협회 작가들은 폐자원을 공예와 회화로 재해석해 대중의 관심을 끌었다. 이들의 작품은 전국 전시에 참여해 수상과 언론 보도를 통해 예술성과 환경 메시지를 동시에 입증했다. 특히 '온고作신' 프로젝트는 특허 등록을 통해 창작의 지속 가능성을 높였으며, 폐악기를 통해 전통과 현대의 조화를 구현해 감상자에게 새로운 시각을 제공한다.

에코아트(Eco Art)와 정크아트(Junk Art) 제작 요령 TIP

① '소재 수집'은 관찰력에서 시작된다

자연이나 거리에서 수집하는 물건은 단순한 쓰레기가 아니다. 무늬, 색감, 형태, 손상 정도 등을 주의 깊게 살펴본다. 발견과 수집의 감각은 작품의 시작이 된다.

② 원재료의 '있는 그대로'를 존중하라

페인트칠이나 가공보다 중요한 건 원래 상태에서 풍기는 생생한 질감이다. 재료의 마모, 녹, 변색 등은 스스로 메시지를 말하는 요소다. 억지로 '예쁘게' 만들려 하지 않는다.

③ 자연물과 인공물을 함께 써보라

돌, 나뭇가지, 나뭇잎 등 자연물과 플라스틱, 철, 유리 같은 인공 폐기물을 조합하면 인간과 자연의 관계를 드러내는 상징성이 강해진다. 재료 간 대비를 통해 메시지를 강조할 수 있다.

④ 주제는 '환경 문제 + 개인의 시선'으로 설정한다

기후 변화, 플라스틱 문제, 생태계 훼손 등 거대한 주제에 개인적인 기억이나 감정을 더한다. 관객이 공감할 수 있는 작품으로 발전시킨다. 메시지는 명확하되 표현은 직관적이어야 한다.

⑤ 최소한의 가공, 최대한의 상상력을 적용한다

재료를 가공하는 데 지나치게 에너지를 쓰지 않는다. 불필요한 도구 사용은 지양하고, 재료의 상태 그대로 조합하는 방식으로 창의성을 발휘한다. 해체와 재배치만으로도 강한 시각적 효과를 낼 수 있다.

⑥ '완성도'보다 '질문'을 남겨라

결과물이 정교하지 않아도 된다. 중요한 건 관객에게 "이게 왜 여기 있을까?", "무슨 이야기지?"라는 질문을 던지는 힘이다. 미완성처럼 보일수록 관객의 상상력이 개입될 여지가 크다.

⑦ 작업 과정을 기록하고 공유하라

수집, 조합, 설치, 철거까지의 과정을 사진, 영상, 메모 등으로 남긴다. 완성된 작품보다 과정 자체가 환경 메시지를 담는 예술이 될 수 있다. SNS, 전시, 워크숍 등으로 적극적으로 공유한다.

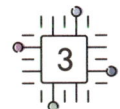

폐기물을 활용한 공공미술 프로젝트는 이렇게 하면 된다

공공미술은 환경 문제 해결의 효과적인 수단이다. 폐기물을 활용한 예술 작품은 도시 공간을 재생하고 지속 가능한 환경을 조성한다. 예술가는 주민과 협력하여 친환경적 창작 활동을 진행하며 환경 보호 인식을 높인다. 재활용 소재를 활용한 작품은 자원의 선순환을 유도하고 환경 문제를 시각적으로 전달한다. 창작 과정에서 주민은 환경 보호의 중요성을 체험하며 공동체 의식을 강화한다. 공공미술은 조형물 설치를 넘어 주민 참여를 유도하여 환경 보호 실천을 돕는다. 도시 미관을 개선하고 지역 문화적 가치를 반영하며 지속 가능한 환경 조성을 위한 도구로 활용된다.

1) 도시재생과 공공미술의 접목
: 공공미술 프로젝트, 주민참여 유도, 주민의 자부심 강화

도시재생은 환경 문제 해결과 도시 공간의 개선을 동시에 추구하는 과정이다. 현대 도시에서는 인구 증가와 산업화로 인해 버려진 공간과 노후된 시설이 증가하고 있다. 이러한 공간은 도시의 미관을 저해할 뿐만 아니라 주민의 삶의 질에도 부정적인 영향을 미친다. 공공미술 프로젝트를 활용하면 이러한 문제를 해결할 수 있다. 벽화, 조형물, 재활용 소재를 이용한 거리 예술을 통해 도시의 미적 가치를 향상시키고, 환경 보호 메시지를 전달할 수 있다. 주민이 직접 참여하는 방식으로 프로젝트를 진행하면 공동체 의식을 강화하고 지속 가능한 도시 환경을 조성할 수 있다.

유휴 공간은 도시 미관을 저해하는 요소다. 방치된 건물, 버려진 공터, 낙후된 거리 공간이 대표적이다. 공공미술 프로젝트는 이러한 공간을 재창조한다. 벽화, 조형물, 설치미술을 통해 도시 환경을 개선한다. 주민은 프로젝트에 참여하며 공간에 대한 애착을 갖게 된다. 창작 과정에서 지역의 문화와 역사적 특성을 반영하면 공동체의 정체성이 강화된다. 공공미술은 단순한 시각적 변화가 아니라 주민들의 생활환경을 개선하는 역할을 한다. 도시재생을 촉진하고 지역의 가치를 높이는 실질적인 방법이 된다.

재활용 소재는 도시 경관을 개선하는 중요한 자원이다. 폐목재, 폐철, 플라스틱 등을 활용한 공공미술은 친환경적이다. 예술가는 버려진 자원을 창의적으로 활용하여 도시를 변화시킨다. 조형물, 가구, 조경 디자인 등이 대표적이다. 주민 참여를 유도하면 공공미술이 단순한 장식이 아니라 공동체의 환경 의식을 높이는 역할을 한다. 환경 보호 의식이 강화되고 지속 가능한 도시 조성이 가능해진다. 재활용 소재를 활용한 공공미술은 지역사회의 환경 문제 해결에 직접적으로 기여한다.

지역 정체성은 도시 공간을 특별하게 만든다. 공공미술은 지역의 역사, 문화, 환경적 특성을 반영해야 한다. 지역 주민과 협력하여 벽화, 설치미술, 공공 조형물을 제작한다. 환경 문제를 주제로 한 예술 작품은 공동체의 가치를 높인다. 지역의 자연과 어우러지는 작품은 생태적 감수성을 확산하는 역할을 한다. 도시재생 과정에서 지역성이 반영되면 주민의 자부심이 강화된다. 공공미술은 도시 공간의 변화를 넘어서 지역사회의 문화적, 환경적 가치를 강화하는 수단이 된다.

공공미술은 지속 가능해야 한다. 단기적 변화가 아닌 장기적 도시재생이 목표다. 친환경 재료와 유지 가능한 예술 기법이 필수적이다. 주민 참여는 공동체 활성화로 이어진다. 지역 주민이 공공미술을 관리하고 활용하면 지속성이 보장된다. 지속 가능한 공공미술은 도시의 역사와 미래를 연결하는 역할을 한다. 환경 친화적 예술 기법이 활용되면 공공미술의 영향력은 더욱 확대된다. 도시재생과 공공미술의 결합은 지역사회를 더욱 활력 있게 만들고 환경 보호의 가치를 확산하는 계기가 된다.

2) 지역사회와 지역예술의 협력
: 지역 환경 개선, 지역 생태계 보존, 공동체 의식 강화, 지역축제 연계

환경 예술 프로젝트는 지역사회와 협력하여 실천하는 창작 활동이다. 지역 환경 문제를 주제로 한 예술 프로젝트는 주민 참여를 유도하며 지속 가능한 변화를 만든다. 환경 보호 의식을 높이고 지역 공동체의 연대감을 강화하는 역할을 한다. 친환경 소재를 활용한 공공미술, 지역 생태계를 반영한 예술 작품, 주민 참여형 벽화, 지역 축제와 연계한 환경 예술 프로그램이 대표적이다. 환경 예술 프로젝트는 지역사회 구성원들이 직접 참여하여 환경 문제를 해결하는 실천적 방안이 된다.

공공미술은 지역 환경을 개선하는 중요한 수단이다. 친환경 소재를 활용하면 환경 보호 효과가 극대화된다. 폐자원, 자연 재료, 재활용 소재 등을 활용한 벽화, 조형물, 거리 예술이 대표적이다. 주민이 직접 참여하는 창작 과정은 환경 보호 의식을 높이는 계기가 된다. 공공미술은 단순한 장식이 아닌 지속 가능한 환경 개선 도구로 활용된다. 예술적 접근은 지역사회의 정체성을 반영하면서도 실질적인 환경 보호 실천을 유도한다. 창작 과정에서 지역문화와 환경적 요소를

결합하면 지역민의 관심과 참여가 더욱 활성화된다. 친환경 공공미술은 지역 환경 문제를 해결하는 실질적인 대안이 된다.

환경 예술은 지역 생태계를 보존하고 반영하는 방식으로 발전해야 한다. 지역의 자연환경과 조화를 이루는 작품은 환경 보호 메시지를 강하게 전달한다. 토착 식물, 자연색을 활용한 작품이 대표적이다. 지역 주민과 예술가가 협력하여 생태적 가치를 강조하는 작품을 제작하면 공동체의 환경 보호 의식이 강화된다. 공공장소에 설치된 예술 작품은 도시와 자연을 연결하는 중요한 역할을 수행한다. 예술적 접근은 생태 감수성을 높이고 지속 가능한 삶을 실천하는 계기를 마련한다. 지역 환경과의 조화를 고려한 예술 작품은 장기적으로 도시 생태계를 보호하는 데 기여한다.

벽화 프로젝트는 주민 참여를 중심으로 진행된다. 지역 환경 문제를 주제로 삼아 벽화를 제작하면 공동체 의식이 강화된다. 주민이 직접 벽화 작업에 참여하는 과정은 환경 보호 실천을 유도하는 중요한 기회가 된다. 공공 공간을 활용한 벽화는 지역사회의 정체성을 반영하고 공동체 연대를 강화하는 효과를 가진다. 벽화 제작 과정에서 지역의 역사와 환경 문제를 예술적으로 재해석하면 교육적 효과도 증가한다. 창작 과정이 공동체 행사와 연계되면 참여율이 더욱 높아진다. 주민이 주도적으로 환경 예술 활동을 지속할 수 있도록 프로그램을 기획하면 벽화 프로젝트의 효과는 더욱 확장된다.

환경 예술 프로그램은 지역 축제와 연계하여 추진할 수 있다. 지역 주민과 방문객이 함께하는 창작 활동은 환경 보호 메시지를 효과적으로 전달한다. 재활용 소재를 활용한 예술 체험, 대형 공동 작품 제작, 자연 친화적 공연이 대표적이다. 지역 축제는 많은 사람이 참여하는 행사이므로 환경 예술 프로그램의 영향력이 크다. 축제 속에서 예술과 환경 보호를 결합하면 참가자들의 인식 변화가 촉진된다. 공공 예술과 지역 문화가 결합되면 축제의 지속 가능성도 확보된다.

환경 보호 활동을 놀이와 예술로 경험하면 실천율이 높아진다. 지역사회가 주도하는 환경 예술 축제는 지속 가능한 환경 보호 운동으로 발전할 수 있다.

3) 예술경영의 새로운 패러다임 : 환경 중심의 콘텐츠 (사례)

① **환경 문제와 예술의 만남이 가져오는 변화**

21세기에 접어들면서 환경 문제는 더 이상 미래의 문제가 아니라, 우리의 삶과 직결된 현재의 위기로 자리 잡고 있다. 기후 변화, 자원 고갈, 폐기물 처리 문제 등은 전 세계적으로 심각한 사회적 도전 과제가 되고 있다. 이러한 위기에 대응하기 위해 환경 운동은 과학적 연구와 정책적 접근에만 머무르지 않고, 대중의 인식을 바꾸고 행동을 유도하는 데 효과적인 예술과의 융합을 모색하게 되었다.

② **공연과 동화책이 이끈 행동 변화**

환경국악극 〈동동마을을 구해주세요〉는 공연과 동화책을 통해 어린이들의 실질적인 행동 변화를 이끌어내는 데 성공하였다. 공연에서 전달된 분리배출 4대 원칙(비운다, 헹군다, 분리한다, 섞지 않는다)은 어린이들이 일상 속에서 자연스럽게 실천할 수 있도록 구성되어 있으며, 동화책을 통해 지속적으로 복습할 수 있는 구조로 설계되었다. 이러한 교육적 접근은 공연과 동화책을 경험한 어린이들이 가정과 학교에서 분리배출을 직접 실천하는 사례로 이어졌다. 교사와 학부모의 피드백에 따르면, 어린이들이 환경 보호에 대한 책임감을 느끼고 가정 내 분리배출을 스스로 실천하는 모습을 보였으며, 이는 공연의 목표인 장기적 행동 변화에 부합하는 결과로 나타났다.

③ **지역 기반의 네트워크 확장**

환경동화책 〈동동마을을 구해주세요〉는 공연과 동화책 기부 프로그램을 통해 지역 예술 단체, 학교, 기업, 환경 단체 간의 협력 네트워크를 구축하는 데 성공하였다. 인천 지역을 중심으로 전개된 다양한 협력 사례는 단순한 예술 활동을 넘어 지역 공동체 내에서의 환경 보호 실천으로 이어졌다. 대표적으로, 인천탁주와의 협력으로 시작된 동화책 기부 프로그램은 지역 기업의 사회적 책임(CSR)과 예술적 가치를 결합한 성공 사례로 평가받고 있다. 지역 내 다른 기업과 기관들로 확장 가능성을 보이고 있다. 이러한 협력은 지역 내 환경 보호 활동을 장기적으로 지속할 수 있는 지역 네트워크 모델로 자리 잡았다.

④ 브랜드 성장과 사회적 가치 창출
전통연희단 잔치마당은 〈동동마을을 구해주세요〉를 통해 환경 보호라는 현대적 메시지와 전통예술의 결합을 성공적으로 이루어냈다. 이는 단순한 공연 콘텐츠의 개발을 넘어 브랜드의 성장과 사회적 가치 창출로 이어졌다. 잔치마당은 공연과 동화책, 리사이클링 전시 등 다양한 콘텐츠 확장을 통해 브랜드를 다각화하였다. 예술이 단순한 엔터테인먼트를 넘어 사회적 책임을 실천하는 매개체로 기능할 수 있다는 점을 입증하였다. 이러한 활동은 잔치마당의 사회적 예술 브랜드로서의 입지를 강화하였으며, 지역사회뿐만 아니라 전국적으로도 문화예술의 공공적 가치를 실현하는 모델로 평가받고 있다.

⑤ 환경 콘텐츠로서의 예술의 미래
환경 문제는 더 이상 특정 영역의 문제가 아닌, 사회 전반에 걸쳐 대응이 필요한 주요 과제로 자리 잡고 있다. 예술은 감성적 접근과 창의적 표현을 통해 대중이 환경 문제를 공감하고 행동으로 이어지게 하는 강력한 도구로서 미래에도 중요한 역할을 할 것이다. 〈동동마을을 구해주세요〉는 공연과 동화책, 리사이클링 전시 등 다양한 매체로 환경 메시지를 전달하면서 미래 세대가 주도적으로 환경 보호에 나설 수 있도록 유도하는 성공적인 모델로 평가받고 있다. 나아가 이러한 콘텐츠는 국내외로 확장되어 다양한 지역사회와 글로벌 환경 교육 프로그램으로 발전할 가능성을 지니고 있다.

⑥ 환경 중심의 콘텐츠 개발
예술경영은 이제 단순한 공연 기획과 수익 창출을 넘어, 사회적 문제를 해결하는 데 기여하는 공공적 목표를 중요시하는 방향으로 변화하고 있다. 전통연희단 잔치마당의 사례는 이러한 변화를 반영하는 대표적인 모델로, 환경 중심의 콘텐츠 개발과 지역사회 협력을 통해 예술과 사회적 가치가 결합된 새로운 경영 패러다임을 제시한다.

잔치마당은 온고작신 리자인 프로젝트. 환경국악극 공연과 동화책 제작, 지역사회와 네트워크, 기업의 사회적 책임 프로그램을 결합하여 지속 가능한 사업 모델을 구축하였다. 이러한 방식은 예술 단체가 단기적 수익 창출에 그치지 않고, 장기적인 사회적 가치와 브랜드 성장을 동시에 실현할 수 있는 가능성을 보여준다. 환경 중심의 예술 콘텐츠는 예술경영의 새로운 기준을 제시하며, 앞으로 더 많은 예술 단체와 기관이 사회적 책임을 실천하는 프로젝트에 참여할 수 있는 기반을 제공할 것이다. 이는 예술이 단순한 창작 활동을 넘어 지속 가능한 미래를 위한 변화의 발판이 될 수 있음을 의미한다.

수명을 다한 장구가죽, 북, 소고를 리자인(Re-sign)하여 시각예술 작품으로 새롭게 부활

폐기물을 활용한 공공미술은 도시 재생과 환경 보호를 동시에 실현하는 창의적 실천이다. 예술가는 주민과 협력해 친환경 창작을 수행하며 지역의 환경 인식을 높인다. 잔치마당의 '온고作신' 프로젝트는 폐자재를 활용한 조형물 제작과 공연, 동화책 출판을 연계해 공공미술의 확장 가능성을 보여준다. 이 프로젝트는 기업과의 협업으로 사회적 책임을 실현하며 지속 가능한 사업 모델을 구축했다. 주민 참여를 유도하고 지역 정체성을 반영한 작품은 도시 미관을 개선하고 예술의 사회적 가치를 확대하는 기반이 된다.

지역 주민이 함께하는 폐기물 공공미술 프로젝트 협력 TIP

① **공감할 수 있는 주제를 함께 선정하기**
주민의 일상과 관련된 환경 문제를 주제로 설정해야 참여도가 높아진다. 쓰레기 분리배출, 마을 오염 문제, 방치된 공간 등 주민이 직접 체감하는 이슈를 스토리텔링으로 주제를 정한다.

② **워크숍을 통한 참여 설계 유도**
창작 전 워크숍을 열어 재료 수집, 제작 아이디어, 예술적 표현 방식 등을 주민과 함께 논의한다. 주민이 아이디어 단계부터 참여할수록 작품에 대한 애착과 책임감이 생긴다.

③ **재료 수집을 지역 주민과 공동 진행하기**
폐자원이나 버려진 물건을 주민과 함께 수거하는 과정을 만든다. 이 과정 자체가 공동체 활동이 되며, 프로젝트에 대한 주인의식도 높아진다.

④ **기술적 역할 분담을 고려한 협업 구조 만들기**
예술가와 주민 간 기술 격차를 고려해 누구나 참여 가능한 부분(채색, 배치, 재료 정리 등)을 마련한다. 세부 역할 분담은 참여를 용이하게 하며 팀워크를 형성한다.

⑤ **지역의 역사와 기억을 작품에 반영하기**
주민의 기억, 마을의 이야기, 과거의 장소성을 작품 안에 담는다. 주민은 예술 창작을 통해 자신의 정체성과 삶의 이야기를 되돌아보게 되며, 예술이 공동체의 기록으로 남는다.

⑥ **제작 과정을 지역에 공개하고 공유하기**
진행 상황을 지역 게시판, SNS, 커뮤니티 공간 등에 공유한다. 주민들이 단순한 참여자가 아니라 과정의 주체임을 인식하게 한다. 오픈 작업장을 운영하면 관람과 참여가 동시에 가능하다.

⑦ **설치 이후의 관리 주체도 함께 설계하기**
작품이 설치된 이후 유지·보수 방안까지 주민과 함께 논의한다. 마을회, 자원봉사팀 등과 연결하여 지속적인 관리 체계를 마련하면 작품은 일회성 이벤트가 아니라 살아있는 공간이 된다.

4
지속 가능한 공연 예술은
이렇게 하면 된다

공연 예술은 창의성과 감동을 전달하는 중요한 문화 활동이며, 다양한 기술과 재료를 활용하여 무대와 조명을 연출한다. 그러나 무대 제작, 조명, 소품 사용 과정에서 많은 자원이 소비되며 환경에 미치는 영향도 크다. 지속 가능한 공연 예술을 실현하려면 친환경적 방법을 적용하여 예술적 가치를 유지하면서도 환경 보호에 기여해야 한다. 무대 제작에서 재생 가능한 자원을 활용하고, 에너지 절약 기술을 도입하면 공연 예술의 지속 가능성을 높일 수 있다. 공연 예술의 지속 가능성을 확보하는 것은 환경 보호뿐만 아니라 공연 산업의 비용 절감과 창작의 다양성을 확대하는 효과도 가져올 수 있다.

1) 친환경 무대 디자인과 조명 기술
: 에너지 효율 기술 도입, 디지털 기술 접목, 자원의 재사용

공연 무대와 조명 시스템은 환경 영향을 최소화하는 방식으로 구축되어야 한다. 무대 제작 과정에서 재활용 가능한 자재를 적극 활용하면 자원 소비를 줄일 수 있다. 폐목재, 재활용 플라스틱, 업사이클링 된 직물은 제작 과정에서 탄소 배출량을 감소시키며, 친환경 도료와 접착제를 사용하면 유해 화학물질 배출도 줄일 수 있다. 지속 가능한 공연 환경을 조성하기 위해서는 무대 디자인부터 자원 활용까지 전반적인 친환경 계획이 필요하다.

공연 조명은 높은 전력을 소모하므로, 에너지 효율적인 기술을 도입하면 소비량을 줄일 수 있다. LED 조명은 기존 할로겐 조명보다 전력 사용이 적고 수명이 길어 친환경적인 선택이 된다. 태양광 발전을 활용한 조명 시스템과 자동 제어 기술을 적용하면 전력 낭비를 방지할 수 있다. 에너지 절약 기술을 통해 운영 비용을 절감하는 동시에 환경 보호에도 기여할 수 있다.

디지털 기술을 접목하면 무대 제작에 필요한 물리적 자원의 사용을 줄일 수 있다. 프로젝션 맵핑을 활용하면 대형 세트나 배경 없이도 무대 효과를 연출할 수 있다. 가상 현실(VR)과 증강 현실(AR) 기술을 도입하면 시각적 요소를 강화하면서도 자원의 낭비를 최소화할 수 있다. 디지털 기술을 활용한 무대 연출은 창의적인 공연 환경을 조성하면서 지속 가능성을 높이는 실질적인 대안이 된다.

공연 예술의 지속 가능성을 높이려면 자원의 재사용과 절감이 필수적이다. 공연 종료 후 폐기되는 세트와 소품을 재활용하거나 다른 프로젝트에서 재사용할 수 있도록 설계하면 낭비를 줄일 수 있다. 모듈형 무대 디자인을 적용하면 동일한 무대를 여러 공연에서 활용할 수 있어 제작 비용과 환경 부담이 줄어든다. 자원의 재사용과 절감을 실천하는 것은 공연 예술의 지속 가능한 발전을 위한 핵심 전략이 될 수 있다.

공연 제작에서 친환경 접근 방식을 도입하면 창작성과 지속 가능성을 동시에 실현할 수 있다. 친환경 소재와 에너지 절약 기술을 활용하는 것은 공연 예술의 미래를 위해 필수적인 요소이다. 공연 기획 단계에서부터 친환경적인 요소를 고려하면 지속 가능한 환경을 구축할 수 있다. 이는 관객들에게도 긍정적인 영향을 미친다. 친환경 공연 예술은 창작자와 관객 모두가 환경 보호에 대한 인식을 높이는 데 기여할 수 있다.

2) 전통예술과 재생자원을 활용한 창작물
: 친환경 자원 활용, 현대적 재해석, 공동체 의식 강화

전통예술은 자연 친화적 요소를 포함하며 지속 가능성을 고려해 발전해 왔다. 환경 보호의 중요성이 커지면서 전통예술을 재해석하고 재생자원을 활용하는 시도가 확대되고 있다. 친환경 재료를 활용하면 자연과 조화를 이루는 예술 작품을 만들 수 있으며, 전통기법을 현대적으로 접목하면 환경적 영향을 줄이고 지속 가능한 창작이 가능하다. 지역사회와 협력해 재생자원을 적용하면 공동체 문화가 강화되고 환경 보호 인식이 확대된다.

전통예술에서 사용되는 재료는 자연에서 얻을 수 있는 친환경적인 요소가 많다. 한지, 대나무, 천연염료 같은 자원은 환경에 미치는 영향을 줄일 수 있으며, 자연 분해가 가능하여 지속 가능성이 높다. 공연 무대뿐만 아니라 소품과 의상에도 자연 친화적인 소재를 적용하면 지속 가능한 창작 활동이 가능하다. 친환경 자원을 활용한 예술 작품은 환경 보호 메시지를 효과적으로 전달하며 예술의 사회적 가치를 높인다.

전통적인 예술 기법을 현대적으로 재해석하면 지속 가능한 창작물이 탄생할 수 있다. 전통도예 기법을 활용하여 재생 유리나 점토를 이용한 소품을 제작할 수 있으며, 오래된 직조 기술을 현대적인 디자인과 결합하면 친환경적인 공연 의상을 제작할 수 있다. 공예 기술을 활용한 친환경 무대 디자인도 가능하며, 천연 염색 기법을 적용하면 환경 부담을 줄이면서도 전통적 미학을 유지할 수 있다.

지역사회와 협력하여 재생자원을 활용한 예술 작품을 제작하면 공동체 문화가 활성화된다. 주민과 예술가가 함께하는 벽화 프로젝트나 공공 조형물 제작은 지역의 정체성을 반영하며, 참여형 예술 활동은 공동체 의식을 강화하고 환경 보호에 대한 관심을 높이는 계기가 된다. 전통공예를 지역 축제와 연계하면 환경 보호 메시지를 자연스럽게 전달할 수 있다. 재활용 자원을 활용한 공공미술 프로젝트는 도시 공간을 친환경적이고 창의적인 환경으로 변화시킨다.

공연 예술에서도 재생자원을 활용하면 환경적 영향을 줄일 수 있다. 폐자재를 이용하여 무대 소품을 제작하면 자원 낭비를 줄이고 지속 가능성을 높일 수 있다. 재활용 직물로 만든 의상은 공연 예술과 친환경 패션을 연결하는 역할을 한다. 무대 장치를 최소한으로 사용하고 여러 공연에서 재사용하면 환경 부담이 감소한다. 디지털 기술을 활용해 대본과 포스터를 전자 문서로 대체하면 종이 사용이 줄어든다. 지속 가능한 공연 기획과 운영은 예술과 환경 보호가 조화를 이루는 공연 문화를 정착시킨다.

3) 환경 교육, 세 살 버릇 여든까지 간다. (사례)

① 환경 국악극 〈동동마을을 구해주세요〉의 기획과 제작
- **환경 문제를 공연 콘텐츠로 기획하기**
  환경 국악극 〈동동마을을 구해주세요〉는 단순히 정보를 전달하는 것이 아닌, 관객들이 직접 공감하고 체험할 수 있는 공연 형식을 통해 환경 문제를 새로운 방식으로 접근하고 있다. 공연의 기획 단계에서는 환경 파괴와 자원 낭비라는 심각한 사회적 문제를 어떻게 어린이들에게 쉽고 재미있게 전달할 수 있을지에 대해 고민하였다. 잔치마당은 이러한 고민의 해답으로 전통국악과 연희를 결합한 체험형 콘텐츠를 개발하였다. 이 과정에서 공연의 핵심 메시지는 실생활과 밀접한 분리배출 4원칙(비운다, 헹군다, 분리한다, 섞지 않는다)으로 정해졌으며, 어린이들이 공연을 통해 쉽게 이해하고 실천할 수 있도록 스토리와 캐릭터에 반영되었다.
- **분리수거율의 현실과 문제의식**
  환경부 자료에 의하면, 2023년 기준으로 분리수거율이 87.1%에 달하며, 세계적으로 높은 수준의 시스템을 갖추고 있다. 그러나 이와 대조적으로 실제 재활용률은 약 30%대에 불과하여 상당한 간극이 존재한다. 그 원인으로는 분리배출이 제대로

이루어지지 않거나 라벨 및 이물질이 제거되지 않아 재활용 과정에서 효율이 떨어지는 점이 지적된다. 이러한 문제를 해결하기 위해 단순히 인프라 확충에 그치는 것이 아니라, 어린 시절부터 올바른 분리배출 습관을 형성할 수 있는 교육이 필수적이라는 점이 강조되고 있다. 〈동동마을을 구해주세요〉는 이 같은 배경에서 출발하여 어린이들이 생활 속에서 쉽게 적용할 수 있는 환경 행동 변화를 목표로 한다.

- 환경 교육의 필요성과 어린이 대상 콘텐츠

환경부와 국가환경교육센터의 연구에 따르면, 어린이와 청소년을 대상으로 한 환경 교육은 장기적인 행동 변화를 유도하는 데 효과적이다. 고등학생과 환경학교 학생 600명을 대상으로 한 설문조사 결과, 약 60%가 환경 교육의 필요성을 절감하고 있으며 수강 의향을 보이고 있다. 이러한 연구는 어릴 때 형성된 환경 의식이 성인이 된 후에도 지속적으로 유지될 가능성이 높다는 점을 시사한다. 환경 국악극 〈동동마을을 구해주세요〉는 어린이들이 환경 문제를 보다 쉽게 이해할 수 있도록 스토리텔링을 강화하고, 노래와 춤을 결합한 몰입형 콘텐츠로 구성하였다. 주인공 세모의 모험을 통해 아이들은 자연스럽게 분리배출의 중요성을 체득하게 된다.

- 분리배출 4원칙과 전통국악의 결합

'비운다, 헹군다, 분리한다, 섞지 않는다'라는 분리배출 4원칙은 실생활에서 누구나 간단하게 실천할 수 있는 행동으로, 환경 보호의 핵심 원칙이다. 그러나 실제로는 많은 사람들이 이 원칙을 제대로 따르지 않아 재활용률 저하로 이어지고 있다. 〈동동마을을 구해주세요〉는 이러한 원칙을 단순히 설명하는 데 그치지 않고, 국악의 리듬과 놀이 요소를 결합하여 쉽게 기억하고 실천할 수 있도록 설계하였다. 공연의 주요 노래인 '우리 모두 환경지킴이'는 분리배출 4원칙을 반복적이고 신나는 리듬으로 전달하여 어린이들이 노래를 통해 자연스럽게 학습할 수 있도록 돕는다.

무거운 환경문제를 신명 나는 국악으로 풀어내는 〈동동마을을 구해주세요〉

② 작품의 서사와 예술적 특징
- 콘셉트와 주제 : 신명 나는 환경 국악극
  〈동동마을을 구해주세요〉는 전통국악의 리듬과 환경 메시지가 결합된 독창적인 어린이 공연이다. 공연은 단순히 환경 오염의 심각성을 전달하는 데 그치지 않고, 어린이들이 일상에서 실천할 수 있는 구체적인 분리배출 방법을 놀이와 체험을 통해 학습하도록 기획되었다. 신명 나는 전통연희와 국악기를 활용하여 공연은 즐겁고 자연스럽게 환경 보호의 중요성을 전달한다.
- 공연의 특징과 교육적 메시지
  공연은 어린이들에게 친숙한 캐릭터와 스토리를 통해 자연스럽게 분리배출 4대 원칙(비운다, 헹군다, 분리한다, 섞지 않는다)을 습득할 수 있도록 구성되어 있다. 특히 공연 중 주요 노래는 반복적이고 쉬운 가사로 되어 있어 어린이들이 직접 따라 부르면서 환경 실천을 학습할 수 있다. 국악기(장구, 해금, 태평소 등)의 생동감 있는 연주와 함께 전통연희의 신명 나는 요소를 결합하여 관객 참여형 교육적 공연을 완성한다.
- 세모의 성장 서사와 환경 실천의 중요성
  주인공 '세모'는 분리배출에 무관심하고 환경 보호의 필요성을 알지 못했던 평범한 어린이다. 그러나 마법의 책 속 동동마을로 빨려 들어간 세모는 환경 오염으로 몸살을 앓는 마을을 구하기 위해 모험을 떠나게 된다. 이 과정에서 도깨비 아미와 라미, 용 미르와 함께 다양한 문제를 해결하며 분리배출의 중요성을 깨닫고 성장한다. 세모의 변화는 어린이 관객들에게 환경 실천이 개인의 작은 습관에서 시작된다는 점을 강조한다.
- 세부 공연 내용과 상징적 메시지
  공연은 네 개의 막으로 구성되어 있으며, 각 막은 환경 문제와 해결 과정, 그리고 실천의 중요성을 상징적으로 표현한다.
  - [1막] 나는야, 환경 바보! : 환경 문제에 무관심했던 세모의 일상과 변화의 시작을 보여준다.
  - [2막] 아라미, 미르와 함께 동동마을을 구하자! : 동동마을을 오염시키는 원인과 문제 해결을 위한 첫걸음을 뗀다.
  - [3막] 깨끗해진 동동마을과 협력의 힘 : 협력과 실천을 통해 깨끗해진 환경을 상징적으로 표현한다.
  - [4막] 다 함께 지켜요, 소중한 우리 환경 : 공연의 대미를 장식하며 모두가 함께 환경을 지켜야 한다는 메시지를 노래로 전달한다.

- **전통국악과 남사당놀이의 활용**

  공연에는 전통국악기와 함께 남사당놀이의 덜미(인형극), 땅줄타기, 진도북놀이 등 전통연희 요소가 결합되어 있다. 이로 인해 어린이들은 전통문화의 매력을 느끼면서 자연스럽게 환경 메시지에 몰입할 수 있다. 남사당놀이 특유의 유쾌함과 활발한 상호작용은 관객의 흥미를 이끌어내며, 공연의 몰입감을 배가시킨다. 이러한 전통적 요소들은 환경 교육이 딱딱한 주입식 전달이 아니라 놀이와 체험을 통해 스스로 깨달음을 얻는 과정으로 이어지도록 돕는다.

오염된 동동마을에 나타난 괴물의 몸에서 쓰레기가 나온다.

③ **공연을 통한 교육적 및 사회적 기대효과**
- **학교와 참여자 관점 : 실생활에 스며드는 환경 습관**

  환경 국악극 〈동동마을을 구해주세요〉는 단순한 관람을 넘어 어린이들이 실생활에서 올바른 분리배출 습관을 형성하도록 돕는 데 중점을 둔다. 어린이 관객들은 주인공 세모의 모험과 성장을 통해 환경 실천의 중요성을 간접 체험하고, 공연 후 가정과 학교에서 부모 및 교사와 함께 실생활에서 적용해 볼 수 있는 구체적인 행동으로 이어진다. 이러한 공연 경험은 어린이들이 환경 보호를 일회성 경험이 아닌 지속적인 생활 습관으로 내재화하도록 돕는다.

- **운영단체 관점 : 전통 콘텐츠의 현대적 활용과 브랜드 확장**

  잔치마당은 〈동동마을을 구해주세요〉를 통해 전통국악과 연희를 단순히 보존하는 데 그치지 않았다. 현대적 환경 문제와 연결함으로써 새로운 브랜드 콘텐츠로 확장하는 데 성공하였다. 국악기 연주와 전통놀이, 인형극 등 다양한 요소를 결합하여 전 세대가 공감할 수 있는 공연 콘텐츠로 제작되었으며, 어린이뿐만 아니라 가족 단위 관객도 함께 즐길 수 있는 형식으로 확장하였다. 공연과 연계된 환경 동화책, 리사이클링 전시 프로젝트 등 다각적인 콘텐츠 확장은 잔치마당이 단순한 공연 단체가 아니라 사회적 책임을 다하는 예술 브랜드로 자리매김할 수 있도록 돕는 중요한 요소로 작용하고 있다.

- **문화예술과 환경 교육의 융합적 효과**

    이 작품은 잔치마당 2025 인천학생교육문화회관 찾아가는 아트스쿨 순회공연 선정, 2024-2025 문화체육관광부 지역대표예술단체 지원사업 레퍼토리 상설공연 선정, 2024 인천시문화예술단체 학교순회 공연 선정, 2023 한국문화예술회관연합회 방방곡곡 문화공감 지원사업 선정, 2022 인천문화재단 작은예술공간 지원사업 선정 등으로 작품의 예술성과 대중성을 확인하였다.

환경 국악극 〈동동마을을 구해주세요〉는 예술적 감성과 교육적 메시지를 결합하여 관객에게 흥미롭고 기억에 남는 환경 교육 경험을 제공한다. 공연 중 어린이들이 직접 참여하거나 노래를 따라 부르는 과정은 단순히 수동적으로 지식을 전달하는 것을 넘어, 놀이와 체험을 통해 능동적으로 환경 문제를 이해하고 실천하도록 유도한다. 문화예술과 환경 교육의 융합은 어린이와 지역사회에 걸쳐 장기적이고 실질적인 환경 보호 문화를 확산시키는 데 기여한다.

환경 국악극 〈동동마을을 구해주세요〉 잔치마당 예술단 단원들

지속 가능한 공연 예술은 환경 보호와 창의성의 조화를 추구하는 실천적 문화 활동이다. 무대 제작과 조명, 소품에 친환경 기술과 재활용 자원을 적용하면 자원 낭비를 줄일 수 있다. 잔치마당의 환경 국악극 〈동동마을을 구해주세요〉는 공연 예술에 환경 교육을 접목한 사례다. 어린이들이 노래와 참여를 통해 환경 문제를 체험하고 공감하는 방식은 단순한 전달을 넘어선 학습 효과를 낳는다. 이처럼 공연 예술은 놀이와 교육을 결합해 지속 가능한 미래 가치를 전하며, 지역사회의 환경 인식 확산에도 기여한다.

환경을 주제로 한 창작 공연물 제작 TIP

① **명확한 메시지 설정**
- '기후 위기 경고', '생태계 보존', '지속 가능한 삶' 등 중심 주제를 명확히 설정한다.
- 주제에 따라 메시지를 감성적 또는 사실 기반으로 구성한다.

② **환경친화적 제작 방식 채택**
- 무대 세트, 의상, 소품 등에 재활용 가능한 소재를 사용하거나 대여를 활용한다.
- 종이 낭비를 줄이기 위해 디지털 티켓과 온라인 홍보 방식을 적용한다.

③ **스토리텔링에 창의성 더하기**
- 단순한 교훈 전달보다는 비유와 상징, 판타지, 미래 예측 등 창의적인 이야기 구조를 구성한다.
- 예) 쓰레기 더미에서 깨어난 정령이 인간과 대화하며 메시지를 전하는 이야기를 구성할 수 있다.

④ **관객 참여 요소 포함**
- 환경 퍼포먼스에는 관객의 직접 체험과 참여를 유도하는 요소를 포함한다.
- 예) 공연 중간에 짧은 퀴즈, 플래시몹, 에코메시지 쓰기 등을 활용할 수 있다.

⑤ **다양한 매체 활용**
- 무대 조명, 영상, 음향 등을 활용하여 시각적·청각적으로 메시지를 강화한다.
- 환경 다큐 영상이나 실제 자연의 소리를 삽입하는 것도 효과적이다.

⑥ **지역사회와의 연계**
- 지역의 환경 이슈(예: 미세먼지, 해양 쓰레기, 도시 녹지 문제 등)를 반영하면 공감도를 높일 수 있다.
- 지역 시민단체와 협업하거나 지역 환경 데이터를 활용하는 방식도 효과적이다.

⑦ **공연 이후의 확장성 고려**
- 공연 종료 후에도 관객이 환경에 대한 행동을 이어갈 수 있도록 관련 정보나 캠페인을 연결한다.
- 공연 후 '작은 실천 리스트', QR코드, SNS 해시태그 이벤트 등을 운영하면 관객의 지속적 관심을 유도할 수 있다.

5
환경 교육과 예술의 결합은 이렇게 하면 된다

환경 교육은 지속 가능한 미래를 위한 필수 과정이다. 예술과 결합하면 교육 효과가 극대화된다. 시각적·청각적 자극을 제공해 환경 문제를 직관적으로 전달하고 감성을 자극해 학습자에게 깊은 인상을 남긴다. 단순한 정보 전달을 넘어 창의적인 해결책을 모색할 수 있는 계기를 제공한다. 참여형 프로그램을 통해 학습자의 관심과 실천을 자연스럽게 유도한다. 지속 가능한 예술을 활용한 교육 모델은 환경 보호 의식을 확산하는 데 효과적이다.

1) 환경 교육 프로그램과 예술 활동
  : 환경연극 프로그램, 환경미술 프로젝트. 지역주민 참여

환경 교육과 예술 활동이 결합하면 학습자의 적극적인 참여를 이끌어내고 환경 보호 실천을 촉진한다. 연극과 공연 예술은 환경 문제를 직접 체험할 기회를 제공하고 시각 예술은 대중의 지속적인 관심을 유도하는 강력한 도구가 된다. 체험형 프로그램은 환경 보호 실천력을 높인다. 디지털 기술과 결합한 예술 교육은 미래 세대에게 친숙한 방식으로 메시지를 전달한다.

예술과 교육이 결합하면 학습자는 단순한 이론 학습을 넘어 실질적인 변화를

경험한다. 환경 문제를 다룬 연극과 퍼포먼스는 관객에게 강한 인상을 남긴다. 배우들이 환경 보호를 주제로 한 이야기를 생생하게 표현하면 관객은 문제의식을 공유하고 실천의 필요성을 체감한다. 학생 대상 환경 연극 프로그램은 교육적 효과를 극대화한다. 창작 과정에서 참여자는 환경 문제를 탐구하며 해결 방안을 모색할 기회를 갖는다.

시각 예술은 환경 교육에서 중요한 역할을 한다. 환경 문제를 주제로 한 미술 작품은 강한 시각적 인상을 남기고 메시지를 효과적으로 전달한다. 재활용 소재를 활용한 조형물과 환경 포스터 디자인은 대중의 관심을 끌며 환경 보호의 필요성을 강조한다. 공공미술 프로젝트는 지역사회에서 환경 보호의 중요성을 공유하는 역할을 한다. 학교와 지역사회에서 진행되는 환경 미술 프로젝트는 학습자가 창작 과정을 통해 환경 보호의 필요성을 체험할 기회를 제공한다.

환경 보호와 예술 교육이 결합된 지역사회 프로젝트는 공동체의 환경 의식을 높인다. 주민과 학생이 함께 참여하는 벽화 제작과 환경 조형물 프로젝트는 지역사회의 환경 보호 실천을 촉진한다. 지역 축제와 공공 공간을 활용한 예술 활동은 환경 문제에 대한 경각심을 심어준다. 공동체 기반 환경 예술 프로젝트는 지속 가능한 환경 보호 활동으로 발전할 가능성이 높다. 지역사회의 실천을 장려하며 변화를 유도하는 역할을 한다.

2) 환경 메시지를 담은 창작 활동
: 재활용 소재 활용, 시각적 요소 활용, 디지털 기술 활용

환경 보호의 필요성을 강조하는 창작 활동은 교육적 효과를 높이는 중요한 방법이다. 예술은 환경 문제를 직관적으로 전달하며 감성적 접근을 통해 대중의 공감을 이끌어낸다. 창작 과정에서 학습자는 환경 문제를 분석하고 해결 방안을 모색하며 실천 가능한 대안을 탐색한다. 지속 가능한 재료와 기법을 활용하면 예술 작품 자체가 환경 보호의 메시지를 담는다. 친환경 예술은 교육적 효과뿐만 아니라 사회적 인식을 높이는 데도 기여한다.

재활용 소재를 활용한 조형 예술은 환경 보호의 중요성을 강조하는 효과적인 방법이다. 폐플라스틱, 폐목재, 금속 등을 활용한 예술 작품은 자원 순환 개념을 자연스럽게 전달한다. 공공 공간에 설치된 조형물은 대중에게 지속적인 환경 메시지를 전달한다. 창작 과정에서 학습자는 환경 문제의 원인을 이해하고 해결 방안을 고민한다. 예술가와 지역사회가 협력해 조형 예술을 제작하면 공동체 의식을 강화하는 데 기여한다.

환경 보호 메시지를 효과적으로 전달하려면 시각적 요소를 적극 활용할 수 있다. 포스터와 그래픽 아트는 짧은 시간 내 강한 인상을 남기는 효과적인 도구이다. 색채와 디자인을 활용하면 환경 문제를 강조할 수 있다. 대중의 관심을 끌어 메시지를 보다 효과적으로 전달한다. 재활용 종이를 사용하거나 디지털 방식으로 제작하면 친환경적 접근이 가능하다. 환경 캠페인과 연계해 포스터를 전시하면 교육적 효과를 극대화한다.

디지털 기술을 활용하면 환경 문제를 현대적이고 혁신적인 방식으로 전달할 수 있다. 인터랙티브 아트와 데이터 기반 미디어 작품은 환경 변화 정보를 효과적으로 전달한다. 가상 현실(VR)과 증강 현실(AR)을 활용한 환경 교육 콘텐츠는 학습자가 몰입형 경험을 통해 환경 문제를 체험하도록 돕는다. 실시간 데이터와 예술을 결합하면 대중에게 더욱 직관적인 환경 정보를 제공한다. 디지털 미디어 아트를 활용한 환경 교육은 미래 세대에게 친숙한 방식으로 환경 보호의 중요성을 전달하는 도구가 된다.

환경 교육과 예술의 결합은 환경 보호의 중요성을 효과적으로 전달하는 역할을 한다. 창의적인 실천 방안을 모색하는 데 기여한다. 예술은 감성적이고 직관적인 방식으로 환경 문제를 전달하는 강력한 도구가 된다. 교육과 결합할 때 더욱 강한 영향력을 발휘하며 예술과 환경 교육을 융합한다. 지속 가능한 미래를 위한 환경 의식을 확산하고 실천을 유도할 수 있다.

3) 환경 국악극이 환경 동화책으로 확장되다 (사례)

① 환경 국악극에서 동화책으로의 확장

환경 국악극 〈동동마을을 구해주세요〉는 공연에서 전달된 메시지가 일회성으로 끝나지 않고 지속적으로 교육적 가치를 제공할 수 있도록 환경 동화책으로 확장되었다. 잔치마당은 공연의 줄거리를 바탕으로 어린이들이 가정과 학교에서 계속해서 자원순환과 분리배출의 중요성을 학습할 수 있도록 이 책을 기획하였다. 이 확장은 다채로운 미디어를 통해 교육적 메시지를 확산시키고, 공연 후에도 어린이들이 환경 문제에 대해 지속적인 관심을 가지도록 설계된 장기적 접근 전략의 일환이다.

② 환경 동화책 기획 배경과 스토리 구성

환경 동화책 『동동마을을 구해주세요』는 어린이 독자들이 쉽게 이해하고 흥미를 느낄 수 있도록 모험과 성장 서사 구조로 구성되었다. 기획의 핵심은 실생활에서 실천할 수 있는 분리배출 4대 원칙(비운다. 헹군다. 분리한다. 섞지 않는다)을 자연스럽게 스토리 속에 녹여내는 것이었다. 주인공 세모는 동동마을의 환경 문제를 해결하기 위해 도깨비 친구들과 함께 다양한 도전을 극복하며 성장하는 모습을 보여준다. 이 과정에서 아이들은 이야기의 재미에 빠지면서도 환경 보호의 필요성과 방법을 자연스럽게 익히게 된다. 동화책에는 공연에서 사용된 시각적 요소와 일러스트가 추가되어, 아이들의 상상력과 흥미를 자극하는 동시에 공연의 경험을 책을 통해 다시 떠올릴 수 있도록 돕는다.

③ 동화책 기부 프로그램과 지역기업체 협력

잔치마당은 지역사회의 기업 및 단체와 협력하여 환경 동화책을 지역 학교에 기부하는 프로그램을 운영하여 예술과 교육의 공공적 가치를 확대하고 있다. 대표적인 사례로는 인천 용마초등학교, 인천 숭의초등학교, 인천 청천초등학교 등에 동화책을 기부한 프로그램이다. 이 기부는 인천 지역 막걸리 제조업체인 정규성 인천탁주 대표의 후원으로 이루어졌으며, 정 대표는 "플라스틱병을 사용하는 기업으로서 환경 문제에 책임감을 느꼈다"라면서 지역 학생들에게 유익한 환경 교육을 제공하는 데 기여하고 싶다는 뜻을 밝혔다. 이를 통해 지역사회와 예술 단체, 기업이 협력하여 환경 보호 교육의 범위를 확대할 수 있었다.

2021년 코로나 팬데믹에도 지역기업체 협력으로 환경 동화책을 초등학교에 기증했다.

④ 예술과 교육의 연계로 실천하는 공공성

동화책 기부 프로그램은 단순한 책 배포에 그치지 않고, 학교의 수업 및 독서 프로그램과 연계되어 실질적인 교육 효과를 발휘한다. 교사들은 동화책을 활용해 학생들과 함께 환경 문제를 토론하고, 공연의 메시지를 보다 깊이 이해할 수 있도록 돕는 활동을 진행한다. 특히 공연과 동화책이 상호보완적으로 작용하여, 아이들은 공연에서 경험한 내용을 책을 통해 반복 학습함으로써 장기적인 행동 변화를 유도할 수 있다. 이러한 연계는 예술과 교육이 협력하여 공공적 가치를 증대하는 데 중요한 역할을 한다.

⑤ 기업의 사회적 책임과 예술의 가치 융합 사례

동화책 기부 프로그램은 기업의 사회적 책임(CSR)과 예술적 가치가 융합된 대표적인 사례로 평가받고 있다. 인천탁주와 같은 지역 기업은 단순한 기부자가 아니라 지역사회와 협력하여 지속 가능한 환경 교육을 지원하는 파트너로서 자리매김하였다. 이러한 협력은 예술단체, 기업, 학교가 함께 지속 가능한 환경 보호 문화를 형성하는 데 기여한다. 이와 같은 기업의 참여는 예술 활동이 사회적 책임을 실천하는 매개체로 발전할 수 있음을 보여준다. 기업의 기부는 단순히 자금 지원에 그치는 것이 아니라, 지역사회 내 교육과 예술 활동이 결합되어 긍정적인 변화를 만들어내는 데 중요한 역할을 한다. 잔치마당의 환경 동화책 기부 프로그램은 예술과 사회적 책임의 융합 모델로 자리 잡았으며, 이는 앞으로 다른 지역 및 기관에서도 확장 가능한 협력의 사례로 활용될 수 있다.

환경 동화책 『동동마을을 구해주세요』 경인일보, 인천환경운동연합 추천도서

환경 교육은 예술과 결합할 때 교육 효과가 극대화된다. 시각과 청각을 활용한 창의적 접근은 학습자의 공감과 실천을 이끈다. 잔치마당은 지역 기업과 협력해 환경 동화책을 제작하고 인천 용마초 등 지역 학교에 기부했다. 이 활동은 단순한 기부를 넘어 예술과 교육의 공공적 가치를 실현한 사례다. 인천탁주 참여와 후원은 기업의 사회적 책임 실천으로 의미를 더했다. 이처럼 예술 단체, 학교, 기업의 협업은 지역사회의 환경 교육을 확대하고 지속 가능한 미래를 위한 공동체 실천 모델로 발전하고 있다.

기업의 환경 메세나 활동 참여 유도 TIP

① **사회적 책임(CSR)과 ESG 경영 연계**
- 기업의 ESG(환경·사회·지배구조) 전략과 환경 메세나 활동이 자연스럽게 연결되도록 제안한다.
- 지속 가능한 경영보고서나 CSR 실천 항목에 메세나 활동이 포함되도록 설계한다.

② **브랜드 이미지 상승효과 강조**
- 환경 보호에 참여하는 모습은 소비자에게 긍정적인 브랜드 인식을 형성하게 한다.
- 친환경 브랜드로서의 차별화된 이미지를 강조할 수 있도록 캠페인 스토리를 함께 설계한다.

③ **직원 참여형 프로그램 제안**
- 구성원들이 직접 참여하고 성취감을 느낄 수 있는 활동 (예: 환경 캠페인, 공공예술 조성, 나무 심기 등)을 통해 기업 내부의 자발적 참여를 유도한다.
- 기업 문화와 연결되도록 하면 내부 만족도도 높아진다.

④ **지역사회와의 연계성 부각**
- 기업이 위치한 지역사회와 협력하여 지역 환경 문제 해결에 기여할 수 있다는 점을 부각한다.
- 주민·지자체와 협력하는 공동 프로젝트는 기업의 사회적 신뢰도를 높인다.

⑤ **성과 가시화 및 홍보 전략 제공**
- 참여 후 결과가 수치로 드러나거나, 미디어 보도·SNS 콘텐츠 등으로 확산될 수 있도록 홍보 전략을 함께 제시한다.
- 실적과 영향력을 기업 외부에 잘 보여주는 구조가 중요하다.

⑥ **세제 혜택 및 인증 제도 안내**
- 메세나 활동과 관련된 세금 공제, 환경부 인증, ESG 평가 가점 등 실질적 인센티브 정보를 제공한다.
- 실익이 있다는 점을 분명하게 설명해야 한다.

⑦ **기존 사례 제시와 벤치마킹 유도**
- 환경 메세나에 성공적으로 참여한 다른 기업 사례(국내외 포함)를 공유하여 자연스러운 비교와 자극을 유도한다.
- 경쟁사 또는 동종 업계의 활동을 통해 동기 부여를 이끌 수 있다.

⟨에피소드 ⑧⟩

동동마을 공연장에서 생긴 일
: 꼬마 환경 지킴이의 하루

잔치마당 공연장에는 북적이는 발걸음 소리가 가득했다. 부평 지역 어린이집 5세 반 아이들이 국악과 환경이 만난 특별한 공연, ⟨동동마을을 구해주세요⟩를 관람하러 온 것이다.

아이들은 무대가 시작되자마자 눈을 반짝이며 집중했다. 진행자 선생님이 "잘한다~!", "얼씨구~ 좋~다!" 추임새를 가르쳐 주자 아이들은 웃으면서 추임새를 따라 했다. 아이들의 얼굴엔 웃음꽃이 피었다. 장구 소리에 맞춰 손뼉을 치고, 세모와 도깨비 친구들을 따라 노래를 부르며 공연에 푹 빠졌다.

공연이 끝난 후, 추임새를 잘한 아이들에게 알록달록한 ⟨동동마을을 구해주세요⟩ 환경 동화책이 선물로 주어졌다. 아이들은 책을 소중하게 품에 안고 "이거 내 거야!", "엄마한테 자랑할 거야!" 하며 신나게 뛰어갔다.

그날 저녁, 한 아이는 집에 돌아와 엄마 아빠에게 오늘 본 공연 이야기를 들려주었다. "엄마! 오늘 세모가 분리배출을 배웠어! 도깨비랑 미르 용도 나왔어! 쓰레기 막 버리면 마을이 아파진대!" 그러면서 동화책을 펼쳐 보이며 분리배출 4대 원칙을 힘차게 외쳤다.

"비! 행! 분! 섞! — 비우고, 헹구고, 분리하고, 섞지 않기!"

다음 날 아침, 엄마가 플라스틱 통을 아무 생각 없이 일반 쓰레기통에 넣으려는 순간, 아이가 깜짝 놀라 외쳤다. "엄마~! 그건 아니지! 어제 세모가 뭐랬어! 그렇게 버리면 안 돼! 다시 해줘!" 엄마는 멈칫하더니, 웃으며 고개를 끄덕였다. "그래, 우리 꼬마 환경 지킴이 말이 맞네. 엄마가 다시 해볼게."

그날 이후, 그 집에는 작은 변화가 시작되었다. 분리배출 통이 새로 생겼고, 가족 모두가 쓰레기를 버릴 때 아이에게 물어보는 것이 일상이 되었다.

"이건 헹구고 버려야 해?"

"응! 그리고 분리해서 넣어야지!"

공연 하나가 만든 변화였다. 단순한 관람을 넘어, 놀이처럼 체험하며 배운 교육은 아이의 행동을 바꾸었고, 그 영향은 가족으로 퍼져 나갔다. "세 살 버릇 여든까지 간다"라는 말처럼, 이 공연은 아이에게 평생 잊지 못할 가치 있는 첫 환경 교육이 되었다.

부산을숙도문화회관 초청 환경 국악극 〈동동마을을 구해주세요〉

〈콘텐츠 제작 참고 자료〉

《전통예술 공연의 브랜딩 전략 분석》 | 정수진 | 공연문화연구 | 2020
전통예술 공연이 현대사회에서 경쟁력 있는 브랜드로 자리잡기 위한 전략과 과제를 탐색하고, 콘텐츠 차별화와 정체성 강화의 중요성을 강조한다.

《국악 콘텐츠의 대중화 전략》 | 박수정 | 한국국악학 | 2019
국악 콘텐츠의 대중화를 위한 융합 전략, 미디어 활용, 교육적 요소 결합 등을 중심으로 공연예술의 새로운 방향성을 제시한다.

《문화예술공연의 관객 분석 기반 마케팅 전략》 | 이지연 | 공연예술학연구 | 2019
관객 데이터 분석을 바탕으로 한 마케팅 전략 수립 과정과 효과적인 타깃팅, 콘텐츠 구성 전략을 제시한다.

《디지털 기반 예술 콘텐츠 홍보 사례 연구》 | 박성희 | 한국문화콘텐츠학회 | 2023
디지털 플랫폼을 활용한 예술 콘텐츠의 홍보와 확산 사례를 분석하고, 성공 요인을 구조화하여 제시한다.

《공공미술의 사회적 가치에 대한 고찰》 | 이정수 | 공공미술연구 | 2020
공공미술이 지역 공동체 형성과 도시 이미지 제고에 기여하는 사회적 역할을 구체적인 지역 사례를 통해 조명한다.

재원 조성

예술단체의
자생력 전략이 있다

AI가 효율로 움직이는 시대, 예술단체는 단순한 기획을 넘어 생존 구조를 고민해야 한다. 잔치마당은 공공기금 의존도를 낮추기 위해 수익 다각화를 시도했다. 크라우드펀딩, 기업 후원, 굿즈 제작, 사회적기업 운영까지 다양한 방식을 결합했다. 자립은 선택이 아니다. 필수 조건이다. 경영 마인드 없이 지속은 불가능하다. 이 장은 재원 조성의 실제 방식과 자립 구조 설계의 구체적인 사례를 제공한다.

재원 조성을 위한 핵심 전략은
이렇게 해야 한다

　예술단체의 지속적인 운영을 위해서는 강력한 재원 조성 전략이 필요하다. 공공 지원금은 한정적이고 확보가 어려워 자체 수익 모델이 필수적이다. 티켓 판매, 유료 콘텐츠, 기업 후원, 크라우드펀딩 등을 통해 자립 기반을 마련해야 한다. 수익 창출을 넘어서 장기적인 신뢰 확보와 투명한 재무 관리가 중요하며, 효과적인 마케팅과 디지털 기술 활용은 후원과 수익 기회를 넓힌다. 글로벌 시장까지 시야를 확장하면 더 큰 성장 가능성도 기대할 수 있다.

1) 재원 확보의 필요성과 중요성
: 재원의 중요성, 자립적 재정구조, 안정적 재정확보

　예술단체가 창작 활동을 이어가려면 무엇보다 안정적인 재정 기반이 필요하다. 운영은 자금 상황에 크게 좌우된다. 공연이나 전시도 시작 단계부터 자금이 있어야 한다. 제작비가 부족하면 작품의 완성도에 한계가 생긴다. 운영비가 모자라면 장기 프로젝트가 중단될 수 있다. 마케팅 활동이 줄어들면 관객 유입이 감소한다. 수익이 떨어지면 인건비 지급도 어려워진다. 결국 창작 환경이 위축되고 예술 생태계에도 영향을 준다. 재정 불안정은 단순한 경영 문제를 넘어 예술의 지속성까지 흔든다.

공공 지원금만으로는 안정적인 운영을 기대하기 어렵다. 대부분 단기적이고 경쟁도 치열하다. 지원금은 특정 프로젝트에 한정되는 경우가 많다. 지원이 끊기면 창작 활동이 위태로워진다. 이런 구조를 넘어서기 위해 자체 수익 모델이 꼭 필요하다. 공연 티켓 판매나 콘텐츠 유료화, 크라우드펀딩 등 다양한 수익 방식을 고민해야 한다. 디지털 기술과의 융합도 중요한 전략이다. 스트리밍 서비스나 NFT 같은 방식은 새로운 기회를 제공한다. 일회성이 아닌 지속 가능한 수익 구조가 필요하다.

기업 후원과 메세나 협력은 든든한 재정 기반이 될 수 있다. 브랜드 홍보를 원하는 기업과 협력하면 상호 이익을 창출할 수 있다. 안정적인 후원 네트워크가 형성되면 지속적인 지원도 가능해진다. 공공기관과의 협업을 통해 사업의 외연을 넓힐 수도 있다. 지역사회와의 연결은 공동체 안에서 예술의 가치를 높인다. 문화 프로그램을 통해 지역 참여도도 자연스럽게 확대된다. 단발적인 후원이 아니라 장기적인 파트너십이 성과로 이어진다. 외부와의 유기적인 관계는 자립 기반을 튼튼히 한다.

체계적인 재정관리는 예술단체 운영의 기본이다. 예산이 불확실하면 기획부터 마케팅까지 모든 과정에 차질이 생긴다. 수입과 지출을 정확히 구분하고 항목별로 관리하는 것이 필요하다. 프로젝트마다 필요한 예산을 미리 설정해야 한다. 예측 가능한 수입 범위 안에서 지출 계획을 세운다. 인건비, 장소 임대, 장비 구매 등도 꼼꼼히 따져야 한다. 투명한 회계 관리는 신뢰를 높이는 데도 도움이 된다. 단기 수입에 의존하면 운영은 불안정해진다. 예술은 창의성과 함께 재정적 책임도 요구된다.

2) 다양한 재원 조성 방식
: 수익 모델 개발, 디지털 콘텐츠, 개인 후원과 커뮤니티

예술단체 운영의 안정성을 높이기 위해선 다양한 재원 조성이 필요하다. 공공 지원금은 기반이 되지만 한정적이며 지속성에 한계가 있다. 기업 후원은 안정적이지만 외부 환경에 영향을 받는다. 크라우드펀딩은 참여 유도에 유리하나 일회성일 수 있다. 티켓 판매와 유료 콘텐츠는 꾸준한 마케팅이 전제된다. 미술품 렌탈과 브랜드 협업은 장기 수익 구조에 적합하다. 개인 후원과 커뮤니티 운영은 네트워크를 확대하며 자립 기반을 만든다. 다양한 방식이 조화를 이룰 때 지속 가능성이 높아진다.

자체 수익 모델 개발은 예술기업의 자립을 위한 핵심 전략이다. 티켓 판매와 콘텐츠 유료화는 대표적인 수익 수단이다. 공연과 전시 외에도 스트리밍, NFT, 디지털 굿즈를 통해 확장이 가능하다. 온라인 채널은 관객층 확대에 유리하지만 경쟁이 치열하다. 지속적인 마케팅과 품질 관리는 필수다. 기업과의 협업은 추가 수익 창출 기회를 제공한다. 미술품 렌탈이나 브랜드 연계는 장기 파트너십으로 이어질 수 있다. 실현 가능한 모델을 중심으로 안정적인 구조를 마련해야 한다.

개인 후원과 커뮤니티는 지속 가능한 운영을 위한 든든한 기반이다. 정기 후원자 확보와 멤버십 운영은 안정적인 재정 구조를 만든다. 소액이라도 지속적인 후원은 자립에 도움이 된다. 커뮤니티를 중심으로 관계를 강화하면 후원이 자연스럽게 이어진다. 후원자 대상 특별 콘텐츠나 혜택은 참여율을 높인다. 신뢰가 형성되면 후원의 지속성이 강화된다. 이러한 관계는 일회성이 아닌 장기적 자산으로 작용한다. 커뮤니티 중심 구조는 창작 활동을 안정적으로 이어가는 데 효과적이다.

3) 성공적인 재원 조성을 위한 필수 요소
: 목표 설정, 재무 계획 수립, 마케팅과 홍보

성공적인 재원 조성을 위해서는 체계적인 전략이 필요하다. 기획이 불분명하면 후원자의 신뢰를 얻기 어렵다. 신뢰가 부족하면 목표 금액을 달성하기 힘들다. 목표와 기대효과는 구체적으로 제시해야 한다. 예산 사용 계획도 함께 공개해야 한다. 투명하지 않으면 장기 후원을 받기 어렵다. 신뢰가 확보되더라도 참여율이 낮으면 재원이 부족하다. 프로젝트의 가치를 알리기 위해 SNS와 미디어를 활용해야 한다. 후원자와 꾸준히 소통해야 재정 조성이 안정적으로 이루어진다.

예술단체가 성공적인 재원 조성을 하려면 무엇을 어떻게 해야 할까?

첫째, 예술단체가 재원을 확보하려면 명확한 기획과 목표 설정이 필요하다. 프로젝트의 가치와 필요성을 분명히 전달해야 한다. 목표 금액과 활용 계획도 구체적으로 제시해야 한다. 후원자층 분석과 맞춤형 전략이 필요하다. 단순한 모금보다 지속 가능성을 강조해야 한다. 장기 운영 계획을 통해 후원의 연속성을 이끌 수 있다. 기획은 관심을 끌 수 있어야 하며, 전략적 접근이 뒷받침되어야 효과를 낸다. 철저한 준비가 이루어질 때 안정적인 재정 확보가 가능하다.

둘째, 신뢰성 있는 재원 조성을 위해서는 투명한 재무 계획이 필수다. 예산 사용 계획을 구체적으로 세워야 한다. 모금된 재원의 사용처를 명확히 밝히고, 회계 보고서를 정기적으로 공개해야 한다. 후원자는 자금 흐름이 투명할 때 신뢰를 보낸다. 체계적인 재무 관리가 이루어지면 추가 후원도 가능해진다. 반대로 투명성이 낮으면 장기 후원이 어려워진다. 재정의 불안정성은 후원자의 이탈로 이어질 수 있다. 안정적인 운영을 위해서는 철저한 관리가 요구된다.

셋째, 재원 조성을 위해서는 적극적인 마케팅과 홍보 전략이 필요하다. SNS, 유튜브, 미디어 등을 통해 프로젝트를 알릴 수 있다. 후원자와 꾸준히 소통하는 채널을 마련해야 한다. 콘텐츠는 흥미롭고 가치가 잘 드러나야 한다. 다양한 홍보 수단은 후원자 유치에 도움이 된다. 장기적인 브랜딩 전략도 중요하다. 단기 홍보에 그치면 참여율이 낮아질 수 있다. 지속적인 관심 유도를 통해 안정적인 재정 기반을 마련할 수 있다. 홍보는 곧 신뢰의 시작이다.

예술단체는 창작 활동을 지속하기 위해 다양한 수익 모델을 구축해야 한다. 티켓 판매, 유료 콘텐츠, 기업 후원, 크라우드펀딩 등이 활용된다. 정부와 민간 지원도 병행될 수 있다. 교육 프로그램, 워크숍, 브랜드 협업 등은 새로운 수익을 만든다. 투명한 재정 운영은 신뢰 형성의 기반이다. 마케팅과 네트워크 전략으로 관객과 후원자의 관심을 유도할 수 있다. 창작과 자립이 함께 실현되어야 예술기업이 성장한다. 이를 위해 장기적인 재정 계획이 필요하다.

예술단체의 안정적인 재원 조성을 위한 유용한 TIP

① **후원자·서포터 커뮤니티를 구축한다**

정기 후원자를 확보하는 것이 핵심이다. 단발성 모금보다는 매달 소액이라도 정기적인 기부를 유도할 수 있는 프로그램(예 : 멤버십, 후원자 전용 콘텐츠 제공)을 운영한다. 후원자와의 감정적 연결이 중요하다.

② **기업 협업을 확대한다**

기업의 사회공헌(CSR) 예산을 적극적으로 활용한다. 기업이 관심 가질 만한 주제(지역사회, 환경, 다양성 등)와 연계된 프로젝트를 기획해 공동 브랜드 캠페인이나 스폰서십을 제안한다.

③ **공공 지원금 외에도 재원 구조를 다변화한다**

정부·지자체 보조금은 중요하지만 불안정하다. 민간재단, 문화재단, 크라우드펀딩, 유료 콘텐츠 판매 등 다양한 채널로 수익원을 분산한다. 재원 포트폴리오를 전략적으로 구성한다.

④ **자체 수익 모델을 개발한다**

공연, 전시 외에도 굿즈 판매, 워크숍·교육 프로그램, 온라인 콘텐츠 구독 모델 등 직접 수익을 창출할 수 있는 구조를 고민한다. 특히 온라인 플랫폼 활용이 필수다.

⑤ **데이터 기반의 신뢰성을 확보한다**

지원기관, 후원자, 기업은 신뢰를 보고 투자한다. 투명한 재무보고, 성과 지표(관객 수, 만족도, 언론 보도 등), 임팩트 리포트를 통해 단체의 신뢰도를 높인다. 신뢰가 장기적인 후원을 이끌어낸다.

예술단체의 사회적기업 전환 전략은 이렇게 해야 한다

예술단체가 사회적기업으로 전환하려면 명확한 절차와 요건을 충족해야 한다. 취약계층 일자리 창출과 사회적 가치 실현이 핵심이다. 지속 가능한 비즈니스 모델도 요구된다. 이를 위해 정부 인증을 받아야 한다. 인증을 통해 공공기금 지원이나 세제 혜택을 받을 수 있다. 전환 후에는 브랜드 가치가 높아지고, 신뢰도도 함께 상승한다. 소비자와 투자자의 관심이 늘어난다. 장기적으로는 안정적인 수익 모델을 갖출 수 있다. 이는 단순한 전환이 아니라 지속 가능한 성장을 위한 전략적 선택이다.

1) 사회적기업 인증 절차와 요건
: 취약계층 일자리 창출, 사회적 가치 창출, 지속 가능한 모델 구축

사회적기업은 경제적 가치와 사회적 가치를 함께 실현하는 대안적 기업 모델이다. 2000년대 초반, 빈부 격차 심화와 일자리 부족 문제가 대두되며 등장했다. 복지정책만으로는 해결이 어려운 사회 문제를 지속 가능하게 해결할 방법으로 주목받았다. 이에 따라 정부는 사회적기업 육성법을 제정했다. 공공과 민간이 협력하는 생태계도 조성됐다. 사회적기업은 이를 통해 성장 기반을 확보하고, 사회적 가치를 꾸준히 확대해 나가고 있다.

그렇다면 사회적기업은 어떤 특징이 있을까?

첫째, 사회적기업은 취약계층 일자리 창출에 효과가 크다. 장애인, 고령자, 저소득층에게 고용 기회를 제공하며 경제적 자립을 지원한다. 소외 계층의 노동 참여율을 높이고 있다. 근로 환경을 개선하고 직업 훈련을 제공하며 역량 강화를 돕는다. 이로써 사회적 포용이 실현된다. 지역 기반 기업은 지방 일자리 문제를 해소한다. 지역경제 활성화에도 기여한다. 사회적기업은 단순 고용을 넘어 구조적 해결책을 제시하는 역할을 한다.

둘째, 사회적기업은 사회적 가치를 창출해 공동체를 복원하는 데 기여한다. 환경, 교육, 돌봄 등 공공 분야에서 중요한 역할을 한다. 서비스 격차를 해소하고 불평등을 줄인다. 지역 발전에도 영향을 준다. 지속 가능한 경제 구조를 구축해 자립을 촉진한다. 사회적 신뢰와 공동체 결속력도 높인다. 시민 참여를 장려하고 사회적 책임을 강조한다. 협력 경제를 확대해 연대를 강화한다. 이는 사회 문제 해결의 핵심 주체로 작용한다.

셋째, 사회적기업은 경제 성장과 사회적 가치를 함께 추구하는 지속 가능한 모델이다. 지역 문제 해결과 경제적 자립을 동시에 실현할 수 있다. 정부의 정책 지원뿐 아니라 시민 인식과 소비자 참여도 중요하다. 기업은 비즈니스 모델 혁신이 필요하다. 사회적 미션을 명확히 해야 한다. 지속 가능성은 명확한 전략에서 비롯된다. 사회적기업의 성장은 모두를 위한 포용적 경제로 가는 길이다. 미래의 지속 가능성을 여는 열쇠가 된다.

(출처 : 2025년도 고용노동부 사업적기업 업무지침 요약서 재구성, www.moel.go.kr)

<사회적기업 인증 요건>

요건	내용
사회적 목적 실현	취약계층에게 일자리 제공, 사회서비스 제공 등 공익적 목적을 우선적으로 추구해야 함
조직 형태	민법상 법인·조합, 상법상 회사·합자조합, 특별법에 따라 설립된 법인 또는 비영리 민간단체 등 다양한 조직 형태가 가능
영업활동 수행	지속 가능한 수익구조를 통해 자체적으로 운영이 가능해야 함
이익 재투자	수익의 2/3 이상을 사회적 목적을 위해 사용해야 함
의사 결정의 민주성	이해관계자가 의사 결정에 참여할 수 있도록 해야 함

<인증심사 절차>

절차	주관기관	내 용
❶ 인증 계획 공고	고용노동부	· 연간 인증 계획 수립 및 공고
❷ 상담 및 안내	진흥원(센터)	· 인증요건 개요 등 사전 상담
❸ 인증신청 및 접수	진흥원(본원)	· 인증신청(온라인), 인증신청서 접수
❹ 신청서류 검토 및 현장실사 계획수립	진흥원(센터)	· 신청서 및 제출서류 누락 여부 확인 · 현장실사 계획 수립
❺ 현장실사	진흥원(센터)	· 인증 신청기업 현장실사 · 인증요건 검토서 작성 · 기타(창의·혁신)형은 사회적 목적 실현요건 관련 SVI 평가 시행
❻ 중앙부처 및 광역자치난제 추천	진흥원(본원) ↔ 중앙부저, 광역지자제	· 중앙부처 및 광역자치단체는 신청한 기업 중에서 추천 가능

❼ 검토보고자료 제출	진흥원(본원, 센터) →고용노동부	· 진흥원은 심사위원회에 상정할 자료를 작성(진흥원(센터)), 취합(진흥원(본원)) 하여 고용노동부로 제출

↓

❽ 인증심사	고용노동부, 사회적기업육성 전문위원회	· 인증요건 사전 검토, 심사의견 제시(고용부) · 최종 심의(사회적기업육성전문위원회) * 사전심사: 인증심사 소위원회

↓

❾ 인증결과 안내 및 인증서 교부	고용노동부	· 인증 결과 공고 · 인증서 교부 * 온라인(통합사업관리시스템) 전산 발급

〈인증신청 대상〉

| 사회적기업 육성법 제8조 및 같은 법 시행령 제8조 |

(1) 민법에 따른 법인·조합
(2) 상법에 따른 회사·합자조합
(3) 특별법에 따라 설립된 법인 또는 비영리민간단체 등
    ① 공익법인의 설립·운영에 관한 법률 제2조에 따른 공익법인
    ② 비영리민간단체지원법 제2조에 따른 비영리민간단체
    ③ 사회복지사업법 제2조 제3호에 따른 사회복지법인
    ④ 소비자생활협동조합법 제2조에 따른 소비자생활협동조합
    ⑤ 협동조합기본법 제2조에 따른 (사회적)협동조합, (사회적)협동조합연합회
    ⑥ 그밖에 다른 법률에 따른 법인 또는 비영리단체

〈인증요건 개요〉

구분	인증요건	근거
① 조직 형태	민법에 따른 법인·조합, 상법에 따른 회사, 특별법에 따라 설립된 법인 또는 비영리민간단체 등 대통령령으로 정하는 조직 형태를 갖출 것	사회적기업 육성법 제8조 제1항 제1호, 같은 법 시행령 제8조
② 유급근로자 고용	유급근로자를 고용하여 재화와 서비스의 생산·판매 등 영업활동을 할 것	사회적기업 육성법 제8조 제1항 제2호

③ 사회적 목적의 실현	취약계층에게 사회서비스 또는 일자리를 제공하거나 지역사회에 공헌함으로써 지역주민의 삶의 질을 높이는 등 사회적 목적의 실현을 조직의 주된 목적으로 할 것	사회적기업 육성법 제8조 제1항 제3호, 같은 법 시행령 제9조
④ 이해관계자가 참여하는 의사 결정구조	서비스 수혜자, 근로자 등 이해관계자가 참여하는 의사 결정구조를 갖출 것	사회적기업 육성법 제8조 제1항 제4호
⑤ 영업활동을 통한 수입	영업활동을 통하여 얻는 수입이 노무비의 50% 이상일 것	사회적기업 육성법 제8조 제1항 제5호, 같은 법 시행령 제10조
⑥ 정관의 필수사항	사회적기업 육성법 제9조에 따른 사항을 적은 정관이나 규약 등을 갖출 것	사회적기업 육성법 제8조 제1항 제6호, 제9조 제1항
⑦ 이윤의 사회적 목적 사용	회계연도별로 배분 가능한 이윤이 발생한 경우에는 이윤의 3분의 2 이상을 사회적 목적을 위하여 사용할 것 (상법 상 회사·합자조합일 경우)	사회적기업 육성법 제8조 제1항 제7호

〈조직형태 증빙자료〉

제출서류	확인사항	비고
등기사항전부증명서 (법인등기부등본, 말소사항 포함)	– 등록번호, 명칭(상호), 주사무소(본점), 목적 및 사업내용, 임원에 관한 사항, 자산(자본금), 법인설립 등기일자, 지점에 관한 사항 등	– 비영리민간단체를 제외한 모든 형태의 조직이 해당
주주명부(주식회사) 또는 조합원 명부 (협동조합)	– 등록번호, 명칭(상호), 주사무소(본점), 목적 및 사업내용, 임원에 관한 사항, 자산(자본금), 법인설립 등기일자, 지점에 관한 사항 등	– 비영리민간단체를 제외한 모든 형태의 조직이 해당
비영리민간단체 등록증	– 명칭, 소재지, 대표자에 관한 사항, 주된 사업, 등록일자 등	– 비영리민간단체만 해당
사업자등록증	– 법인사업자 여부, 등록번호, 법인명, 대표자, 법인등록번호, 소재지, 본점·지점 사항	– 필수사항
총사업자등록내역	– 법인사업자 여부, 등록번호, 법인명, 대표자, 법인등록번호, 소재지, 본점·지점 사항	대표자, 배우자, 가족 등
사회적협동조합 설립 인가증, 마을기업지정서	사회적협동조합, 마을기업 지정 여부	법인 형태가 사회적협동조합, 마을기업인 경우 제출

⟨문화체육관광부 부처형 사회적기업 준비 TIP⟩

문화체육관광부(문체부) 부처형 사회적기업은 문화, 예술, 체육, 관광 분야에서 사회적 가치를 실현하는 기업으로, 문화체육관광부가 지정하고 지원하는 사회적기업을 의미한다. 이 기업들은 일반적인 사회적기업의 요건을 갖추면서도, 문화와 관련된 사회적 문제 해결 및 공익적 가치 창출을 목표로 한다. 문화체육관광부 www.mcst.go.kr

특징	내용
문화·예술·체육·관광 분야 특화	공연예술, 전통문화, 체육 활동, 관광 등 다양한 문화 산업을 기반으로 사회적 가치를 창출
사회적 가치 실현	취약계층 대상 문화예술 교육, 지역문화 활성화, 전통문화 보존 등의 활동 수행
고용 창출 및 공공서비스 제공	문화산업 내 취약계층 고용 및 문화 향유 기회 확대
정부 지원 혜택	사회적기업 인증 시 재정 지원, 세제 혜택, 경영 컨설팅, 공공조달 우선권 등 제공

사회적기업은 취약계층에게 일자리와 사회서비스를 제공하며 지역사회에 기여하는 기업이다. 주민의 삶의 질을 높이고 사회적 가치를 실현한다. 「사회적기업 육성법」 제7조에 따라 인증을 받는다. 경제 활동을 통해 사회 문제 해결에 기여한다. 문화체육관광부 부처형 사회적기업은 문화의 지속 가능성을 추구한다. 취약계층에게 문화 향유 기회를 제공한다. 지역 문화경제 활성화에도 이바지한다. 경제 성과와 사회적 가치를 동시에 추구하는 모델로 자리매김해야 한다.

2) 사회적기업 전환 후 기대효과
 : 정부지원 혜택, 기업의 브랜드 가치 창출,
  장기적인 성장 기반 구축

예술단체가 사회적기업으로 전환하면 공공성과 지속 가능성을 동시에 강화할 수 있다. 정부의 제도적 지원을 통해 재정적 안정과 운영 기반을 확보할 수 있으며, 브랜드 이미지도 긍정적으로 변화한다. 사회적 가치를 실현하는 활동은 신뢰와 공감을 이끌어낸다. 이는 관객, 후원자, 기관과의 관계를 더욱 단단하게 만든다. 공공 입찰 참여, 정책 자금 활용, 민간 협력 확대도 가능해진다. 단순한 지위 변경이 아니라 미래를 준비하는 전략이다. 예술의 사회적 의미를 확장하면서 시장 경쟁력도 함께 높일 수 있는 중요한 전환점이다.

예술단체가 사회적기업으로 전환 후 어떠한 지원 혜택이 있을까?

첫째, 사회적기업으로 전환하면 다양한 정부 지원을 받을 수 있다. 세금 감면, 공공 입찰 가점, 재정 지원 참여 기회 등이 제공된다. 정부는 사회적기업의 운영 안정을 위해 재정적·행정적 혜택을 마련하고 있다. 이를 통해 사회적기업은 공공조달 시장에서 경쟁력을 높일 수 있다. 정책 자금을 활용한 사업 확장도 용이하다. 공공기관이나 지자체와의 협력 기회도 늘어난다. 이러한 구조는 지속적인 성장의 기반이 된다. 전환은 단순한 형식 변화가 아닌 실질적인 성장 전략이다.

둘째, 신뢰도와 브랜드 가치를 높이는 데 기여한다. 사회적 가치를 실현하는 기업은 긍정적인 평가를 받는다. 윤리적 소비와 ESG 경영이 강조되는 시대에 인증은 경쟁력이 된다. 사회적 책임을 실천하는 모습은 이미지 강화로 이어진다. 고객의 신뢰가 높아지고 충성도도 향상된다. 임팩트 투자 등 지속 가능한 금융 지원 기회도 늘어난다. 이는 기업 성장에 중요한 자산이다. 사회적기업은 사회와 시장 양쪽에서 주목받는 위치에 설 수 있다.

셋째, 장기적인 운영 안정성 확보로 이어진다. 공공 지원과 민간 후원을 동시에 받을 수 있다. 사회적 가치와 경제적 가치를 균형 있게 실현한다. 지속 가능한 경영 모델을 구축하면 생존 가능성이 높아진다. 공공과 민간의 협력 구조도 사업 기회를 넓힌다. 정체성을 확립하고 혁신적인 모델을 개발해야 한다. 전략적 사고가 전환의 핵심이다. 기업과 사회가 함께 성장하는 길은 사회적기업이라는 형태를 통해 가능해진다.

지원제도		지원내용	지원대상	
			예비	인증
경영지원	유망기업 스텝업	○ 사회적기업의 시장경쟁력 강화 및 사회적가치 창출을 위한 경영 활동을 지원하기 위해 성장단계별(디딤돌→도약→성숙기) 맞춤형 지원 디딤돌 지원: 초기 경영지원 (인사·노무·회계 등) → 도약 지원: 사업화·전문화 지원 (R&D·판로·마케팅 등) → 성숙기 지원: 규모화 지원 및 공공·민간 상생모델 구축	○	○
	유망기업 스텝업	○ 고용노동부 모태펀드 계정 출자 및 민간출자자 참여를 통해 투자조합을 결성하고 (예비)사회적기업 등에 투자	○	○
	시설비 등 지원	○ 사회적기업의 설립·운영에 필요한 부지 구입비·시설비 등을 지원·융자하거나 국·공유지 임대 등 지원 – 미소금융, 중소기업 정책자금, 사회적기업 상시 특별보증, 사회적기업 정책성 특례보증 등	△ (미소금융 예비 포함)	○
판로지원	온·오프라인 매장 운영	○ 사회적기업 제품 홍보 및 판매 지원을 위한 e-store36.5 입점 지원, 홈쇼핑 연계 및 온라인몰 기획전 운영, 전국 스토어 36.5 매장 입점 지원(85개소)	○	○
	소셜벤더	○ 사회적기업의 상품 경쟁력을 강화하고자 사회적기업 상품 발굴·개선부터 유통채널 입점까지 유형에 따라 지원하는 원스톱 지원	–	○
	지역특화 스타상품	○ 사회적기업의 상품 경쟁력을 강화하고자 사회적기업 상품 발굴·개선부터 유통채널 입점까지 유형에 따라 지원하는 원스톱 지원	–	○
	맞춤형 마케팅 지원단	○ 사회적기업 마케팅 역량 제고를 위한 기업별 마케팅 교육·코칭, SNS 개설 및 운영 등 사회적기업의 특색에 맞춘 맞춤형 마케팅 전략 지원	–	○
	공공기관 우선구매	○ 공공기관 대상 사회적기업 제품·서비스 우선 구매 권고 – 대상) 국가기관, 자치단체, 공기업, 준정부기관 등 ('24년 848개소)	–	○
세제 지원		○ 사회적기업 법인세·소득세 3년간 100%, 그 후 2년 50% 감면 ○ 취득세 50% 감면, 재산세 25% 감면 ○ 개인지방소득세 3년간 100%, 그 후 2년간 50% 감면 ○ 사회적기업이 직접 제공하는 의료보건 및 교육 용역에 대해 부가가치세 면제	–	○

(출처: 2025년도 고용노동부 사업적기업 업무지침 요약서 재구성, www.moel.go.kr)

3) 인천지역 문화예술 사회적기업 1호 인증 (사례)

① 사회적기업 인증

잔치마당은 2010년 5월 고용노동부로부터 문화예술 사회적기업 인증을 받았다. 인천 지역 최초의 문화예술 사회적기업 1호였다. 이는 안정적인 창작 활동을 위한 전략적 선택이었다. 당시에는 단원 급여가 불안정해 이직률이 높았다. 작품 제작에 어려움이 많았다. 잔치마당은 6개월간 준비 끝에 예비 단계를 생략하고 인증을 획득했다. 이후 3년간 인건비와 전문인력비, 사회 개발비를 지원받았다. 그러나 2014년 5월 지원이 종료되며 재정 부담이 커졌다.

② 사회적기업 지원 종료

지원이 종료된 이후 잔치마당은 재정적으로 큰 어려움을 겪었다. 인건비 지원이 중단되자 1년 만에 매출이 30% 감소했다. 외부에서는 안정적 운영으로 오해받기도 했다. 메르스, 세월호, 블랙리스트, 코로나19 등 사회적 사건이 영향을 미쳤다. 운영비 감당도 쉽지 않았다. 상근 인력 6명의 급여와 사무실 임차료 부담이 컸다. 공공기금 의존도는 70%에 달했지만 지원은 불안정했다. 지속적인 운영 자체가 위협받는 상황이었다.

③ 사회적기업 생존 전략

어려운 시기에도 잔치마당은 지속 가능성을 높이기 위한 노력을 멈추지 않았다. 기업과 파트너십을 구축해 협업을 확대했다. 어린이 국악극과 인천아리랑 등 창작 작품을 개발했다. 이를 레퍼토리로 상설화하고 유통 전략을 추진했다. 전통연희를 기업 문화에 접목해 사회공헌 활동을 활성화했다. 기업 후원을 유치하고 세제 혜택을 연계했다. 상생 구조를 마련해 지속 가능한 발전의 발판을 다졌다. 예술과 경제가 함께 성장하는 길을 열어 가고 있다.

④ 사회적기업 성장 가능성

잔치마당의 2024년 재무 성과는 의미 있는 성장을 보여준다. 매출액은 4억 3,716만 원으로 2023년보다 30% 증가했다. 당기순이익은 540만 원으로 38% 상승했다. 유동성 비율은 2023년 399%에서 2024년 436%로 향상되었다. 부채비율은 34%에서 31%로 낮아졌고 자기자본 비율은 76%로 늘었다. 재정 안정성이 꾸준히 개선되고 있다. 안정적 운영 기반이 마련되고 있으며 장기적인 성장 가능성도 함께 확보되고 있다.

⑤ 사회적기업의 지속성

사회적기업 활성화를 위해 공공기관의 우선구매 확대가 필요하다. 민관 협업도 더욱 강화되어야 한다. 지속 가능한 경영 모델 구축이 핵심 과제다. 교육부와 협력해 청소년 대상 국악 교육 프로그램도 확대할 수 있다. 전통문화 체험 기회를 늘려야 한다. 사회적기업 평가 방식도 바뀌어야 한다. 단순 가격 중심이 아닌 사회적 가치 반영이 중요하다. 변화가 이루어지면 경쟁력이 강화되고 성장 기반도 더 단단해질 것이다.

⑥ 시사점

잔치마당은 전통문화 보존을 넘어 문화예술 산업의 자립 모델을 만들고 있다. 사회적기업으로서 글로벌 경쟁력을 갖추는 것이 목표다. 지속적인 작품 개발과 기업·공공기관 협력을 이어가고 있다. 대중과 소통하는 예술 활동도 꾸준히 진행 중이다. 창작의 현장에서 경제적 자립을 실현하고 있다. 문화예술이 일상에 더 가까이 다가갈 수 있도록 노력한다. 예술과 경영의 조화를 통해 새로운 모델을 제시하고 있다.

2014년 사회적기업 지원 종료 후 인천광역시로부터 사회적기업 성공모델로 선정되었다.

예술단체가 사회적기업으로 전환하려면 명확한 인증 절차를 거쳐야 한다. 이를 통해 지속 가능한 비즈니스 모델을 구축할 수 있다. 취약계층 일자리 창출과 사회적 가치 실현이 핵심 요건이다. 정부 지원과 세제 혜택은 운영 안정성에 도움이 된다. 잔치마당은 이 과정을 성공적으로 수행한 사례다. 전통문화를 넘어 창작 작품을 개발하고, 다양한 기관과 협력해 자립 모델을 완성했다. 시장은 경제 수익보다 사회적 가치를 중심으로 평가되어야 한다. 이해관계자와의 협력이 전략의 핵심이다.

사회적기업의 자립 가능한 비즈니스 모델 구축 TIP

① **인증 요건 철저히 준비하기**
사회적기업 인증을 받기 위해서는 고용노동부의 사회적기업 육성법을 충족해야 한다.

② **예비 사회적기업 활용하기**
사회적기업 인증 전 예비 사회적기업을 신청하면 초기 지원을 받을 수 있다.

③ **안정적인 수익 모델 확보하기**
정부 지원이 끝나도 지속 가능한 구조를 만들려면 수익 모델이 필수이다.

④ **정부 및 지자체 지원 적극 활용하기**
사회적기업은 다양한 정부 지원사업에 참여할 수 있다.

⑤ **기업과 파트너십 구축하기**
공공기금 의존도를 낮추고 안정적인 운영을 위해 기업과의 협업을 강화해야 한다.

⑥ **브랜딩과 마케팅 전략 필수**
사회적기업도 브랜딩과 홍보를 적극적으로 해야 한다.

⑦ **인력 운영과 내부 체계 정비**
사회적기업 운영의 핵심은 전문 인력 확보와 조직 체계를 구축한다.

예술단체의 크라우드펀딩 활용 전략은 이렇게 해야 한다

예술단체는 크라우드펀딩을 활용해 자금을 확보할 수 있다. 이는 후원형, 기부형, 대출형, 투자형의 방식으로 운영된다. 크라우드펀딩을 통해 기업은 자금 조달을 다각화하고, 직접적인 소통을 강화하며, 시장성을 테스트하고 브랜드를 구축할 수 있다. 창작 환경을 조성하는 데에도 유용하다. 성공적인 크라우드펀딩을 위해서는 명확한 목표 설정과 효과적인 스토리텔링, 콘텐츠 제작, 리워드 설계, 적극적인 홍보, 커뮤니티 등을 구축해야 한다. 예술단체가 이러한 전략을 활용하면 안정적인 자금 확보와 지속 가능한 성장기반을 마련할 수 있다.

1) 크라우드펀딩의 개념
: 후원형, 기부형, 대출형, 투자형

크라우드펀딩(Crowdfunding)은 대중이 소액을 투자하거나 기부하여 특정 프로젝트나 기업을 지원하는 자금 조달 방식이다. 주로 온라인 플랫폼을 통해 진행되며, 창업, 기술 개발, 예술 창작, 사회적 활동 등 다양한 분야에서 활용된다. 소규모 후원자가 모여 큰 자본을 형성할 수 있는 점이 특징이며, 전통적인 금융 방식과 달리 누구나 참여할 수 있다는 장점이 있다. 투자자는 보상을 받을 수도 있고, 단순한 기부 형식일 수도 있다.

크라우드펀딩은 목적과 보상 방식에 따라 후원형, 기부형, 대출형, 투자형으로 나뉜다.

첫 번째, 후원형 크라우드펀딩은 자금 지원의 대가로 보상을 제공받는 방식이다. 예술, 디자인, 영화, 기술 등 창작 프로젝트에 주로 활용된다. 후원자는 투자자가 아닌 지지자로 간주된다. 성공 시 제품, 굿즈, 초대권 등 다양한 보상을 받는다. 금액에 따라 보상의 크기와 내용이 달라진다. 조기 참여자에게 특별 혜택이 주어지기도 한다. 일반적으로 목표 금액을 달성해야만 후원금이 지급된다. 일부 플랫폼은 목표 미달 시에도 일정 금액을 지급하는 방식을 제공한다.

두 번째, 기부형 크라우드펀딩은 보상 없이 자발적으로 자금을 지원하는 방식이다. 비영리단체, 사회적기업, 구호 활동 등에 주로 쓰인다. 후원자는 사회적 가치에 공감해 기부한다. 금전적 이익은 기대하지 않는다. 신뢰와 투명한 운영이 핵심 요소다. 성과 보고는 필수다. 일부 플랫폼은 세금 공제 혜택도 제공한다. 스토리텔링과 캠페인을 통해 참여를 유도한다. 목표 달성 여부와 상관없이 즉시 후원금이 지급되며 장기 캠페인 형태로 운영되기도 한다.

세 번째, 대출형 크라우드펀딩은 자금을 빌려 쓰고 이자와 함께 상환하는 방식이다. 플랫폼을 통해 개인이나 기업이 다수의 후원자와 연결된다. 신용 평가와 금리는 플랫폼마다 다르다. 절차는 일반 금융보다 간소하고 빠르다. 개인 대출과 기업 대출로 구분된다. 중소기업이나 스타트업이 자금을 확보하는 데 적합하다. 투자자는 이자 수익을 기대할 수 있다. 하지만 상환 불이행에 따른 손실 위험이 존재한다. 사전 리스크 분석이 중요하다.

네 번째, 투자형 크라우드펀딩은 기업에 투자하고 지분이나 수익을 얻는 방식이다. 스타트업이나 중소기업의 초기 자금 확보 수단으로 활용된다. 주식형 크라우드펀딩이라고도 한다. 투자자는 성장 가능성을 보고 참여한다. 주식 가치 상승이나 배당을 통해 수익을 기대할 수 있다. 소액으로도 투자가 가능하다. 하지만 기업의 성과에 따라 손실 위험도 존재한다. 자금 회수는 제한될 수 있다. 법적 규제와 투자 조건에 대한 신중한 검토가 필요하다.

2) 예술단체가 크라우드펀딩을 활용해야 하는 이유
  : 자금 확보 다각화, 후원자와 직접 소통, 시장 경쟁력 확인, 브랜드 강화, 창작 환경 조성

예술단체는 안정적인 재원 확보를 위해 크라우드펀딩을 활용할 수 있다. 자금 조달이 다각화된다. 후원자와의 소통도 깊어진다. 시장성 검증과 브랜드 가치 제고에도 도움이 된다. 창작 환경을 안정적으로 조성할 수 있다. 정부 지원이나 기존 투자 방식에 대한 의존도는 줄어든다. 예술활동은 보다 지속적이고 독립적으로 이어질 수 있다.

예술기업이 크라우드펀딩을 활용해야 하는 이유는 무엇일까?
  다섯 가지 이유를 하나씩 살펴보자.

첫째, 예술단체는 크라우드펀딩을 통해 전통적인 투자 방식 외에도 다양한 경로에서 자금을 확보할 수 있다. 정부 보조금이나 기업 후원은 한정적이다. 경쟁도 치열하다. 크라우드펀딩은 대중이 직접 참여하는 구조다. 자금의 폭을 넓힐 수 있다. 개인 후원자, 예술 애호가, 관련 산업 종사자 등 다양한 투자자가 참여한다. 자금 조달의 안정성이 높아진다. 프로젝트 단위로 자금을 모을 수 있어, 특정 예술 작품이나 공연을 위한 재원을 효과적으로 마련할 수 있다.

둘째, 크라우드펀딩은 예술단체가 후원자와 직접 소통할 수 있는 좋은 창구다. 전통적인 후원 방식과는 다르다. 창작자가 프로젝트 진행 상황을 직접 공유

한다. 후원자의 반응도 바로 받을 수 있다. 후원자는 단순한 투자자로 머물지 않는다. 프로젝트의 일부로 함께하고 있다는 느낌을 받는다. 예술단체는 이 과정을 통해 충성도 높은 팬을 얻게 된다. 대화가 이어지면서 신뢰가 쌓인다. 다음 프로젝트에 다시 참여할 가능성도 높아진다.

셋째, 크라우드펀딩은 프로젝트의 시장 경쟁력을 미리 확인할 수 있는 좋은 도구다. 목표 금액을 달성하는 과정을 통해 대중의 관심과 수요를 살펴볼 수 있다. 이 결과는 이후 사업 전략의 방향을 잡는 데 도움이 된다. 목표 금액에 미치지 못하면, 시장의 반응이 부족하다는 신호로 볼 수 있다. 프로젝트 내용이나 전달 방식에 보완이 필요하다는 뜻일 수도 있다. 높은 참여율을 기록하면 이야기는 달라진다. 가능성이 입증된 셈이며, 유사한 프로젝트로 확장할 수 있는 자신감을 얻게 된다.

넷째, 크라우드펀딩은 단순한 자금 조달을 넘어 강력한 홍보 효과를 가진다. 프로젝트는 플랫폼을 통해 대중에게 널리 노출된다. SNS와 입소문을 통해 브랜드 인지도도 함께 높아진다. 후원자들은 자신이 참여한 프로젝트를 자발적으로 알리는 경우가 많다. 그 자체로 추가적인 마케팅 효과가 발생한다. 이 과정에서 예술단체는 새로운 고객층을 만난다. 브랜드 가치를 키울 기회도 얻게 된다. 성공적인 크라우드펀딩 경험은 투자자 유치에도 긍정적인 인상을 남긴다.

다섯째, 크라우드펀딩을 통해 후원자 네트워크를 구축하면 안정적인 창작 환경을 만들 수 있다. 일회성 프로젝트에 그치지 않고, 지속적인 후원을 이끌어내는 것이 핵심이다. 관계를 유지하려는 노력도 필요하다. 후원자와의 연결은 다음 프로젝트로 이어질 가능성이 크다. 정기 후원으로 발전할 수도 있다. 팬층이 형성되면 자금 구조가 점차 안정된다. 외부 지원에 의존하지 않아도 창작 활동을 꾸준히 이어갈 수 있는 기반이 생긴다.

3) 성공적인 크라우드펀딩 전략
: 목표 설정, 스토리텔링, 콘텐츠 제작, 리워드 설계, 적극적인 홍보

크라우드펀딩은 예술단체가 자금을 확보하는 데 있어 중요한 대안이 되고 있다. 기존 투자나 정부 지원 방식에는 한계가 있다. 프로젝트 성격에 따라 적절한 자금을 받기 어렵다. 절차도 까다로운 경우가 많다. 크라우드펀딩은 대중의 직접 참여를 유도한다. 자금 확보뿐 아니라 브랜드 인지도와 팬층 형성에도 도움이 된다. 성공을 위해서는 단순한 자금 모집에 그쳐서는 안 된다. 후원자와의 신뢰를 쌓고, 프로젝트의 가치를 효과적으로 전달하는 전략이 필요하다.

성공적인 크라우드펀딩 전략은 무엇일까?

첫째, 펀딩 목표 금액과 자금 사용처를 구체적으로 제시해야 한다. 후원자는 자금이 어디에 어떻게 쓰이는지 알고 싶어 한다. 투명한 정보 제공은 신뢰 형성의 시작이다. 목표 금액은 현실적으로 설정해야 한다. 제작비, 마케팅 비용, 플랫폼 수수료 등을 고려해 계획을 세운다. 목표 달성 이후 추가 자금이 발생할 경우 활용 방안도 함께 제시하면 좋다. 후원자의 참여를 더 쉽게 이끌어낼 수 있다.

둘째, 프로젝트의 가치와 감동을 전해야 한다. 예술단체의 철학이나 창작 과정은 그 자체로 이야기다. 진정성 있게 전달하면 공감대를 형성할 수 있다. 후원자는 프로젝트의 의미를 알고 싶어 한다. 구체적인 사례나 감성적인 표현을 활용하면 설득력이 높아진다. 창작 동기, 목표, 사회적·문화적 기대효과 등을 스토리에 담아야 한다. 이미지, 영상, 그래픽 등 시각 자료도 중요하다. 고품질 콘텐츠는 신뢰를 높이고 이해를 돕는다. 특히 창작 과정을 직접 보여주는 콘텐츠는 효과가 크다. 감성적인 연출이 더해지면 후원자의 마음을 움직일 수 있다.

셋째, 매력적인 보상이 필요하다. 한정판 아트워크, 공연 초대권, 창작 참여 기회 등 리워드는 후원 동기를 자극한다. 금액대별로 다양하게 구성하면 여러 후원자층을 끌어들일 수 있다. 실현 가능한 리워드를 제시해야 한다. 제작과 배송 일정도 명확히 안내해야 한다. 신뢰를 유지하는 데 중요하다. 후원자 맞춤형 보상을 제공하는 것도 좋은 전략이다. 감동과 만족을 함께 줄 수 있다.

넷째, 지속적인 소통과 홍보가 필요하다. SNS, 이메일, 유튜브 등 다양한 채널을 활용한다. 크라우드펀딩의 성패는 홍보 전략에 달려 있다. 사전 홍보부터 종료 후까지 꾸준하게 알리는 것이 중요하다. 진행 상황을 자주 업데이트하고, 후원자와 직접 소통하는 구조를 만든다. 신뢰는 이렇게 쌓인다. 언론 보도, 블로그, 인플루언서 협업도 효과적이다. 프로젝트를 더 많은 사람에게 알릴 수 있다.

크라우드펀딩은 단순한 모금이 아니다. 팬을 만드는 과정이다. 후원자와의 관계가 오래갈수록 다음 프로젝트도 함께할 수 있다. 펀딩이 끝난 뒤에도 소식을 공유해야 한다. 이벤트나 후속 프로젝트 정보를 제공하면 유대감이 유지된다. 일회성 후원이 아닌 지속적인 팬으로 이어지게 만드는 것이 핵심이다.

4) 크라우드펀딩 대회 2년 연속 고용노동부 장관상 수상 (사례)

① **추진 배경**

전통예술 분야는 공공기금 의존도가 높다. 정부 공모사업에 선정되지 않으면 운영이 어려운 것이 현실이다. 잔치마당은 이런 한계를 극복하고자 크라우드펀딩을 활용했다. 자생력을 확보하고 지속적인 공연 활동을 이어가기 위해 독립적인 재원 마련에 나섰다. 단순한 공연 지원을 넘어, 한국 전통공연의 해외 진출을 목표로 삼았다. 2016년 사회적기업 크라우드펀딩 대회에 참가했다. 장기적으로 미국 순회공연과 뉴욕 브로드웨이 상설공연을 추진할 계획도 세웠다. 그 일환으로 '아리랑 국가대표 프로젝트 시즌

2 – 풍물로 통하는 U.S.A'를 기획했다. 국악을 통한 문화 교류 실현을 목표로 했다. 이 프로젝트를 통해 전통공연의 새로운 가능성을 탐색하고, 지속 가능한 예술 활동을 현재도 이어가고 있다.

② 진행 과정

잔치마당은 목표를 단계별로 나눠 체계적으로 크라우드펀딩을 진행했다. 1단계 목표는 300만 원이었다. 달성 시 국내 소외계층을 위한 공연을 열기로 했다. 2단계 목표는 1,500만 원이다. 미국 서부 10개 도시 한인회 순회공연과 멕시코 티후아나 한국문화축제 참가가 포함되었다. 최종 목표는 2018년 뉴욕 브로드웨이 상설공연 기반 마련이었다. 자금 유치를 위해 '오마이컴퍼니' 플랫폼을 활용했다. 투자자에게는 공연 VIP 티켓, 폐국악기로 만든 기념품, 맞춤 공연 등 다양한 혜택을 제공했다. 관심을 끌기 위해 온라인 홍보와 공연 시연도 적극 활용했다.

③ 사업 성과

잔치마당은 크라우드펀딩 플랫폼에서 온라인 투자 1위를 기록했다. 총 467명으로부터 1,292만 원을 유치했다. 목표 금액의 430%를 달성한 셈이다. 사회적기업 박람회 크라우드펀딩 오디션에서는 고용노동부장관 최우수상을 수상했다. 사업 성과를 공식적으로 인정받은 사례다. 이를 통해 크라우드펀딩이 예술단체의 새로운 자금 조달 방식으로 자리 잡을 수 있음을 보여주었다. 창단 이후 30개국 50개 도시에서 공연한 잔치마당은, 이번 프로젝트를 바탕으로 미국과 멕시코에서 한국 전통공연을 더 널리 알릴 기회를 얻었다. 공연 기획과 해외 진출을 연계한 이 모델은 다른 예술단체에도 긍정적인 사례로 평가된다.

④ 시사점

잔치마당의 크라우드펀딩 성공은 예술단체가 자생력을 확보할 수 있음을 보여주는 대표적 사례다. 공공기금 없이도 예술 활동이 가능하다는 사실을 입증했다. 투자자의 직접 참여는 문화예술에 대한 관심과 후원으로 이어졌다. 문화예술이 공공기금에만 의존하지 않아도 독립적으로 운영될 수 있다는 점을 확인시켰다. 예술가는 자생적인 재원 확보를 통해 국제 무대에 설 수 있는 길을 열 수 있다. 잔치마당은 앞으로도 해외 공연과 뉴욕 브로드웨이 상설공연을 추진할 계획이다. 이러한 도전은 한국 전통예술의 세계화를 이끄는 새로운 방향이 될 것으로 기대된다.

지원사업이 아닌 크라우드펀딩 성공으로 미국과 멕시코 해외공연을 진행할 수 있었다.

　예술기업은 크라우드펀딩을 통해 자금을 확보할 수 있다. 잔치마당은 이를 성공적으로 실현한 대표 사례다. 크라우드펀딩은 후원형, 기부형, 대출형, 투자형으로 운영된다. 자금 조달을 다각화하고 소통을 강화할 수 있다. 시장성을 검증하고 브랜드를 구축하는 데도 효과적이다. 성공을 위해서는 목표 설정, 스토리텔링, 콘텐츠 제작, 리워드 설계, 홍보, 커뮤니티가 필요하다. 잔치마당은 이를 통해 공공기금 의존을 줄이고 독립 운영의 가능성을 확인했다. 이러한 도전은 한국 전통공연 예술의 글로벌 진출을 위한 새로운 방향을 제시한다.

사회적기업의 자립 가능한 비즈니스 모델 구축 TIP

① **명확한 스토리와 비전 제시**

투자자들은 단순한 제품이 아니라 그 뒤에 담긴 이야기와 비전에 공감할 때 후원한다. 프로젝트의 필요성과 사회적 가치를 분명히 설명하고, 감동적인 서사를 구축하라.

② **매력적인 콘텐츠 제작**

고품질의 영상과 이미지, 상세한 설명이 담긴 콘텐츠는 투자자들의 관심을 끈다. 프로젝트의 강점과 차별성을 강조하고, 직관적으로 이해할 수 있도록 시각적으로 표현하라.

③ **적극적인 홍보와 커뮤니티 구축**

크라우드펀딩은 단순한 모금이 아니라 커뮤니티를 형성하는 과정이다. SNS, 이메일, 유튜브 등을 활용해 적극적으로 홍보하고, 잠재 투자자들과 꾸준히 소통하라.

④ **매력적인 리워드 제공**

투자자들이 후원에 대한 가치를 느낄 수 있도록 차별화된 리워드를 제공하라. 단순한 제품이 아닌, 한정판, 특별한 경험, 이름 새기기 등의 감성적인 보상을 고려하라.

⑤ **초기 모금 가속화 전략**

펀딩 초반 30~40%의 목표 금액을 빠르게 달성하면 신뢰도가 올라가며 더 많은 후원을 이끌어낼 수 있다. 초기 서포터(지인, 팬층) 확보를 통해 빠른 시작을 만들어라.

4
예술단체의 미술품 렌탈 사업 전략은 이렇게 해야 한다

예술단체는 미술품 렌탈을 통해 수익을 창출할 수 있다. 시장이 성장하면서 관심도 높아지고 있다. 렌탈은 기업과 개인이 예술을 쉽게 접하게 만든다. 예술단체는 직접 운영하거나 플랫폼, 기관과 협업할 수 있다. 구독형 서비스 도입도 가능하다. 성공적인 운영을 위해서는 작품 관리, 가격 책정, 마케팅이 중요하다. 설치 서비스와 보험 장치도 필요하다. 체계적인 관리와 전략이 뒷받침되면 렌탈은 안정적인 수익 모델로 자리 잡을 수 있다.

1) 미술품 렌탈 시장 전망
: 비즈니스 모델, 새로운 시장 개척, 지속적 성장, 맞춤형 큐레이션 서비스

미술품 렌탈은 초기 비용 없이 예술을 경험할 수 있는 서비스다. 기업, 기관, 개인이 공간의 품격을 높이는 데 활용한다. ESG 경영 확산과 예술에 대한 관심 증가로 수요도 커지고 있다. 브랜드 가치 향상, 직원 복지 강화, 공간 경쟁력 제고에 효과적이나. 그러나 시장 운영의 체계화, 대중 인식 확대, 작품 신뢰성 확보가 필요하다. 디지털 기술을 통한 접근성과 지속 가능한 수익 모델도 과제로 남아 있다.

미술품 렌탈 비즈니스 모델은 무엇일까?

첫째, 미술품 렌탈은 일정 기간 동안 작품을 대여해 공간을 꾸미는 비즈니스 모델이다. 기업, 기관, 개인이 대상이다. 다양한 작품을 부담 없이 활용할 수 있다. 기업은 브랜드 이미지와 직원 만족도를 높일 수 있다. 예술가는 작품 노출 기회를 늘리고 수익을 얻는다. ESG 경영과 문화 관심 확산은 시장 성장에 긍정적이다. 예술과 비즈니스가 연결되는 방식으로 주목받고 있다. 렌탈은 실용성과 예술성을 동시에 갖춘 모델이다.

둘째, 미술품 렌탈 시장은 여러 산업에서 빠르게 확산 중이다. 기업은 사무실 분위기를 개선하고 브랜드 이미지를 높이기 위해 렌탈을 도입하고 있다. 호텔, 병원, 레스토랑 등 서비스 업종도 활용도가 높다. 고급 주거 공간과 상업 시설, 부동산 분야에서도 수요가 증가하고 있다. 정기 작품 교체 서비스는 고객 만족도를 높이고 장기 계약을 유도한다. ESG 경영과 맞물려 예술 후원을 연계하는 사례도 늘고 있다.

셋째, 디지털 기술 발전은 미술품 렌탈 시장의 성장을 촉진하고 있다. 온라인 플랫폼과 구독 모델이 확산되며 비대면 렌탈 서비스가 가능해졌다. 기업과 개인은 손쉽게 작품을 대여할 수 있다. 소유보다 대여를 선호하는 소비 흐름도 뚜렷해지고 있다. 국내에서는 맞춤형 큐레이션이 결합된 렌탈 서비스가 인기를 끌고 있다. 예술단체는 이를 통해 안정적 수익을 창출하고 예술 대중화에도 기여할 수 있다.

넷째, 맞춤형 큐레이션 서비스가 결합된 렌탈 모델이 활발하다. 해외의 경우 프랑스의 'Artsper(www.artsper.com)' 기업은 온라인 플랫폼을 통해 미술품 렌탈과 구매 서비스를 제공하며 성장하고 있다. 미국의 'TurningArt(www.turningart.com)' 기업은 기업과 호텔을 대상으로 정기적인 작품 교체와 맞춤형 큐레이션을 지원하고 있다. 국내에서도 '오픈갤러리(www.opengallery.co.kr)' 기업이 구독 기반 렌탈 서비스를 운영하며 예술 대중화를 이끌고 있다.

2) 미술품 렌탈 사업에서 예술단체의 참여방식
: 직접 운영, 플랫폼 연계, 기관과의 협업, 구독형 서비스 도입

미술품 렌탈 사업에서 예술단체는 다양한 방식으로 참여할 수 있다. 직접 운영은 자율성이 높지만 운영 부담이 크다. 플랫폼 연계는 마케팅과 물류 부담을 줄일 수 있으나 수익 배분이 필요하다. 기업 및 기관 협업은 안정적인 수익을 보장하지만, 계약 유지가 필수적이다. 구독형 서비스는 장기 고객 유치에 유리하나 지속적인 관리가 요구된다. 전시 및 팝업스토어 연계는 홍보 효과가 크지만 운영 비용이 발생한다. 각 방식의 장단점을 고려해 최적의 전략을 선택해야 한다.

미술품 렌탈 사업에서 예술단체의 참여방식은 무엇이 있을까?

첫째, 직접 운영은 예술단체가 보유한 작품을 직접 대여하는 방식이다. 요금과 계약 조건을 자율적으로 설정할 수 있다. 고객 맞춤형 큐레이션도 가능하다. 온라인과 오프라인 홍보 전략을 수립할 수 있다. 운영 부담이 크다는 단점이 있다. 유지보수, 물류, 마케팅이 필수적이며, 고객 관리 시스템도 필요하다. 초기 투자비용이 발생한다. 기업, 기관, 개인 대상 서비스가 가능하며 장기 계약을 유도하면 수익 안정성이 높아진다. 브랜드 가치를 강화할 수 있다.

둘째, 플랫폼 연계는 렌탈 플랫폼과 협력해 작품을 제공하는 방식이다. 고객 확보가 용이하고 마케팅 부담이 줄어든다. 온라인 플랫폼은 접근성이 높아 다양한 고객층이 이용 가능하다. 렌탈, 물류, 결제는 플랫폼이 관리하므로 운영 부담이 적다. 초기 투자비용도 낮다. 수익 분배는 계약 조건에 따라 다르다. 월정액

또는 건당 수익으로 운영된다. 트렌드에 맞는 작품 공급과 품질 관리가 중요하다. 다양한 플랫폼과 협력하면 시장 대응력이 높아진다.

셋째, 기업 및 공공기관 협업은 정기적으로 미술품을 공급하는 방식이다. 기업은 공간 품격과 브랜드 이미지를 강화할 수 있다. 공공기관은 사회적 가치와 문화예술 진흥에 기여한다. 예술단체는 맞춤형 큐레이션을 제공하고 안정적인 수익을 얻는다. 기업 요구에 따라 작품을 선정하고 정기적으로 교체해야 한다. 계약 조건에 따라 렌탈 범위가 달라진다. 설치, 유지보수, 보험도 필요하다. 장기 계약은 수익 안정성과 예술 참여 확대에 효과적이다.

넷째, 구독형 서비스는 월정액을 지불하고 정기적으로 작품을 교체하는 방식이다. 기업은 브랜드 이미지를 강화하고, 개인은 생활 속에서 예술을 접할 수 있다. 교체 주기는 고객 선호에 따라 조정 가능하다. 맞춤형 큐레이션은 만족도를 높인다. 장기 계약으로 안정적인 수익을 확보할 수 있다. 작품 유지보수와 배송 품질이 중요하다. 서비스 만족도가 유지되어야 고객 충성도가 높아진다. 접근성을 높이고 미술품 대중화를 촉진할 수 있다.

3) 성공적인 운영을 위한 고려사항
: 작품 관리, 가격 책정, 마케팅 홍보, 설치 서비스, 보험 보호 장치

미술품 렌탈 사업을 성공적으로 운영하려면 작품 선정과 관리, 가격 책정, 마케팅, 물류, 법적 보호 장치를 종합적으로 고려해야 한다. 고객의 취향과 공간 특성에 맞는 작품을 보유하고 정기적으로 유지 보수해야 하며, 대여 기간과 작품 가치에 맞는 가격을 설정해야 한다. SNS, 웹사이트, 전시회를 활용한 홍보와 기업 대상 B2B 마케팅 전략도 중요하다. 안전한 물류 및 설치 시스템을 구축하고, 손상 및 분실에 대비한 보험 가입과 계약서를 철저히 준비해야 한다.

미술품 렌탈 사업의 성공적인 운영을 위한 세부 사항을 살펴보자.

첫째, 작품 선정과 관리는 미술품 렌탈 사업의 핵심이다. 고객의 취향과 공간에 어울리는 다양한 작품을 갖추어야 한다. 시장 트렌드와 수요 변화를 지속적으로 파악해야 한다. 고객 유형에 따라 선호도는 다르다. 맞춤형 구성이 필요하다. 계절이나 유행에 맞춰 작품을 교체하면 신선함을 유지할 수 있다. 보존을 위해 정기 점검과 복원도 중요하다. 온도와 습도를 안정적으로 유지해야 한다. 운송과 설치는 전문 시스템이 필요하다. 작품 손상과 오염을 막기 위한 보호 조치도 갖춰야 한다. 체계적인 관리가 고객 만족을 높인다. 렌탈 서비스의 지속 가능성도 확보된다.

둘째, 미술품 렌탈의 경쟁력을 확보하기 위해 합리적인 가격 책정이 필요하다. 대여 기간, 작품의 가치, 고객 유형을 고려하여 가격을 설정해야 한다. 단기 대여와 장기 대여의 가격 구조를 차별화하고, 희소성이 높은 작품은 프리미엄 요금을 적용할 수 있다. 기업 고객과 개인 고객의 예산과 필요에 맞는 다양한 요금제를 마련하면 접근성을 높일 수 있다. 또한, 구독형 서비스나 패키지 상품을 도입하면 고객 유치를 확대할 수 있다. 가격 투명성을 유지하고, 경쟁사와 비교한 적정 수준의 요금 정책을 지속적으로 검토하는 것이 중요하다.

셋째, 미술품 렌탈 사업의 성공을 위해 마케팅 전략이 중요하다. 온라인과 오프라인을 함께 운영해 홍보 범위를 넓혀야 한다. SNS, 웹사이트, 블로그를 활용해 브랜드 인지도를 높인다. 고객 후기와 콘텐츠 공유로 신뢰를 쌓는다. 전시회나 팝업스토어 참여는 대면 홍보에 효과적이다. 예술 행사와의 연계도 유익하다. 기업과 기관을 대상으로 한 B2B 전략도 필요하다. 공간 개선 사례는 계약 성사율을 높인다. 성공 사례를 활용하면 설득력이 커진다. 타깃 고객을 명확히 설정해야 한다. 맞춤형 콘텐츠 제공이 중요하다. 지속적인 운영과 피드백 반영이 마케팅 효과를 높인다.

넷째, 미술품 렌탈 서비스의 원활한 운영을 위해 안전한 운송 및 설치 시스템을 구축해야 한다. 작품의 특성에 맞는 포장 및 운송 방법을 적용하고, 전문 설치 인력을 확보하는 것이 중요하다. 운송 중 손상과 분실을 방지하기 위해 보험 가입과 보안 시스템을 마련해야 한다. 또한, 고객의 공간에 맞는 최적의 설치 서비스를 제공하여 작품의 가치를 극대화해야 한다. 운송 및 설치 과정에서 고객과의 원활한 커뮤니케이션을 유지하여 요청 사항을 신속히 반영하는 것이 필요하다. 신속하고 체계적인 물류 관리는 고객 만족도를 높이고 서비스의 신뢰도를 강화하는 핵심 요소다.

다섯째, 작품의 손상 및 분실을 대비한 보험 가입과 계약서 작성이 필수적이다. 작품의 가치를 보장하기 위해 적절한 보험 상품을 선택하고, 보상 범위와 조건을 명확히 설정해야 한다. 또한, 대여 계약서에는 작품의 사용 규정, 유지보수 책임, 손상 시 보상 기준 등을 포함해야 한다. 고객과의 분쟁을 예방하기 위해 법적 보호 장치를 마련하고, 계약 내용을 정기적으로 검토하여 변경 사항을 반영하는 것이 중요하다. 이를 통해 사업 운영의 안정성을 확보하고, 신뢰도 높은 서비스를 제공할 수 있다.

4) 라이브치과병원 미술품 렌탈 상생 모델 (사례)

① **추진 배경**

라이브치과병원 인천점과 잔치마당은 지역 예술인을 지원하고, 환자들에게 문화적 치유 환경을 제공하기 위해 미술품 렌탈 사업을 추진했다. 이 사업은 2020년 10월부터 2024년 12월까지 진행되었다. 코로나19로 인해 경제적 어려움을 겪는 예술인을 돕고, 기업과 예술이 상생할 수 있는 모델을 구축하는 것을 목표로 했다. 병원은 단순한 의료 서비스를 넘어 사회적 가치를 창출하며, 지역사회와의 유대감을 강화하는 역할을 했다. 예술을 접할 기회가 적은 일반 대중에게 문화 향유의 기회를 확대하고자 했다. 이러한 배경 속에서, 기업이 문화예술 후원자로 자리 잡을 수 있는 방안을 모색하는 것이 중요한 과제로 떠올랐다.

② 진행 과정

2020년 10월 6일, 라이브치과병원 인천점에서 상생 파트너십을 위한 MOU가 체결되었다. 이 협약은 의료와 예술의 협력을 통해 문화적 가치를 증진하고, 상호 발전을 도모하는 것을 목표로 했다. 이에 따라, 병원은 부평구문화예술인협회와 잔치마당과 협력하여 내부 공간을 활용한 미술품 전시 프로젝트를 시작했다. 이 프로젝트는 3개월마다 지역 예술가들의 작품을 전시하고, 전시 비용을 지급하는 방식으로 운영되었다. 이를 통해 예술가들은 창작 활동을 지속할 수 있었고, 환자들은 예술을 감상하며 정서적 안정을 얻을 수 있었다. 이러한 협력은 기업과 예술이 공존하는 지속 가능한 문화예술 지원 모델을 구축하는 계기가 되었다.

③ 세금 혜택

병원은 잔치마당을 통해 기부금 영수증을 발급받아 법인세 감면 혜택을 받았다. 미술품 구매가 아닌 전시 지원 형식으로 비용을 처리해 세금 부담을 줄일 수 있었다. 이는 조세특례제한법에 따른 문화예술 기부금 공제 대상이 되어 병원의 세제 혜택과 사회공헌 활동을 동시에 가능하게 했다. 기업이 미술품을 직접 구매하면 감가상각이 제한되지만, 렌탈 형식 운영으로 비용 처리가 가능해 세무 효율성이 높아졌다. 기부금 공제 외에도 문화예술 지원 사업을 통한 기업 이미지 제고 효과가 있었다. 브랜드 가치 상승과 고객 신뢰 확보라는 부가적 혜택도 얻을 수 있었다.

④ 지속적인 상생

이 사업의 성공 요인은 기업과 예술단체 간 전략적 협력, 지속적인 작품 순환, 기부금 세액공제를 통한 비용 절감, 그리고 문화적 치유 효과였다. 병원은 단순한 후원을 넘어 예술가들에게 안정적인 창작 기회를 제공했다. 병원의 문화적 가치를 높이고, 고객들에게 새로운 경험을 선사했다. 3개월마다 작품을 교체하는 시스템은 예술가들에게 창작 동기를 부여했다. 감상자들은 항상 새로운 작품을 접하며 예술을 더욱 가깝게 느낄 수 있었다. 이러한 요소들이 결합 되어 예술인, 기업, 감상자 모두에게 긍정적인 영향을 주는 선순환 구조가 형성되었다.

⑤ 시사점

　미술품 렌탈 사업은 기업과 예술가 모두에게 실질적인 혜택을 제공하는 성공적인 협력 모델이다. 라이브치과병원과 잔치마당의 사례는 이러한 모델의 가능성을 잘 보여준다. 기업은 미술품 렌탈을 통해 예술을 활용한 사회공헌 활동을 펼치며, 문화적 가치와 경제적 가치를 동시에 창출할 수 있다. 특히 의료기관, 호텔, 대형 사무공간, 공공기관 등에서 이 모델을 적용하면 공간의 품격을 높이고, 고객 경험을 차별화하는 효과를 얻을 수 있다. 또한, 기업이 문화예술을 활용한 CSR(기업의 사회적 책임) 활동을 확대하면 브랜드 이미지 강화뿐만 아니라 세제 혜택까지 누릴 수 있다. 이러한 장점으로 인해 미술품 렌탈 사업은 지속 가능한 예술 지원 모델로 자리 잡을 가능성이 크다.

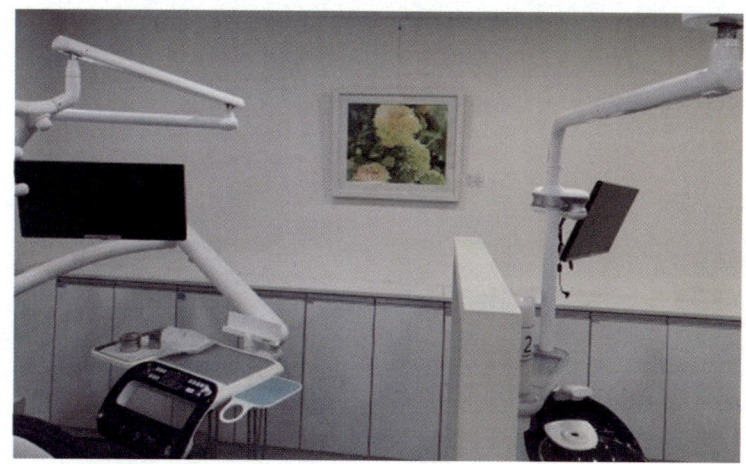

라이브치과병원과 잔치마당 MOU 체결로 의료와 예술의 협력을 증진하였다.

　미술품 렌탈 사업은 기업과 예술가 모두에게 실질적 혜택을 제공하는 협력 모델이다. 라이브치과병원과 잔치마당의 사례가 이를 잘 보여준다. 기업은 예술을 활용해 사회공헌 활동을 펼치고 브랜드 이미지를 강화할 수 있다. 경제적 가치도 함께 창출된다. 예술단체는 다양한 방식으로 참여할 수 있다. 작품 관리, 가격 책정, 마케팅, 설치, 보험 등 요소를 고려하면 안정적인 수익이 가능하다. 이 사업은 CSR 활동과 연계돼 예술가에게 지속적인 지원을 제공하는 모델로 발전할 수 있다.

미술품 렌탈 사업 운영을 위한 TIP

① **미술품 렌탈 비용 처리 및 세금 혜택**

· 법인세법 시행령 제24조 (감가상각비의 손금불산입)

　미술품 등은 일반적으로 감가상각 대상이 아니나, 사업용 자산으로 활용할 경우 예외적으로 감가상각이 인정될 수 있음. (관련 링크: 국세청 법령정보 taxlaw.nts.go.kr)

· 소득세법 시행령 제55조 (자산의 감가상각)

　미술품이 사업 관련성이 인정되는 경우 일정 기준 하에서 감가상각 가능.

· 부가가치세법 시행령 제26조 (면세 대상)

　미술품 거래는 경우에 따라 부가가치세 면세 대상이 될 수 있으나, 렌탈 사업의 경우 일반적으로 과세 대상이 될 수 있음.

· 조세특례제한법 제73조 (문화재 및 미술품 기부에 대한 세제 혜택)

　공익법인에 기부하는 경우 세액공제 가능

※ 미술품 렌탈 사업은 세법 적용이 다소 복잡할 수 있기 때문에, 실제 사업을 시작하기 전에 세무 전문가와 상담하여 최적의 세무 전략을 수립하는 것이 중요하다.

② **미술품 대여 · 전시 지원기관: 재)예술경영지원센터 더아트로**(TheArtro : www.theartro.kr)

더아트로(TheArtro)는 문화체육관광부와 (재)예술경영지원센터가 추진하는 '한국미술 글로벌 플랫폼 구축사업'의 일환으로 설립된 기관이다. 이 사업은 한국 현대 미술의 경쟁력 강화와 해외 프로모션을 지원하기 위해 운영되고 있다.

예술단체의 기업 메세나 상생 전략은 이렇게 해야 한다

예술단체는 기업과 상생 파트너십을 통해 지속적인 성장을 이끌 수 있다. 경제적 가치도 함께 창출할 수 있다. 국내외 기업은 브랜드 아이덴티티 강화를 위해 예술을 활용한다. 문화 마케팅과 협업을 통해 독창성을 높이고 있다. 기업 메세나 활동은 사회적 책임을 실천하면서 예술을 지원한다. 동시에 브랜드 이미지를 높이는 효과도 있다. 장기 협업 모델, 직원 복지, 아트 콜라보, 지역 연계 프로젝트 등도 가능하다. 협력은 단순 후원을 넘어 전략적 기회가 된다.

1) 기업 메세나 활동
: 국내 메세나, 해외 메세나, 이미지 제고, 동반 성장

기업 메세나는 문화예술을 지원하고 후원하는 기업 활동을 의미한다. 사회적 책임 실천과 브랜드 가치 제고 전략의 하나로 활용된다. 예술을 후원한 기업은 긍정적인 이미지와 정서적 유대를 동시에 얻을 수 있다. 단순한 기부를 넘어 상생 모델로 발전하고 있다. 예술과 기업이 함께 성장할 수 있는 기반이 된다. 문화예술 생태계 조성에 기여하는 수단으로 메세나가 주목받고 있다. 기업의 장기적 사회적 가치 실현에도 연결된다.

국내 메세나 활동은 확대되고 있지만 대기업 중심이라는 한계가 있다. 대기업은 문화재단 설립, 예술행사 후원, 예술가 지원 등을 통해 활동을 전개하고 있다. 삼성문화재단, LG아트센터, 현대자동차 등이 대표적이다. 공연 예술, 미술 전시, 신진 작가 발굴 등 다양한 분야를 포괄한다. 반면, 중소기업의 참여는 낮고 지원은 단발적이다. 정부와 민간이 협력해 중소기업의 참여를 유도할 필요가 있다. 메세나의 저변 확대가 과제로 남아 있다.

해외 메세나는 제도적 기반 위에서 활발히 운영되고 있다. 미국과 유럽은 세금 감면 정책으로 기업 후원을 장려한다. 구글과 애플은 미디어아트를 지원하고 있다. 루이뷔통 재단은 현대미술 전시와 공연을 후원한다. 일본은 전통과 현대 예술을 아우르는 메세나 활동을 통해 기업과 예술계의 협력을 촉진한다. 사회적 책임을 강조하는 기업 문화가 정착되어 있다. 법적 지원과 사회 인식이 메세나 활성화에 긍정적 영향을 주고 있다.

기업 메세나는 브랜드 이미지 제고와 소비자 충성도 향상에 기여한다. 예술가는 안정적인 지원으로 창작 활동을 이어갈 수 있다. 기업은 문화적 가치를 높이고 사회적 책임을 실천하는 이미지로 인식된다. 메세나 활동은 사회적 신뢰와 브랜드 가치 상승으로 이어진다. 감성적 소통을 통해 소비자와의 관계도 깊어진다. 마케팅 이상의 효과를 기대할 수 있다. 문화예술 협업은 장기적인 브랜드 성장 전략이 될 수 있다.

기업 메세나는 지속 가능한 모델로 발전해야 한다. 일회성이 아닌 장기 전략으로 기획되어야 한다. 다양한 예술 분야에 대한 지원도 필요하다. 정부는 세제 혜택과 법적 기반을 강화해야 한다. 기업이 적극적으로 문화예술을 후원할 수 있는 환경 조성이 중요하다. 앞으로 협력이 더 긴밀해질수록 경제적, 문화적 가치가 함께 창출될 수 있다. 메세나는 기업과 예술의 동반 성장을 이끄는 전략이 되어야 한다.

〈한국메세나협회 소개〉
한국메세나협회는 문화예술과 기업의 협력을 이끄는 비영리 사단법인이다. 1994년 설립되어 문화예술 진흥과 경제의 균형 발전을 목표로 활동하고 있다. '메세나'는 고대 로마의 예술 후원자 가이우스 마에케나스에서 유래한 용어다. 문화예술에 대한 민간의 적극적인 지원을 뜻한다. 협회는 기업과 예술단체 간 파트너십을 촉진하는 '기업과 예술의 만남' 사업을 운영한다. 또한 기업의 사회공헌사업과 연계한 문화예술 지원도 확대하고 있다. 효율적인 예술지원 방안을 연구하고 관련 자료를 제공하는 활동도 병행한다. 문화예술 발전에 기여한 기업과 인물을 발굴하고 시상하는 '한국메세나대회'도 매년 개최하고 있다. 이를 통해 민간의 문화예술 후원 문화를 확산하고 있다. (출처: www.mecenat.or.kr 한국메세나협회)

2) 지속 가능한 파트너십 프로그램
: 협업모델 개발, 직원복지 프로그램, 아트 콜라보레이션, 장기 프로젝트, 지역사회 연계

기업과 예술단체 간 지속 가능 협력을 위해 맞춤형 예술 협업 모델이 필요하다. 기업의 브랜드 정체성과 철학을 반영한 콘텐츠를 기획해야 한다. 마케팅과 사회적 책임 활동을 연계할 수 있다. 긴밀한 협의를 통해 장기 협업 계획을 수립해야 한다. 실행 가능성과 방향성 검토가 필요하다. 피드백을 반영해 협업 모델을 개선해야 한다. 기업과 예술단체 모두에게 긍정적인 영향을 주는 방식으로 운영되어야 한다.

기업과 예술단체 간 지속적 협력을 하려면 알아야 할 것들은 무엇일까?

첫째, 기업은 조직 문화 개선과 창의력 향상을 위해 예술 기반 프로그램을 도입할 수 있다. 예술 워크숍, 심리치료, 체험 활동 등이 포함된다. 직원 만족도와 업무 환경 개선 효과를 기대할 수 있다. 단순 감상이 아닌 직접 참여 방식이 효과적이다. 기업 특성을 반영한 맞춤형 콘텐츠가 필요하다. 정기적인 문화 프로그램 운영은 업무 만족도와 생산성 향상에 도움이 된다. 예술단체와 협력해 지

속적인 문화 경험을 제공할 수 있다.

 둘째, 브랜드 가치를 높이기 위해 예술 협업을 통한 아이덴티티 강화 전략이 필요하다. 제품 디자인에 예술적 요소를 반영하거나 한정판 상품을 출시할 수 있다. 기업은 차별화된 브랜드 이미지를 구축하고 소비자와의 정서적 연결을 강화한다. 예술단체는 작품 활동 기회를 넓힐 수 있다. 협업은 대중과의 접점을 확대하는 수단이 된다. 장기적 파트너십으로 지속 가능한 마케팅 전략을 수립하는 것이 중요하다.

 셋째, 장기 프로젝트는 기업과 예술단체의 지속 협업을 가능하게 한다. 기업은 재정적 지원을 제공하고 예술단체는 브랜드 철학을 반영한 창작물을 제작한다. 연례 문화예술 행사나 사회공헌 프로그램과 연계하면 효과가 크다. 브랜드 노출도 높아진다. 일회성이 아닌 지속 지원과 피드백이 중요하다. 공동 목표 설정이 필요하다. 상호 이해를 기반으로 한 협업이 장기적 시너지를 만들어낸다.

 넷째, 지역사회와 연계한 문화예술 프로젝트는 기업과 예술단체의 사회적 가치를 높인다. 지역 예술가와 협력해 교육이나 공공미술을 추진할 수 있다. 기업은 사회적 책임을 실천하고 브랜드 인지도를 높인다. 지역과의 관계도 강화된다. 예술단체는 안정적 운영 기반을 마련하고 지역과의 교류를 지속할 수 있다. 기업은 지역사회 발전에 기여하는 모델을 구축할 수 있다. 장기적 성공을 위한 핵심 전략이 된다.

3) 기업과 파트너십 프로그램 운영 3가지 (사례)

> 잔치마당은 기업과 협력하여 문화예술을 활용한 지속 가능한 경영 모델을 제시하고

있다. 사례로는, ㈜삼대족발과의 맞춤형 문화경영을 통해 전통예술 기반의 직원 교육과 브랜드 홍보를 지원하며 기업의 안정적 운영을 돕고 있다. 인천상공회의소와 공동 개최한 '기업, 예술을 디자인하다' 아카데미에서는 CEO들에게 문화예술 기반 경영 전략을 제공하며, 기업의 경쟁력을 강화하는 데 기여했다. ㈜인성엔프라와의 한국메세나 매칭펀드 결연사업을 통해 문화소외계층을 지원하는 동시에 기업 홍보 효과를 극대화하는 협력 모델을 구축했다. 이러한 사례들은 기업이 문화예술을 활용하여 브랜드 정체성을 강화하고, 지역사회와의 관계를 형성한다. 조직 문화를 발전시키는 전략적 수단으로 문화경영을 활용할 수 있음을 보여준다.

① ㈜삼대족발과 상생 파트너십 체결

잔치마당은 2018년부터 ㈜삼대족발과 협력하여 맞춤형 문화경영 프로그램을 운영하고 있다. 삼대족발은 매월 정기적으로 30만 원을 기부하며, 잔치마당은 이를 바탕으로 맞춤형 전통예술 공연과 직원 교육, 기업 홍보 활동을 지원하고 있다. 특히, 삼대족발은 매장 내 문화예술 후원기업 인증판을 비치하여 브랜드 가치를 높이고, 고객과의 정서적 유대감을 형성하는 효과를 거두었다. 또한, 사내 행사로 창립기념일과 송년회에 전통연희 공연을 도입하여 직원들의 화합을 도모하고 조직 문화를 활성화하는 데 기여했다. 이러한 협력 모델은 단순 후원이 아닌, 기업과 예술단체가 지속적으로 상생할 수 있는 전략적 파트너십의 대표 사례로 평가받고 있다.

② 인천상공회의소의 문화경영 아카데미 운영

2018년 잔치마당은 인천상공회의소와 공동으로 '기업 예술을 디자인하다' 문화경영 아카데미를 개설하여 CEO들에게 문화예술 기반 경영 전략을 제공했다. 이 프로그램은 문화경영, 문화마케팅, 예술투자, 예술체험 등을 포함한 총 6회의 강좌로 구성되었으며, 다양한 기업의 대표 및 임원들이 참석했다. 강사진으로는 한미회계법인의 김성규 대표, 리드앤리더의 김민주 대표, 사물놀이 창시자인 김덕수 교수 등이 초청되어 문화예술을 활용한 경영 전략과 실무 적용 방안을 진행했다. 본 아카데미를 통해 참가자들은 문화예술을 기업 운영에 접목하는 새로운 경영 철학을 공유했다. 브랜드 가치 상승과 내부 조직 혁신을 위한 구체적인 실천 방안을 탐색하는 계기를 마련했다.

③ ㈜인성엔프라와 지속적인 메세나 활동

2016년 잔치마당은 ㈜인성엔프라와 함께 한국메세나 기업 매칭펀드 결연사업에 선정되어 1:1 장기 협력 모델을 구축했다. 이 사업은 기업과 예술단체가 장기적인 파트너십을 맺고 문화소외계층 지원과 기업 홍보 효과를 극대화하는 것을 목표로 했다. 잔치마당은 인성엔프라의 후원을 받아 인천 연세효드림 요양병원, 부천 효플러스 요양원 등 5곳의 문화소외시설에서 '찾아가는 예술공연'을 진행했으며, 난타, 사물놀이, 경기민요, 진도북놀이 등 다양한 전통예술 공연을 선보였다. 또한, 인성엔프라에서 후원하는 서울서부검찰청 청소년 범죄예방 한마음 대회에 특별 공연으로 기업과 지역사회와 협업의 가교 역활을 진행하였다. 이 협력 사업은 기업의 사회공헌 활동을 문화예술과 연계하여 지속 가능한 상생 모델을 구축한 대표적인 사례로 주목받고 있다.

이러한 협업 사례를 통해 기업은 브랜드 가치를 강화하고, 직원들의 창의력과 조직문화를 활성화할 수 있었다. 예술단체는 기업 후원을 기반으로 안정적인 창작 활동을 지속할 수 있었다. 문화예술이 기업 경영의 필수 요소로 자리 잡을 수 있는 기반을 마련했다. 잔치마당의 기업 협력 모델은 단순한 일회성 후원을 넘어 장기적인 상생을 목표로 하고 있다. 기업과 예술이 함께 성장하는 새로운 경제적 가치를 창출하고 있다. 이러한 협력 모델이 더욱 확산된다면, 기업과 예술단체 모두 지속 가능한 성장을 이루는 기반이 될 것이다.

기업과 예술의 파트너십으로 함께 성장하는 새로운 경제적 가치를 창출하고 있다.

예술단체는 기업과의 상생 파트너십을 통해 경제적 가치를 창출할 수 있다. 기업은 브랜딩과 문화 마케팅을 통해 독창성을 높이고 글로벌 경쟁력을 강화한다. 메세나 활동은 이미지 제고와 지속 성장에 기여한다. 장기 협업, 직원 복지, 아트 콜라보 등 다양한 전략이 지속 가능성을 높인다. 예술단체는 전통예술 기반 마케팅, 문화경영 전략, 사회적 가치 창출에 기여한다. 문화소외계층 지원 협업은 사회적 책임을 강화한다. 잔치마당의 사례는 그 가능성을 보여준다.

> ### 예술단체와 기업 간 상생 파트너십 체결 준비 TIP
>
> ① **기업 맞춤형 협업 기획 및 제안서 작성**
> 기업의 브랜드 정체성과 비즈니스 목표를 반영한 맞춤형 협업 기획안을 준비해야 한다. 단순한 후원이 아닌 기업이 원하는 이미지, 마케팅 전략과 연결될 수 있도록 구체적인 기획안을 제안하는 것이 중요하다.
>
> ② **장기적 협력 가능성을 고려한 파트너십 구축**
> 단발적인 프로젝트보다는 지속 가능한 협업 모델을 구축하는 것이 효과적이다. 장기적인 파트너십을 위해 기업의 CSR(사회적 책임) 전략과 연계하거나, 브랜드 마케팅과 연결할 수 있는 방안을 모색해야 한다.
>
> ③ **윈-윈 전략을 강조한 협업 모델 개발**
> 기업이 단순히 예술단체를 후원하는 형태가 아니라, 예술단체도 기업의 브랜드 가치를 높이고 새로운 시장을 창출할 수 있도록 상호 이익을 극대화하는 협업 모델을 개발해야 한다.
>
> ④ **기업 관계자와의 적극적인 네트워킹과 홍보**
> 기업 담당자와의 지속적인 소통과 신뢰 구축이 필수적이다. 예술단체는 기업 행사, 포럼, 비즈니스 네트워크 행사 등에 참여하여 협업 기회를 찾고, 자신들의 가치를 적극적으로 알리는 전략이 필요하다.
>
> ⑤ **성과 측정과 협업 효과 데이터화**
> 협업의 효과를 구체적으로 분석한다. 성과를 측정할 수 있는 데이터를 제시하면 기업의 신뢰를 높일 수 있다. 기업이 얻을 수 있는 홍보 효과, 브랜드 이미지 강화, 소비자 반응 등을 객관적인 자료로 제공하는 것이 중요하다.

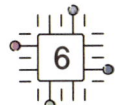

예술단체의 개인 후원과
커뮤니티 활성화 전략은 이렇게 해야 한다

예술단체는 개인 후원 유치와 커뮤니티 활성화를 통해 지속적인 후원을 확보할 수 있다. 스토리텔링을 활용한 감성적 접근이 효과적이다. 다양한 후원 옵션을 제공하고, 플랫폼을 통해 접근성을 높여야 한다. 대면 홍보도 중요한 전략이다. 전용 프로그램 운영과 피드백 제공은 후원자와의 관계를 강화한다. 커뮤니티는 참여 기획 확대를 통해 활력을 얻는다. 이러한 전략은 안정적인 후원 기반을 만들고 예술단체의 성장을 뒷받침한다.

1) 개인 후원 유치 전략과 운영 방법
: 스토리텔링 활용, 후원 옵션 제공, 플렛폼 활용, 대면 홍보

개인 후원을 유치하려면 체계적인 전략이 필요하다. 안정적인 재원을 확보해야 창작 활동이 지속된다. 단순한 모금이 아닌 공감과 참여를 이끄는 과정이다. 감성적 스토리텔링, 맞춤형 옵션, 디지털 플랫폼, 대면 홍보 등 다양한 전략이 요구된다. 전략이 부재하면 후원 유지율이 낮아진다. 재정 불안정도 커질 수 있다. 개인 후원의 중요성을 인식하고 전략적으로 접근해야 한다. 이는 예술단체의 지속 가능성을 위한 필수 조건이다.

예술단체가 개인 후원을 잘 받을 수 있는 방법과 전략은 무엇이 있을까?

첫째, 스토리텔링은 후원자와의 감성적 연결을 만드는 강력한 도구다. 창작 과정과 예술의 가치를 진솔하게 전달하면 공감이 형성된다. 문화적 가치를 확산하는 의미 있는 행동임을 강조해야 한다. 후원이 단순한 금전이 아님을 보여주는 것이 중요하다. 영상, 인터뷰, 블로그 등 다양한 형식을 활용할 수 있다. 감동적인 이야기는 참여를 자발적으로 유도한다. 사람들의 마음을 움직이는 이야기가 후원 유치의 핵심이 된다.

둘째, 후원 접근성을 높이려면 맞춤형 옵션을 제공해야 한다. 정기후원, 일회성 후원, 프로젝트별 후원 등 다양한 방식이 필요하다. 금액별 혜택은 참여를 유도한다. 공연 초대, 명단 게재, 창작 참여 등 보상도 효과적이다. 후원자의 기여가 의미 있다고 느끼게 해야 한다. 명확한 프로그램과 사용 계획은 신뢰를 높인다. 후원의 구조가 분명할수록 지속적인 참여 가능성이 높아진다.

셋째, 디지털 플랫폼은 후원 유치의 확장에 효과적이다. 크라우드펀딩, SNS, 홈페이지를 활용하면 참여 문턱이 낮아진다. 전용 웹페이지에서 진행 상황을 실시간으로 공유할 수 있다. 후원자와의 신뢰도 유지된다. 감성적인 콘텐츠와 정기적 업데이트도 중요하다. 간편한 결제 시스템을 갖추면 후원의 접근성이 높아진다. 디지털 전략은 현대 후원 환경에 적합한 방식이다. 접근성과 편의성을 동시에 갖춘다.

넷째, 직접 만남은 후원자와의 신뢰 형성에 효과적이다. 전시, 공연 등 예술 행사를 통해 관계를 만들 수 있다. 현장에서 후원 캠페인을 진행하면 참여율이 높아진다. 지역 커뮤니티나 기업과 협력해 설명회를 개최할 수 있다. 예술 활동 참여 기회를 제공하면 관심이 지속된다. 후원자 간 네트워킹도 중요하다. 커뮤니티 형성은 후원 지속성을 높인다. 경험 기반의 참여는 깊은 유대를 만들어낸다.

2) 후원자 관리와 커뮤니티 활성화 방안
: 전용 프로그램 운영, 피드백 제공, 플랫폼 운영, 참여 기회 확대

후원자와의 장기적 관계 유지와 커뮤니티 활성화는 예술단체의 지속 가능성의 핵심이다. 단순한 유치만으로는 안정적인 후원을 확보하기 어렵다. 꾸준한 관심과 참여를 유도하려면 체계적인 관리가 필요하다. 소통이 단절되거나 참여 기회가 부족하면 후원이 중단될 수 있다. 이를 방지하려면 전용 프로그램, 피드백, 커뮤니티 플랫폼, 참여 기회 확대 등이 요구된다. 체계적인 관리가 이루어질 때 지속 가능한 후원 문화가 형성된다.

후원자와 장기적인 좋은 관계를 형성하려면 무엇을 어떻게 해야 할까?

첫째, 차별화된 프로그램은 후원자의 지속 참여를 유도한다. 정기 뉴스레터로 프로젝트 진행 상황을 알리면 관심을 유지할 수 있다. 창작 과정 공개, VIP 행사 초대 등 특별한 경험도 중요하다. 후원자 관심사에 맞춘 맞춤형 프로그램은 장기 후원을 가능하게 한다. 예술 활동과 연결된다는 느낌이 들 때 커뮤니티 유대감이 강화된다. 직접 참여 기회는 후원의 지속성과 만족도를 함께 높인다.

둘째, 감사와 피드백은 신뢰를 높이는 핵심이다. 개인 맞춤형 감사 메시지는 존중받는 느낌을 준다. 기념품이나 예술 관련 선물은 후원자 충성도 향상에 효과적이다. 후원금 사용 내역을 투명하게 공개하면 신뢰가 높아진다. 정기 보고서를 통해 예술 활동의 변화를 설명할 수 있다. 구체적 설명은 후원자의 이해를 돕는다. 진심 어린 피드백은 신뢰를 강화하고 지속적인 후원을 유도한다.

셋째, 커뮤니티 플랫폼 운영은 후원자 간 네트워크를 만든다. 온라인 플랫폼을 개설하면 창작 과정 공유와 소통이 가능해진다. 예술가와의 교류 기회도 생긴다. 오프라인 모임을 통해 실질적인 참여 기회를 제공할 수 있다. 직접 경험은 유대감을 높인다. 단순 후원자가 아닌 공동체 구성원으로 느끼게 만드는 것이 중요하다. 이런 연결은 후원 지속성에 긍정적 영향을 준다.

넷째, 예술 프로젝트에 직접 참여할 기회를 제공하면 후원자의 관계가 깊어진다. 창작 과정 초대나 피드백 참여는 만족도를 높인다. 정기 설문은 의견을 반영할 수 있는 기회를 만든다. 참여 기회를 확대하면 후원자 애착이 커진다. 장기 후원으로 이어질 가능성도 높아진다. 경험 중심의 후원은 단순한 기부를 넘어 관계 중심의 후원으로 전환된다. 참여는 후원의 지속성과 밀접하게 연결된다.

3) 개인 후원 유치 전략과 지속 가능성 (사례)

① 추진 배경
잔치마당은 문화예술 창작과 보급의 사각지대를 해소하고, 국악의 대중화 및 세계화를 실현하기 위해 개인 후원을 적극적으로 유치하며 운영하고 있다. 특히 문화소외계층을 위한 공연, 창작작품 제작, 전통예술 교육 및 사회공헌 활동을 지속하기 위해 후원 기반을 확대하고 있으며, 스토리텔링을 활용한 감성적 접근, 다양한 후원 옵션 제공, 플랫폼을 통한 접근성 확대, 대면 홍보 등의 전략을 통해 안정적인 후원 체계를 구축하고 있다.

② 기부영수증 제공
잔치마당은 개인 및 기업 후원을 유치하는 동시에 후원자와의 신뢰 관계를 강화하고자 투명한 관리 체계를 운영하고 있다. 후원자 전용 프로그램 운영, 정기적인 피드백 제공, 참여 기획 확대 등을 통해 후원자와 적극적으로 소통한다. 후원의 가치와 효과를 공유하고 있다. 소득세법에 따라 기부금 영수증을 발행하여 후원자들이 국세청 홈택스를 통해 연말정산 시 세제 혜택을 받을 수 있도록 지원하고 있다. 기업 후원자에게는 별도로 기부금 증빙 서류를 발송하는 등 법적 절차를 철저히 준수하고 있다.

③ 사업 성과
그 결과 2024년 한 해 동안 개인 69명, 기업 9곳, 크라우드펀딩 4명의 후원을 통해 총 25,152,000원의 후원금을 조성하였다. 문화 소외시설 공연 지원, 창작작품 제작, 청소년 악기 기증, 소극장 운영 및 홍보 등에 투명하게 사용하여 의미 있는 성과를 창출하였다. 문화체육관광부가 지원하는 2024 지역대표예술단체에 선정되어 창작작품 '인천아리랑 연가'를 제작하여 인천을 대표하는 전통예술 공연으로 자리매김하였다.

④ **지속적인 파트너십**

잔치마당의 후원 운영 사례는 개인 후원 및 커뮤니티 활성화를 기반으로 문화예술단체가 자립할 수 있는 가능성을 보여준다. 체계적인 후원 유치 전략과 신뢰를 바탕으로 한 지속적인 소통은 후원 문화 정착에 중요한 역할을 하며, 기부금 영수증 발행 및 세제 혜택 지원과 같은 법적 제도를 적극 활용하는 것도 후원자와의 장기적인 관계 형성에 필수적이다. 앞으로도 잔치마당은 후원자의 뜻을 존중하며, 전통예술의 생활화와 세계화를 위한 기반을 더욱 공고히 다져나갈 것이다. 문화예술의 공공성과 사회적 가치를 실현하는 데 최선을 다하며, 지속 가능한 후원 문화를 구축하는 데 앞장설 것이다.

잔치마당에 기부하는 후원금의 일부는 지역문화 소외시설을 찾아가는 공연으로 사용한다.

예술기업의 성장은 개인 후원 유치 전략과 커뮤니티 활성화에 달려 있다. 감성적 스토리텔링은 공감과 참여를 유도한다. 다양한 후원 옵션과 온라인 플랫폼은 접근성을 높인다. 대면 홍보는 신뢰를 강화한다. 전용 프로그램 운영과 피드백 제공은 장기적 유대감을 형성한다. 기부금 영수증 발행은 세제 혜택을 통해 실질적 유인을 제공한다. 잔치마당은 이 전략을 기반으로 문화소외계층 공연, 전통예술 교육, 창작 지원을 실행하며 후원 기반을 확장해 왔다. 이는 예술 생태계 지속 가능성에 기여한다.

예술단체와 기업 간 상생 파트너십 체결 준비 TIP

① **스토리텔링을 강화하라**

후원자는 단순한 기부자가 아니라 예술 프로젝트의 동반자다. 창작 과정, 예술가의 철학, 후원이 가져오는 변화를 감성적으로 전달하면 공감을 얻을 수 있다. 영상, 인터뷰, 블로그 등 다양한 콘텐츠를 활용해 후원 동기를 자극하는 것이 중요하다.

② **다양한 후원 옵션을 제공하라**

후원의 문턱을 낮추기 위해 소액 정기후원, 일회성 후원, 프로젝트별 후원 등 다양한 옵션을 마련해야 한다. 후원 금액별 차별화된 혜택(예 : VIP 초대, 기념품, 후원자 명단 게재 등)을 제공하면 후원자의 참여율을 높일 수 있다.

③ **디지털 플랫폼을 적극 활용하라**

크라우드펀딩, SNS, 이메일 마케팅 등을 통해 후원 캠페인을 진행하면 더 많은 사람들에게 도달할 수 있다. 온라인 후원 시스템을 구축해 간편한 결제 방식을 제공하면 후원 접근성을 높일 수 있으며, 실시간 소식 공유로 후원자의 신뢰도를 강화할 수 있다.

④ **후원자를 위한 특별한 경험을 제공하라**

후원자는 예술 활동의 일부가 되고 싶어 한다. 후원자 대상 공연 초대, 창작 과정 공개, 예술가와의 만남 같은 특별한 경험을 제공하면 후원자의 만족도를 높일 수 있다. 후원자가 직접 참여할 수 있는 프로그램을 운영하면 충성도 높은 후원자로 전환될 가능성이 커진다.

⑤ **지속적인 소통과 감사를 잊지 마라**

후원이 일회성으로 끝나지 않도록 정기적인 뉴스레터와 업데이트를 제공해야 한다. 개인 맞춤형 감사 메시지, 후원금 사용 보고, 후원자의 피드백 반영 등 지속적인 소통이 이루어지면 후원의 지속 가능성이 높아진다. 신뢰가 형성될수록 후원자는 더 큰 영향력을 행사하며 커뮤니티를 확장하는 역할을 하게 된다.

〈에피소드 ⑨〉

CEO 아카데미에서 살아남기
– 그리고 골프라는 생존 기술

잔치마당의 연 매출 중 70%는 정부와 공공기관의 공모사업에서 나왔다. 덕분에 우리는 안정적인 운영을 해왔지만, 2015년부터 상황이 급변했다. 한국문화예술위원회에서 단 한 푼도 지원을 받지 못하게 된 것이다. '올해는 쉬어가라는 뜻인가?' 처음에는 대수롭지 않게 넘겼다. 하지만 이듬해에도 지원은커녕 공모사업 자체가 뚝 끊겼다. 나중에야 알았다. 박근혜 정부의 문화예술계 블랙리스트에 포함되었다는 사실을. 한동안 망연자실했다. 우리가 공모사업에 너무 의존하고 있었음을 뒤늦게 깨달았다. '이제 뭘 먹고 살아야 하지?' 고민 끝에 새로운 대안을 찾아 나섰다. 그때 인천상공회의소에서 CEO 아카데미 교육생을 모집한다는 공고가 눈에 띄었다. '그래, 기업인들과 만나서 뭔가 돌파구를 찾아보자!' 나는 곧바로 등록을 해버렸다.

이곳에서 살아남으려면?

그렇게 CEO 아카데미 42기로 입성했다. 아침 7시부터 9시까지 조찬 강의를 듣는 16주간의 일정. '이제 기업인들과 네트워크를 만들어야지!' 하는 설렘과 함께 교육에 참여했지만, 첫 만남부터 난감했다. 42기 동기들을 보니 제조업 대표, 변호사, 회계사, 소상공인 등 다양한 분야에서 온 60여 명의 기업인들. 그런데 문화예술계 사람은 단 한 명이 있었다. 그 한 명이 바로 나였다. 교육 담당자는 내게 물었다.

"문화예술인이 CEO 아카데미에 오신 건 처음인데요? 도대체 왜 오신 거예요?"

나는 당당하게 말했다.

"문화예술과 기업이 협력하여 상생할 수 있는 파트너십을 만들고 싶어서요!"

하지만 현실은 녹록지 않았다. 강의 내용은 조직 운영, 회계, 법무, 리더십, 인문학 등 기업 운영에 필요한 내용들이었고, 문화예술과는 한참 거리가 멀었다. 하지만 나는 꿋꿋이 버텼다. 교육을 수료한 후에는 동문 모임에도 적극적으로 참여했다. 조찬 강의, 체육대회, 워크숍, 송년회 등 다양한 행사들이 열렸다. 나름대로 열심히 활동하며 사람들과 친해지고 있었는데… 이상한 벽이 느껴졌다.

나는 '그들'의 언어를 모른다

동기들과의 모임에 나가면 분위기가 참 좋았다. 다들 친근하고 열정적이었다. 하지만 시간이 흐를수록 뭔가 이상했다. 대화 주제의 90%가 '골프'였다.

"어제 80타로 돌았는데 후반이 아쉬웠어", "드라이버 샷이 요즘 안 맞아서 고민이야", "스크린에서는 -3인데 필드는 왜 이렇게 어렵냐?"

나는 멍하니 듣고 있었다. '이게 무슨 외계어지?' 더 큰 문제는 대화에 끼지 못하면 자연스럽게 아웃사이더가 된다는 거였다. 점점 기업인들과 가까워지고 싶었지만, 그들 사이에서는 '골프'라는 공통 언어를 모르면 소통이 불가능했다.

어느 날, 동기들과 함께 저녁을 먹다가 한 친구가 내게 물었다.

"형은 골프 안 쳐?", "응, 해본 적 없어."

그 순간, 분위기는 정적이 흘렀다.

"어… 그럼 다음 라운딩은 못 가겠네?", "우리 모임은 거의 골프 모임이야!", "골프 안 치면 친해지기 힘들걸?"

나는 속으로 생각했다. '망했다. 여기서 살아남으려면 골프를 배워야겠구나.'

생존을 위한 골프 입문기

그날 밤, 나는 고민 끝에 결심했다. '배우자, 골프. 이게 CEO 아카데미 생존 기술이다!'

다음날, 곧바로 골프장에 등록했다. 레슨 첫날, 프로님이 물었다.

"골프 처음이세요?", "네, 기업인들과 친해지려면 골프를 배워야 해서요."

프로님이 웃으며 말했다.

"그럼 아주 중요한 이유네요. 오늘부터 열심히 배우셔야겠어요!"

그렇게 나는 기본자세부터 배우기 시작했다. 스윙 자세, 퍼팅, 드라이버 샷…. 몸은 뻣뻣했고, 공은 맞지도 않았다. 하지만 포기하지 않았다. CEO 아카데미에서 살아남기 위한 필수 과정이었으니까!

몇 주 뒤, 드디어 동기들에게 말했다.

"나 골프 배우기 시작했어!"

모두 박수를 치며 말했다.

"이제 진짜 우리랑 친해지겠네!"

그렇게 나는 기업인들과 함께 필드에 나갔고, 골프를 치면서 자연스럽게 가까워졌다.

골프가 바꾼 CEO 아카데미

골프를 배우고 난 후, 분위기가 달라졌다. 기업인들과 더욱 친밀해졌고, 네트워크가 넓어졌다. 그러면서 나도 조금씩 변화를 시도했다. 체육대회는 '대동놀이 체육대회'로 바뀌었고, 워크숍에서는 참가자 150여 명이 함께 사물놀이를 연주하는 공동체 워크숍을 진행했다. 송년회도 단순한 술자리가 아니라 '연말 음악회 송년회'로 변화했다. CEO 아카데미 강의에도 추임새로 배우는 리더십이 추가되었다. 이런 흐름 속에서 인천지역 기업인들로 구성된 기업인 풍물단이 만들어졌고, 민간 영역에서 자생력을 키울 수 있는 기반이 마련되었다. 나는 깨달았다. '네트워크란 결국 함께하는 문화 속에서 만들어지는구나.' 그리고 그 문화를 만드는 데 가장 중요한 역할을 했던 것은 결국, 사람과의 인연이었다.

인천상공회의소 CEO 아카데미 기업인 "이카풍물단"이 부평풍물대축제 초청으로 사물놀이를 연주하고 있다.

제6장. 재원 조성 : 예술단체의 자생력 전략이 있다

〈재원 조성 참고 자료〉

《자금조달을 시작하는 예술기업을 위한 준비 자료 가이드라인》 | 문화체육관광부·예술경영지원센터 | 2022
많은 예술기업이 기업 성장의 초기 단계에 있고, 관련 투자 생태계 역시 확장 초기라 자금조달의 정보와 노하우는 부족한 실정이다. 이에 빠른 속도로 증가하는 예술기업의 질적·양적 성장을 위해서 자금조달 정보와 가이드라인을 제시하고 있다.

《예술단체의 재원조성과 운영 전략》 | 최혜정 | 예술과경영 | 2021
예술단체가 다양한 재정원을 통해 지속적인 활동을 이어가기 위한 전략과 재무 관리 체계를 구체적으로 제안한다.

《디지털 전환 시대의 공연예술 유통 전략》 | 강은지 | 문화콘텐츠학회지 | 2022
코로나19 이후 디지털 공연 유통이 확대되며 등장한 플랫폼 기반 유통 전략과 하이브리드 공연 형식의 효과를 다룬 현장 중심 연구이다.

《문화예술단체의 사회적기업 운영 성과》 | 박주형 | 사회적경제연구 | 2019
문화예술단체가 사회적기업으로 전환 후 겪는 구조적 변화, 재정 안정성, 지역사회 파급효과 등을 분석한 실증적 성과 연구이다.

《지속 가능한 예술단체 조직 구조 연구》 | 윤상훈 | 예술조직연구 | 2021
예술단체의 장기 운영을 위한 조직 구조, 의사결정 체계, 인력구성 방안을 정리하며 지속 가능한 예술 생태계 조성에 기여한다.

《예술시장과 미술품 렌탈의 가능성》 | 박서윤 | 문화산업학회지 | 2019
미술품 렌탈 시장의 성장 가능성과 참여 예술가, 소비자 만족도 요인을 분석하며 새로운 예술 수익 모델로서의 가능성을 다룬다.

《문화예술 메세나 활동의 경제효과 분석》 | 김가영 | 문화경제연구 | 2020
기업 메세나 활동이 문화예술단체와 지역사회에 미치는 경제적 파급효과를 계량적으로 분석한 연구이다.

《공연예술 분야 크라우드펀딩의 성공요인》 | 정하영 | 콘텐츠경영연구 | 2022
공연예술에서 성공적인 크라우드펀딩 사례들을 바탕으로 프로젝트 구성, 콘텐츠 매력도, 후원자와의 소통 전략을 정리하였다.

《디지털 플랫폼을 활용한 예술 유통 분석》 | 서지윤 | 예술과기술 | 2021
온라인 공연과 아트 플랫폼을 활용한 예술 콘텐츠의 유통 구조 및 소비자 반응을 중심으로 유통전략을 분석하였다.

《예술 후원의 사회적 영향력 분석》 | 나지훈 | 문화사회연구 | 2021
예술 후원이 지역사회, 예술가 생태계에 미치는 파급효과를 조사하여 기업·개인의 후원이 문화 환경에 어떻게 기여하는지를 설명한 실증적 연구.

《공공 예술지원사업의 운영 성과 평가》 | 박유선 | 문화정책평가연구 | 2020
정부 및 지자체의 공공 예술지원사업의 기획 및 성과를 평가하고 개선 방안을 제시한 정책 기반 실증 분석 논문이다.

《청년 예술가 창업 지원 사례 분석》 | 조예지 | 청년문화연구 | 2021
예술계 청년 창작자들을 위한 창업 지원 정책, 공간, 교육 프로그램 사례를 통해 자립 기반 마련 가능성을 분석한 논문이다.

AI가 예산안부터 콘텐츠 기획까지 자동화할 수 있는 시대일수록, 인간만이 할 수 있는 '설득'과 '신뢰 설계'가 중요하다. 공모사업은 단순한 재정 지원이 아니다. 기획의 설득력, 실행의 논리, 정산의 정확성이 함께 요구된다. 사업계획서 작성부터 실행 계획, 예산 편성, 회계 정산, 세무 처리까지 전 과정은 하나의 프로젝트로 운영된다. 문화예술 지원기관 리스트는 실무자가 바로 활용할 수 있도록 구성했다. 행정은 창작을 위한 도구다. 도구를 잘 다루는 것도 예술가의 능력이다.

이 장은 예술단체와 예술인이 공모사업 전 과정을 안정적으로 수행할 수 있도록 돕기 위해 구성되었다.

공모사업 기획과 작성은 이렇게 해야 한다

공모사업 기획은 단순한 아이디어 제시가 아니라 정책 목표에 부합하는 전략적 제안 행위다. 단체의 예술적 역량과 지역적 특성을 명확히 분석하고, 사업 목적과의 접점을 찾아야 한다. 기획서는 구조적으로 읽히며 설득되어야 한다. 실행력과 현실성을 갖춘 예산계획과 자부담 전략이 동반되어야 한다. 행정 요건과 서류 완성도까지 고려한 체계적인 접근이 요구된다. 이 모든 요소는 심사자에게 단체의 신뢰도와 수행력을 증명하는 핵심 근거가 된다.

1) 사업 목적과 정책 방향 이해하기
   : 명확한 목표, 우선순위, 정책 키워드, 성과 기반 결과 예측

공공 지원사업은 단순한 예술창작비 지원이 아니라, 지역 간 문화 격차 해소, 예술인의 고용 안정, 지역 예술 생태계의 균형 발전이라는 정책적 목표를 달성하기 위한 수단이다. 공모 참여에 앞서 이러한 정책 배경을 정확히 이해하는 것이 중요하다. 기획의 방향성과 전략 설정의 출발점이 된다. 지원 대상 조건과 우대 항목을 분석해 적격성을 확인해야 한다. 정책 키워드를 기획 안에 반영하여 설득력을 높여야 한다. 정량적 성과 지표를 예측 가능하게 설계해 사업의 실현성과 후속 연계 가능성까지 함께 고려하는 통합적 접근이 요구된다.

공모사업 목적과 정책 방향을 이해하기 위한 전략은 무엇일까?

첫째, 공모사업의 정책적 목표를 명확히 이해하는 것은 사업 기획의 방향성을 설정하는 출발점이다. 정부는 단순한 창작비 지원을 넘어 지역문화 균형발전, 문화 접근성 확대, 예술인 고용 창출 등 구체적인 정책적 효과를 추구한다. 이 목표를 명확히 이해해야 기획서의 구조와 메시지가 일관성을 갖춘다. 사업 목적과의 부합 여부는 심사에서 핵심 평가 기준이 된다.

둘째, 지원사업의 대상과 우선순위를 정확히 파악하는 일은 참여 적격성을 판단하는 기본 전제다. 지역 소재 단체, 순수예술 장르, 인구감소 지역 등 사업이 설정한 조건은 단체 선정에 직접적 영향을 미친다. 자신이 지원 가능한 단체인지 명확히 점검한 뒤 해당 조건을 기획서 내에서 적극적으로 드러내야 한다. 조건 부합 여부는 사업 타당성의 핵심 판단 요소다.

셋째, 공모사업의 기획은 정책 키워드를 중심으로 구성해 설득력을 강화해야 한다. 지역 인물, 역사, 환경 등 지역성을 살린 공연 주제나 지역 예술인과의 협업 구조는 정책 목표와의 연결고리를 형성한다. 단체 고유의 아이디어를 정부 정책의 언어로 번역하는 것이 기획력으로 평가된다. 키워드를 활용한 구조 설계는 심사자 이해도를 높이는 전략이 된다.

넷째, 성과지표 기반의 결과 예측은 사업의 실행력과 확장 가능성을 보여주는 핵심 전략이다. 관객 수, 참여 인력, 공연 횟수, 지역 연계 성과 등은 수치로 명확히 제시해야 한다. 성과 중심 운영 체계 속에서 우수 실적은 차년도 후속지원 연계의 핵심 근거로 작용한다. 기획 단계부터 정량성과 재활용 가능성을 고려해야 한다.

〈핵심 내용〉

주요 항목	핵심 내용
정책적 목표 이해	사업의 정책 목표를 파악해야 기획의 방향성이 선다.
지원 대상 분석	대상 조건을 정확히 파악해 적격성을 점검해야 한다.
정책 키워드 반영	정책 키워드를 기획에 반영해 설득력을 높인다.
성과지표 설정	성과지표는 실행력과 후속 지원 연계의 핵심이다.

2) 단체 역량과 지역사회 연계성 분석하기
: 지속 가능성, 협업 및 행정 운영력, 지역 연결, 퍼포먼스 증명

공모사업의 실현 가능성과 지속성은 단체가 가진 예술적 역량과 조직 운영 능력에서 비롯된다. 이를 객관적으로 보여주는 실적과 사례 중심의 접근이 필요하다. 창작 이력, 내부 협업 구조, 회계 및 정산 수행 경험 등은 실행력을 입증하는 핵심 지표가 된다. 지역사회와의 연계성, 공연 활동의 누적 성과, 협력 기관과의 파트너십을 통해 단체가 지역 내에서 어떤 역할을 수행해 왔는지 정량적으로 제시해야 한다. 지역 자원을 기획 안에 반영한다. 단체의 활동이 지역에 실질적 문화적 파급 효과를 낼 수 있는 구조로 설계되어야 한다.

공모사업에서 단체 역량과 지역사회와의 연계성은 어떻게 분석해야 하는가?

첫째, 단체의 예술성과 지속 가능성을 함께 제시해야 한다. 사업 적합성은 단체의 예술적 역량과 운영 기반을 통해 입증된다. 단순히 활동 실적을 나열하기보다 예술적 방향성, 장르적 정체성, 주요 작품의 맥락과 의미를 함께 설명해야 한다. 구성원 간의 창작 경험과 전문성을 드러내는 것도 중요하다. 예술성과 별개로 조직 운영의 안정성, 내부 시스템, 대표·기획자의 리더십이 지속 가능성을 평가받는 기준이 된다. 사업 성과를 장기적으로 이어갈 수 있는 구조를 보여주는 것이 핵심이다.

둘째, 협업 능력과 행정 운영력은 실행력을 증명하는 주요 요소다. 공모사업은 예술창작뿐만 아니라 계약, 회계, 보고 등 행정 전반을 포함한다. 따라서 단체 내부의 역할 분장과 실무 능력은 필수 평가 항목이 된다. 이전에 유사 사업을 수행한 경험이 있다면 정산이나 성과관리 실적도 강조해야 한다. 지역기관, 민간 파트너, 전문가 등과의 협업 경험은 외부와의 신뢰 기반을 보여주는 사례가 된다. 역량이 부족할 경우 외부 전문가를 초빙해 행정 운영을 보완한 사례도 강점으로 작용할 수 있다.

셋째, 지역성과 단체의 연결고리를 구체적으로 드러내야 한다. 지역 기반 예술단체라면 자신이 속한 지역과 어떻게 문화적으로 연계되어 있는지를 입증해야 한다. 지역의 인물, 장소, 전통, 사회적 이슈 등을 예술 콘텐츠와 어떻게 연결했는지를 설명하면 지역성에 대한 설득력이 높아진다. 지역 내 교육기관, 복지시설, 문화재단 등과 협업한 사례가 있다면 이를 구체적으로 제시해야 한다. 지역 기반이 약한 경우에도 지역 취재, 리서치, 인터뷰 등을 통해 주제를 정하고 연계 구조를 설계할 수 있다.

넷째, 단체가 지역 내 어떤 역할을 해왔는지 정량적으로 보여줘야 한다. 심사자는 단체의 지역 기여도와 실천력을 수치 기반으로 판단한다. 지역 내 공연 횟수, 관객 수, 참여자 수, 협력 기관 수, 미디어 보도 수 등 정량적 지표를 활용해 단체 활동의 범위와 지속성을 입증하는 것이 중요하다. 단순히 "많이 했다"가 아니라, 몇 회, 어디서, 누구와 했는지를 구체적으로 제시해야 한다. 특히 시민 참여형 프로그램, 청소년 예술 교육, 문화소외계층 대상 활동 등은 지역문화에 대한 기여도 측면에서 높은 평가를 받을 수 있다.

⟨핵심 내용⟩

주요 항목	핵심 내용
예술성과 지속성 제시	예술성과 지속 운영 가능성을 함께 보여줘야 한다.
협업 및 운영 역량	협업 경험과 행정 운영력이 신뢰 기반이 된다.
지역성 연계 강조	단체 활동과 지역 자원 간 연결고리를 명확히 해야 한다.
정량적 활동 근거 제시	수치 중심 실적은 단체의 기여도를 입증하는 핵심이다.

3) 사업 기획서 구조 설계와 전략 구성
: 논리적 흐름, 근거, 구체성 및 현실성, 제3자 시선

공모사업 기획서는 단순한 문서가 아니라 단체의 전략적 사고와 실행 능력을 설득력 있게 구조화한 결과물이다. 기획서는 목적·필요성 제시부터 실행 계획, 기대효과까지 논리적으로 연결되어야 한다. 각 항목은 정책 방향과 사업 심사 기준에 부합하는 방식으로 설계되어야 한다. 특히 공연의 내용, 일정, 참여 인력, 지역성과의 연계 등은 구체적이고 실현 가능해야 한다. 기획자는 작성자가 아닌 심사자의 시선에서 읽히도록 전략을 구성해야 한다. 문장마다 '왜 이 기획이어야 하는가'에 대한 답이 자연스럽게 도출되도록 설계해야 한다.

사업계획서 구조 설계와 전략 구성은 어떻게 준비해야 하는가?

첫째, 기획서 구성은 목적에서 실행까지 논리적 흐름으로 설계해야 한다. 기획서는 단체의 창의성을 표현하는 동시에 사업의 실현 가능성을 입증하는 전략적 문서다. 문단의 구성은 '필요성 → 목적 → 실행 계획 → 기대효과'로 이어지는 흐름을 갖추어야 한다. 각 항목은 유기적으로 연결되어야 한다. 항목 간 단절되거나 겹치는 내용은 신뢰를 떨어뜨릴 수 있다. 전체 기획서가 하나의 스토리처럼 읽히도록 설계한다. 문서의 완성도와 논리적 구조는 심사자에게 안정적인 인상을 준다.

둘째, 사업 목적과 필요성은 정책 맥락과 사회적 과제를 근거로 제시해야 한다. 공모사업은 공적 자원을 활용하는 것이므로 '왜 이 사업이 필요한가'에 대한 타당성이 명확해야 한다. 단순한 창작 동기보다는 지역 문제, 예술계 현안, 정책적 배경 등 사회적 과제를 기반으로 기획의 필요성을 설명해야 한다. 정책 키워드와 연결된 기획 목적은 높은 공공성과 적합성을 인정받는다. 심사자는 목적이 뚜렷한 기획에 우선순위를 둔다. 목적과 필요성은 기획서 전체의 방향성과 설득력을 좌우하는 핵심 기초이다.

셋째, 사업 내용과 실행 계획은 구체성과 현실성을 중심으로 구성해야 한다. 공연 주제, 창작 방식, 참여 인력, 지역 연계 방식 등은 추상적인 비전이 아닌 실행 가능한 계획으로 제시되어야 한다. 참여자 역할 분장, 리허설·공연 일정, 홍보 방안까지 실무 중심의 내용 구성이 중요하다. 공연장 확보 여부, 협력기관 참여 구조, 예산 편성 방식 등을 통해 실현 가능성과 실행력을 입증해야 한다. 구체적인 수치, 일정, 자료, 근거가 포함될수록 신뢰도는 높아지며, 실제 수행 가능한 계획이라는 인상을 준다.

넷째, 심사자의 시선을 고려해 전략적으로 읽히는 기획서를 구성해야 한다. 심사자는 짧은 시간 내에 다수의 기획서를 비교·평가하기 때문에 명료한 구조, 핵심 문장, 시각적 구성은 평가 결과에 영향을 미친다. 평가 기준을 분석해 각 항목에 반영하고, 가점 요소와 우대 조건은 자연스럽게 녹여야 한다. 강조할 항목은 표, 도표, 요약 박스를 활용해 시선을 집중시키는 전략도 필요하다. 기획서는 '내가 하고 싶은 것'이 아니라 '지원받을 수 있는 것'이라는 관점에서 읽히도록 설계되어야 한다.

〈핵심 내용〉

주요항목	핵심 내용
기획서 구성의 흐름 설계	전체 구조가 논리적이고 설득력 있게 구성되어야 한다.
목적과 필요성의 전략적 제시	왜 이 사업이 필요한가를 정책과 사회적 맥락으로 설명한다.
사업 내용과 실행 계획의 구체성	공연 내용, 인력 구성, 일정, 방식 등을 구체화해야 한다.
심사자 시선에서 기획서 설계하기	평가 기준에 맞춰 읽히는 기획서를 전략적으로 구성한다.

4) 현실성 있는 예산 편성과 자부담 전략
: 구조와 편성 원칙, 보조금 사용 계획, 자부담 전략, 예산 설계

공모사업의 예산 계획은 단체의 행정 역량과 사업 실행 가능성을 동시에 평가받는 항목이다. 항목별 편성 기준을 정확히 이해하고 목적에 맞는 예산 구조를 설계해야 한다. 금액의 적절성보다는 지출의 목적성과 기획 맥락의 연결성이 중요한 평가 요소이다. 지방비·현물 등 자부담 확보 전략은 사업 실현력과 외부 협업 능력을 입증하는 근거가 된다. 정산 가능성과 회계 검증까지 고려된 편성은 향후 감사 대응의 기초가 된다. 예산은 단순 숫자가 아닌 신뢰와 책임의 구조로 설계해야 한다.

현실성 있는 예산 편성과 자부담 전략은 어떻게 구성해야 하는가?

첫째, 예산 항목의 구조와 편성 원칙을 정확히 이해하고 적용해야 한다. 기획서의 예산 편성은 '사업 실현 가능성'과 '행정 신뢰도'를 동시에 판단 받는 항목이다. 항목별 기준에 따라 인건비, 운영비, 용역비, 여비 등 세부 계정을 구분하고, 해당 항목의 시출 목적과 금액이 연결되도록 설계해야 한다. 편성 가능한 항목과 불가능한 항목(상근 인건비, 자산 취득, 다과 등)을 구분하지 못하면 삭감 사유가 되며, 전체 기획의 신뢰도를 떨어뜨릴 수 있다. 단순 집행 내역이 아닌 예술 활동의 구조를 반영한 예산 편성이 전략의 핵심이 된다.

둘째, 보조금 사용 계획은 명확한 필요성과 목적성을 중심으로 편성해야 한다. 심사자는 금액의 많고 적음을 보기보다 예산이 사업 목표에 어떻게 기여하는지를 우선 평가한다. 각 항목의 편성 이유를 설명할 수 있어야 하며, 특히 참여 예술인 사례비, 무대 기술 용역, 홍보·마케팅비 등은 실제 활용 맥락과 연결되어야 한다. 회계 기준에 맞게 금액의 비율이 편중되지 않도록 조정하는 것도 중요하다. 단체 내부나 외부에서 이해 가능한 언어로 편성 이유를 설명할 수 있는 구조가 설득력을 높인다.

셋째, 지방비와 현물 등 자부담 전략은 사업 집행의 실현 가능성을 높인다. 지원금은 대부분 국비와 지방비의 매칭 구조로 이뤄지므로 자부담 확보 전략이 핵심 요소로 작용한다. 지방비 외에도 공연장 대관료, 연습 공간, 장비 등 현물 지원은 자부담으로 간주되며, 이를 활용한 구조적 설계가 예산의 효율성을 높인다. 지자체와의 협의, 민간 파트너의 후원, 내부 기금의 활용 방안 등을 구체화하면 실행력에 신뢰를 더할 수 있다. 단체의 자생력과 외부 협력 능력은 자부담 구조를 통해 드러난다.

넷째, 정산과 회계 검증을 고려한 예산 설계는 향후 감사 대응의 기반이 된다. 모든 지출은 계약서, 세금계산서, 입금 증빙 등으로 정산되어야 하며, 예산 편성 단계에서부터 증빙 가능성을 고려해 항목을 설계해야 한다. 국고보조금(e나라도움 수행 사업) 1억 원 이상 보조금사업은 회계검증 대상이며, 10억 원 이상 보조금을 수행하는 사업자는 회계감사 대상이다. 다만, 모든 보조금 사업이 회계검증을 받는 것은 아니며 사업 규모나 성격에 따라 회계검증 대상이 다를 수 있다. 회계검증 또는 회계검사를 받아야 하는 경우에는 보조금 규모에 따른 검증수수료를 필수로 책정해야 한다. 항목 간 금액 이동의 제한, 증빙 서류 누락, 불인정 항목 포함은 삭감 또는 환수 사유가 되므로, 편성 단계부터 정산 흐름까지를 설계에 포함시켜야 한다. 예산은 집행뿐 아니라 책임의 구조이기도 하다.

〈핵심내용〉

주요 항목	핵심 내용
예산 항목의 구조와 편성 원칙 이해	항목별 기준에 맞는 예산 편성이 기획의 신뢰도를 높인다.
보조금 사용의 타당성과 근거 제시	편성된 금액의 목적성과 필요성에 대한 논리가 필요하다.
자부담(지방비/현물 등) 확보 전략	자부담 비율과 확보 방법은 실제 집행의 핵심 조건이다.
정산·회계 검증을 고려한 편성 설계	증빙 가능한 예산 구조와 감사 대응 계획을 포함해야 한다.

5) 제출 서류와 행정요건 완벽 점검
: 항목별 요구조건, e나라도움 시스템 숙지, 세부요건 준수, 마감 전 체크

공모사업에서 행정요건과 서류 준비는 기획만큼 중요한 평가 기준이다. 서류 누락이나 양식 미일치는 심사 제외로 직결된다. 신청서, 확약서, 단체 증빙 등은 요구 양식에 맞게 정확히 제출해야 한다. 파일 형식, 서명 방식, 용량 제한까지 세부 기준을 모두 점검해야 한다. e나라도움 시스템을 통해 이뤄지는 전자 절차도 숙지해야 한다. 마감일 임박 시 시스템 오류가 잦다. 최소 이틀 전에는 모든 제출을 마치는 것이 안정적이다. 서류 점검은 단체의 행정 능력을 드러내는 핵심 절차다.

공모사업에서 서류 준비는 어떻게 준비해야 하는가?

첫째, 세출 서류는 항목별 요구조건에 따라 정확히 준비해야 한다. 공모사업에서 제출 서류 누락은 단체의 예술성과 무관하게 형식 심사에서 탈락될 수 있는 치명적인 실수다. 지원신청서, 확약서, 개인정보 동의서, 단체 증빙 서류(사업

자등록증 또는 고유번호증) 등은 공고문에서 제시한 양식을 따라야 하며, 수정하거나 누락된 서류는 심사 대상 제외의 근거가 된다. 또한 기재 항목의 공란, 서명 누락, 양식 미일치도 행정상의 감점 또는 서류 미비로 간주된다. 모든 문서는 항목별로 체크리스트를 만들어 철저히 확인하는 절차가 필요하다.

둘째, e나라도움 시스템의 절차를 사전에 숙지하고 오류를 예방해야 한다. e나라도움은 공공 지원사업의 신청부터 정산까지를 전자화하는 행정 플랫폼으로, 계정 생성, 단체 등록, 사업 신청, 파일 업로드, 전자서명 절차 등이 포함된다. 마감 직전 서버 지연, 업로드 오류 등으로 제출이 누락되는 사례가 반복적으로 발생하므로, 최소 이틀 전에 시스템 업로드를 완료해야 한다. 또한 사업별로 전자문서 규격, 인증 방식 등이 다를 수 있으므로 매뉴얼을 미리 숙지하고 실습해 보는 것이 중요하다. 시스템 미숙지로 인한 실수는 기회 자체를 잃게 만든다.

셋째, 제출 형식, 파일 규칙, 서명 방식 등 세부 요건을 철저히 따라야 한다. 파일은 일반적으로 hwp 형식(한글)으로 제출되며, 정해진 스캔 해상도와 용량 기준을 넘기지 않아야 한다. 예를 들어 10MB 이상 초과 시 등록 불가, 스캔본 누락, 자필 서명 누락 등의 문제가 발생할 수 있으며, 문서명 작성 규칙(예: '2025_단체명_지원신청서.hwp')도 요구되는 경우가 많다. 특히 서명 방식은 전자서명 또는 자필 서명을 요구할 수 있으며, 해당 기준을 어기면 문서가 무효 처리될 수 있다. 파일 오류는 전체 서류가 무효가 되므로 기술적 요건도 행정 전략의 일부다.

넷째, 마감 전 사전 점검과 내부 체크리스트는 행정 안정성을 높이는 기본이다. 지원서 제출은 단순 업로드가 아닌 전 과정을 아우르는 행정 수행의 일부다. 제출 마감 당일 오류나 지연 발생 가능성을 줄이기 위해 최소 2~3일 전 모든 서류를 준비하고, 업로드 전에는 타인이 교차 검토하는 절차를 반드시 포함시켜야 한다. 내부 체크리스트를 항목별로 만들어 누락을 점검하고, 서명, 파일 형식, 날짜 표기, 첨부 누락 등 사소한 행정 실수를 줄이는 데 집중해야 한다. 이러한 사전 점검은 단체의 행정 신뢰도를 높이는 중요한 전략이다.

〈핵심 내용〉

주요 항목	핵심 내용
필수 제출 서류 항목 점검	누락·오제출 시 심사 제외될 수 있어 철저한 점검이 필요하다.
e나라도움 시스템 활용 능력 확보	시스템 등록, 업로드 방식, 마감 시간 관리 등을 숙지가 필요하다.
제출 형식, 파일 조건, 인증 방식 이해	스캔본 용량, 파일명, 서명 방식 등 세부 기준을 이해한다.
마감 전 사전 검토 및 내부 체크리스트 작성	마감 전 오류 방지 위해 체크리스트 활용과 조기 제출을 권장한다.

공모사업의 성공은 설득력 있는 기획과 정확한 행정 준비에서 결정된다. 예술성과 창의성만으로는 선정될 수 없다. 정책과 현장을 함께 읽고 전략적으로 표현해야 한다. 단체의 강점을 구체화하고 지역성과 예산을 연결해야 한다. 실현 가능성과 공공성은 심사자가 가장 먼저 살펴보는 기준이다. 기획서의 구조는 전략이고, 서류의 완성도는 신뢰다. 공모사업 기획과 작성에서 제시한 핵심 요소를 기반으로 단체의 방향을 분명하게 설계해야 다음 단계에서 효과적으로 연결된다.

※ e나라도움 시스템 이용과 관련한 문의는 'e나라도움 고객센터 1670-9595'와 더불어 한국문화예술위원회가 운영하고 있는 '아르코 e나라도움 콜센터 1566-0013'을 이용하면 예술인 또는 예술단체들에게 빠른 안내가 가능하다.

공모사업 기획과 작성 시 핵심 내용 리스트 작성 TIP

① **공모 목적과 정책 키워드 먼저 뽑기**
- 사업의 정책 방향을 요약한 키워드 3~5개를 리스트로 추출
- 예) 지역균형발전, 예술인의 고용안정, 창작 생태계 강화 등
- 이후 전 항목에 이 키워드를 전략적으로 삽입

② **지원 대상 · 장르 · 지역 조건 체크리스트화**
- 지원 자격 조건(소재지, 장르, 단체 형태 등)을 항목별로 분해
- 단체가 해당 조건에 맞는지 여부를 '예/아니오'로 점검

③ **기획서 구성 항목별 메모 시트 만들기**
- 필요성, 목적, 실행계획, 기대효과 등 기본 항목을 문서로 정리
- 항목별로 '적어야 할 핵심 포인트'를 질문 형식으로 정리
- 예) 왜 지금 이 공연이어야 하는가? 이 지역에서 하는 이유는?

④ **예산 편성 계획 초안 항목 리스트화**
- 국고/지방비 비율, 항목별 최대 편성 가능 금액, 자부담 가능 항목 등을 목록화
- 필요 예산의 현실성과 증빙 가능성을 사전 점검

⑤ **협력 기관 · 지역 자원 정리 리스트 만들기**
- 공연장, 연습 공간, 지자체, 언론, 학교 등 협력 가능한 지역 자원을 목록화
- 실제 협약 또는 사용 가능 여부도 함께 체크

⑥ **기획서에 반영할 우대 조건 분류하기**
- 서울 단체의 지역 이전, 인구감소 지역, 2024년 선정 이력 등 우대 항목을 추출
- 단체가 해당 조건을 만족하는지 여부를 리스트로 정리

⑦ **성과 지표 및 정량 자료 사전 수집 목록 만들기**
- 공연 횟수, 관객 수, 지역 기관 협력 건수 등 정량 수치 지표를 우선 수집
- 예측 가능한 성과와 실제 실적을 나눠 정리

2
공모사업 실행과 홍보는 이렇게 해야 한다

공모사업은 기획서를 넘어서 실행 과정에서의 실무력과 행정 완성도를 평가받는다. 실행 계획은 현실성과 논리성을 바탕으로 구성되어야 한다. 인력 구성과 계약, 예산 집행, 홍보, 관객 개발, 아카이빙까지 모든 항목이 유기적으로 연결되어야 한다. 각 단계는 단체의 조직력과 협업 능력을 드러내는 근거가 된다. 실행은 아이디어를 실제로 입증하는 과정이다. 운영 매뉴얼과 증빙 체계를 갖춘 단체만이 성과를 기록으로 남길 수 있다. 현장은 기획보다 정직하다. 실무의 정밀함이 평가의 신뢰로 이어진다.

1) 실현 가능한 실행 계획 수립하기
: 일정표, 역할 구분, 단계별 설명, 실행 가능성

공모사업이 선정되고 세부 실행 계획은 기획의 실현 가능성과 행정 역량을 동시에 보여주는 핵심 항목이다. 단체가 무엇을 언제 어떻게 수행할 수 있는지를 구체적으로 제시해야 한다. 공연 주제, 창작 과정, 리허설 일정, 인력 구성 등은 실제 수행 가능한 방식으로 계획되어야 한다. 일정은 시기별로 구체화하고 역할 분장은 명확해야 한다. 단체의 의지가 아닌 실무 능력을 보여주는 전략이 실행 계획에 담겨야 한다. 기획의 성패는 실행 계획이 설득력을 갖는지 여부에서 판가름 난다.

 공모사업에서 실행 계획서를 작성할 경우 주요 내용은 무엇인가?

 첫째, 일정표는 단계별 활동이 논리적으로 연결되도록 설계되어야 한다. 공연 준비 과정을 월별 또는 주간 단위로 구분하고, 창작, 연습, 리허설, 홍보, 공연, 정산 등 단계별 활동을 구체화해야 한다. 일정은 단체의 인력 운영 구조와 시설 이용 가능 시기, 외부 협력 일정 등을 반영해 현실적으로 구성해야 한다. 일정이 과도하게 압축되거나 분산된 경우 실행력에 대한 신뢰를 떨어뜨릴 수 있다. 일정표는 기획서의 흐름을 시각화하는 도구이자 실무 대응 능력을 보여주는 핵심 자료다.

 둘째, 참여 인력과 역할 분장은 책임 구조를 명확히 보여줘야 한다. 단체 구성원의 이름과 역할, 활동 기간, 실무 책임을 구체적으로 명시해야 한다. 기획자, 연출가, 행정 담당자, 기술팀, 출연진의 역할이 중복되지 않도록 체계적으로 설계해야 한다. 인력이 부족하거나 한 명이 여러 역할을 겸하는 경우에는 그 이유와 대응 방안을 함께 제시해야 신뢰를 얻을 수 있다. 역할 분장은 단체의 운영 안정성을 나타내는 가장 직접적인 요소다.

 셋째, 공연 준비 과정은 창작부터 공연까지 단계별로 분해해 설명해야 한다. 창작 아이디어 발굴, 대본 완성, 음향·조명 리허설, 연습 스케줄, 무대 설치, 공연 운영 등 각 단계는 시간적 흐름에 따라 연결되어야 한다. 특히 리허설과 기술 점검, 현장 테스트 일정을 명확히 제시하면 현실적 계획으로 인정받는다. 단순히 공연 일시만을 제시하는 계획은 심사자에게 빈약한 준비로 해석된다. 준비 과정의 세부성이 실행력을 증명하는 척도가 된다.

 넷째, 실행 가능성은 확보된 자원과 증빙 자료를 통해 입증되어야 한다. 공연장 대관 확인서, 연습실 계약서, 협력기관 추천서 등 실질적 자원이 확보되었는지를 근거로 제시해야 한다. 문서화된 협약서나 파트너 기관과의 MOU 등은 실행 계획이 단순 희망이 아님을 보여주는 자료다. 심사자는 아이디어보다 실현 기반을 더 중요하게 평가한다. 실질적 근거는 기획서 전체 신뢰도를 결정짓는 요인이다.

〈핵심 내용〉

주요 항목	핵심 내용
일정표와 단계별 수행 계획 수립	전체 일정을 단계별로 구체화하고 현실적인 달성 구조 제시한다.
참여 인력 구성 및 역할 분장 명확화	주요 참여자와 역할을 분명히 구분해 책임 구조를 형성한다.
공연 준비 과정(리허설, 연습 등)의 구체화	창작·연습·리허설·공연 전 과정을 세부 단계로 구성한다.
실행 가능성을 입증할 수 있는 근거 제시	시설 확보, 협약 여부, 외부 자원 연계 등 실현 기반을 명시한다.

2) 참여 예술인과의 서면 계약 체결
: 서면 계약, 표준계약서, 계약 내용 구체화, 다방면 고려

공공 지원사업에서 참여 예술인과의 계약은 창작 활동에 대한 정당한 보상과 법적 책임의 기준이 된다. 사업의 행정 신뢰도와 투명성을 평가하는 핵심 지표다. 계약서 없이 구두 합의만으로 진행된 사업은 보조금 정산에서 불인정되거나 환수 조치로 이어질 수 있다. 계약 체결은 단체와 예술인 간 권리 보호를 위한 최소한의 행정 장치이다. 문화체육관광부 표준계약서 양식을 활용해 역할, 기간, 사례비 조건을 명확히 명시해야 한다. 문서화된 계약은 사업 운영의 기본 책임이자 예술인의 권익을 보호하는 출발점이다.

참여 예술인과의 서면 계약 체결 방식은 어떻게 해야 할까?

첫째, 서면 계약은 정산과 책임 이행을 위한 법적 기준이다. 예술인과의 서면 계약이 없으면 보조금 집행의 정당성을 입증할 수 없다. 구두 합의나 문자 메시지는 행정상 계약으로 인정되지 않으며, 정산 불가 또는 환수 조치의 근거가 된다. 계약 체결은 단체의 사업 수행 능력과 행정 책임감을 보여주는 지표다. 예술인의 권익 보호와 사업 운영의 법적 안전망을 위해 서면 계약은 선택이 아닌 필수 조건이다.

둘째, 표준계약서 양식을 사용하면 정책 기준에 부합할 수 있다. 문화체육관광부 고시 공연예술 표준계약서를 활용하면 항목 구성, 권리 규정, 법적 해석에서 안정성을 확보할 수 있다. 출연, 창작, 기술지원, 대관 등 계약 목적에 맞는 양식을 구분해 사용해야 한다. 기존 양식을 그대로 적용하면 심사와 정산 과정에서 신뢰도를 높일 수 있다. 표준계약서는 단체와 예술인 모두에게 유리한 실무 도구다.

셋째, 계약 내용은 역할, 기간, 금액을 중심으로 구체화해야 한다. 모든 계약서에는 참여자의 활동 기간, 구체적인 역할, 지급 받을 사례비, 지급 시기, 중도 해지 조항 등이 포함되어야 한다. 계약 금액과 실제 지급액이 불일치할 경우에는 정산 시 증빙이 부족하다는 판단을 받을 수 있다. 역할이 불분명하거나 계약 기간이 모호한 경우에도 계약 효력이 약화된다. 구체적인 계약 내용은 정산과 분쟁 예방의 핵심이다.

넷째, 계약은 체결 시점과 관리 체계까지 고려해 정비해야 한다. 서면 계약은 사업 시작 전에 체결되어야 하며, 계약 일자가 사후로 기입된 경우 행정상 불이익을 받을 수 있다. 전자서명 또는 자필 서명은 모두 허용되지만, 서명 방식은 일관되어야 한다. 계약서는 단체 내 보관용으로 정리하고, 정산용 스캔본은 별도로 보관해야 한다. 계약 관리 일정과 책임자는 사업계획서에 포함해 행정력의 근거로 제시할 수 있다.

<핵심 내용>

주요 항목	핵심 내용
서면 계약의 법적·행정적 필수성	계약서 없으면 정산 불가, 환수 가능성이 존재한다.
표준계약서 양식 활용의 필요성과 기준	문체부 고시 계약서 사용 권장, 항목 구성이 필수적이다.
역할, 기간, 금액 등 계약 내용 구체화	계약서에 반드시 들어가야 할 필수 요소를 명시한다.
계약 관리 체계와 사전 확보 전략	계약 체결 시점, 서명 방식, 보관 체계 정비가 필요하다.

3) 예산 집행 계획과 계정항목 이해
: 계정항목 기준, 항목별 허용 범위, 정산 가능한 항목, 감사 대비

공모사업의 예산은 단순 금액 배분이 아닌 사업 실행력과 행정 역량을 동시에 평가받는 기준이다. 계정항목에 맞지 않는 예산 집행은 정산 불인정이나 환수 사유가 되며, 항목별 편성 기준과 증빙 요건을 정확히 이해해야 한다. 인건비, 운영비, 용역비, 여비 등은 각각 지출 목적에 따라 엄격히 구분된다. 허용 범위 내에서 집행 계획을 수립해야 한다. 예산은 집행 계획만이 아닌 행정 신뢰를 설계하는 구조다. 실제 사용 가능성과 회계처리의 논리성을 동시에 갖춰야 정량적 평가를 통과할 수 있다.

첫째, 예산은 계정항목 기준에 따라 분류되고 집행되어야 한다. 예산은 인건비, 운영비, 여비, 용역비 등 항목별 구조를 따라 편성해야 한다. 각 항목은 지출 목적과 증빙 방식이 다르므로 구분 기준을 명확히 이해해야 한다. 항목 간 혼용은 정산에서 불인정될 수 있다. 예를 들어 사례비는 인건비로, 조명·무대는 용역비로, 숙박·식대는 여비로 편성해야 한다. 계정 기준을 벗어난 편성은 삭감 대상이 된다.

둘째, 항목별 허용 범위를 정확히 이해해야 예산이 인정된다. 국비로는 상근

직 인건비, 다과비, 자산 취득 등은 편성할 수 없다. 반면, 회계 검증 수수료, 아카이빙 영상 제작비 등은 필수 편성 항목이다. 공연 목적에 직접적으로 연관된 비용만 집행이 인정되며, 일반 운영비나 소모품 비용은 제외된다. 편성 가능 항목과 불가 항목을 혼동하면 예산 전체의 신뢰도가 낮아진다.

셋째, 예산은 정산 가능한 항목 중심으로 계획되어야 한다. 계약서, 견적서, 세금계산서, 이체증명 등 증빙이 가능한 항목 중심으로 예산을 계획해야 정산이 가능하다. 현금 사용이나 간이영수증은 인정되지 않으며, 개인 명의 계좌나 카드 사용은 원칙적으로 금지된다. 예산 수립 단계부터 증빙 수단을 고려해 실무 흐름을 맞춰야 정산 대응력이 높아진다. 모든 집행은 사후 정산 가능성이 기준이 된다.

넷째, 회계 검증과 감사를 대비한 예산 구조를 갖춰야 한다. 1억 원 이상 보조금사업은 회계검증 대상이며, 수수료는 예산에 사전 반영해야 한다. 지출 항목 간 흐름이 일관되고, 계약서·지급 서류·성과물이 일치해야 감사를 통과할 수 있다. 실제 집행과 예산 계획이 불일치하면 추후 감사에서 감점 또는 환수 조치가 발생할 수 있다. 예산은 실행뿐 아니라 책임의 흐름을 설계하는 도구다.

〈핵심 내용〉

주요 항목	핵심 내용
예산 계정항목의 분류와 구조 이해	인건비, 운영비, 용역비, 여비 등의 항목 기준을 숙지한다.
항목별 허용 범위와 편성 가능 항목 분석	국비 가능 항목과 불인정 항목 구분이 필요하다.
증빙 가능성과 정산 연계를 고려한 계획 수립	각 항목에 맞는 증빙자료 확보 가능성까지 설계한다.
회계 검증과 감사 대응을 위한 예산 구조 설계	회계 흐름, 세부 지출 기준, 검증 항목 등의 고려가 필요하다.

4) 홍보 · 마케팅과 관객 개발 전략 수립
: 홍보 채널, 협업, 맞춤 타깃, 홍보 이후 설계

공공 지원사업에서 홍보 전략은 단체의 사업 확장력과 관객 기반 형성 능력을 평가하는 핵심 항목이다. 단순한 관객 모집이 아니라 지역사회 참여와 문화 향유 확산이라는 공적 목적에 부합해야 한다. 예술성과 대중성의 균형을 고려한 홍보 채널 전략, 홍보물 제작 방식, 지역 매체와 기관 연계, 관객 개발 프로그램까지 포함한 계획이 필요하다. 성과 지표로 이어지는 관객 수, 참여율, 도달률 등을 예측 가능한 구조로 설계해야 한다. 관객은 결과가 아니라 전략적 설계의 대상이다.

첫째, 홍보 채널은 채널별 특성과 사업 일정에 따라 전략적으로 선택해야 한다. SNS, 유튜브, 뉴스레터, 지역 신문, 전단지, 현수막 등 다양한 매체를 목적에 따라 활용해야 한다. 온라인은 확산성과 실시간성에, 오프라인은 지역 기반 접근에 유리하다. 홍보 채널의 배치 계획은 공연 일정과 예산 배분, 도달 대상에 따라 세분화되어야 한다. 홍보는 단순 안내가 아니라 관객을 유입시키는 구조이므로 전략적 배치가 중요하다.

둘째, 지역기관과의 홍보 협업은 관객의 신뢰도를 높이고 참여를 유도한다. 지역 언론사, 문화재단, 도서관, 학교, 사회복지기관 등과의 협업 구조는 홍보 신뢰도를 높이고 공연의 공공성을 강화한다. 단순 보도자료 배포가 아니라 공동 기획, 연계 콘텐츠 제작, 현장 배포 협력 등 파트너십이 필요하다. 공연이 지역 자원과 연결될 때 관객의 자발적 참여 가능성이 커진다. 지역 네트워크 활용은 장기 관객층 형성에도 유리하다.

셋째, 홍보 콘텐츠는 관객 타깃에 맞게 기획되어야 한다. 청년, 가족 단위, 고령층 등 대상 관객층의 특성을 분석해 홍보 이미지, 문구, 홍보 방식까지 맞춤형으로 설계해야 한다. 예술적 깊이와 접근성을 조화롭게 구성하고, 내용 전달력을 높이는 시각 요소를 병행해야 한다. 콘텐츠가 난해하거나 단순하면 유입률이 낮아진다. 시각적 강점과 메시지 명확성이 결합되어야 효과적이다.

넷째, 관객 개발은 홍보 이후를 설계하는 단계로 접근해야 한다. 단기 관람객 유치가 아니라 단체와 장기 관계를 맺는 관객층 확보 전략이 요구된다. 공연 전 오픈 리허설, 사전 설명회, 공연 후 아티스트 토크, 피드백 수렴 프로그램 등을 통해 관객과의 연결 구조를 만든다. 정량성과 함께 관객 만족도, 체험 후기, 재방문 의사 등 질적 성과도 함께 평가받는다. 관객 개발은 참여 기반 구축의 핵심 전략이다.

〈핵심 내용〉

주요 항목	핵심 내용
영상·사진 등 콘텐츠 기록 기준 설정	포맷, 해상도, 분량 등 사전 기준 설정이 필요하다.
문서류 자료의 항목별 분류 및 정리	계약서, 서명서, 결과물 등 항목별 폴더링이 필요하다.
아카이빙 용역비 및 정산 증빙 사전 설계	편성 가능 예산과 증빙 방식에 맞춘 집행 계획이 필요하다.
장기 보관과 외부 공유를 위한 관리 체계 구축	내부·외부용 저장 방식과 활용 구조를 함께 고려해야 한다.

5) 아카이빙 및 자료 관리 체계 수립
: 콘텐츠 기록, 이중 저장 체계, 용역비, 보관 및 공유 동시 설계

공모사업의 성과는 단지 공연의 완성에 그치지 않고, 그것을 어떻게 기록하고 전달하는가에 따라 평가된다. 영상, 사진, 홍보물, 계약서, 정산 서류 등 다양한 형태의 자료는 사업의 증거이자 콘텐츠 자산이다. 아카이빙은 행정 의무를 넘어 단체의 예술 활동 이력을 축적하고 외부 공유 기반을 형성하는 작업이다. 자료

보존과 관리 체계를 설계하면 이후 결과보고서 작성과 회계 감사에도 유리하다. 모든 예술 활동은 기록을 통해 제2의 기회를 만든다. 기획 단계에서부터 아카이빙은 병행되어야 한다.

첫째, 영상과 사진은 아카이빙 기준을 사전에 설정해 기록해야 한다. 공연 영상은 4K 해상도로 촬영하고, 사진은 고해상도 원본 파일로 저장해야 한다. 포스터, 리플렛, 온라인 콘텐츠는 활용 목적에 따라 JPG, PDF, AI 형식으로 정리한다. 공연 실황은 전막과 하이라이트로 나누고, 촬영 범위와 타임라인은 사전에 기획서에 반영해야 한다. 콘텐츠 기록은 자료 제출뿐 아니라 차기 홍보 자산으로도 작동한다.

둘째, 정산용 문서는 항목별로 분류하고 이중 저장 체계를 마련해야 한다. 계약서, 확약서, 세금계산서, 이체증명, 견적서 등은 항목별로 폴더화한다. 물리적 보관 외에 클라우드 저장소나 외장하드에도 이중 백업해야 한다. 결과보고서에 포함될 프로그램북, 설문지, 관객 후기 등도 함께 분류한다. 자료가 흩어지면 정산이 지연되고, 일부 자료는 복구가 불가능하다. 자료 정리는 결과 보고와 감사의 핵심 준비물이다.

셋째, 아카이빙 용역비는 예산에 반영하고 증빙까지 연계해야 한다. 공연 영상, 사진 촬영, 편집, 디자인은 일반용역비로 예산에 포함시켜야 한다. 촬영이 외주일 경우 견적서, 계약서, 결과물 파일을 모두 정산자료로 제출해야 한다. 영상물 제작이 기획에 포함되어 있다면 관련 예산이 누락되면 평가에 불이익이 생긴다. 예산과 증빙, 결과물의 흐름을 설계하면 아카이빙의 완성도를 높일 수 있다.

넷째, 아카이빙은 내부 보관과 외부 공유가 동시에 설계되어야 한다. 내부용 정리는 폴더 구조 기반의 저장소(구글 드라이브, NAS 등)를 구축한다. 외부 공유용 콘텐츠는 유튜브 업로드, 브로슈어 제작, 요약 영상 등으로 가공해 활용도 있게 구성해야 한다. 성과 공유, 차기 사업 활용, 기관 보고 등을 고려한 다용도 저장 전략이 필요하다. 아카이빙은 단순 보관이 아닌 예술 활동의 자산화다.

<핵심 내용>

주요 항목	핵심 내용
영상·사진 등 콘텐츠 기록 기준 설정	포맷, 해상도, 분량 등 사전 기준 설정이 필요하다.
문서류 자료의 항목별 분류 및 정리	계약서, 서명서, 결과물 등 항목별로 폴더링이 필요하다.
아카이빙 용역비 및 정산 증빙 사전 설계	편성 가능 예산과 증빙 방식에 맞춘 집행 계획이 필요하다.
장기 보관과 외부 공유를 위한 관리 체계 구축	내부·외부용 저장 방식과 활용 구조를 함께 고려해야 한다.

공모사업의 실행은 기획의 실현 가능성을 증명하는 무대다. 완성도 높은 일정 관리, 명확한 역할 분장, 증빙 가능한 예산 집행, 전략적 홍보와 관객 설계는 실무 대응력을 판단하는 기준이다. 현장은 수치와 정리로 평가된다. 성과를 쌓기 위해서는 사전계획과 체계적인 자료 관리가 반드시 병행되어야 한다. 기획은 창의력으로 시작되지만 실행은 정교한 구조로 완성된다. 사업의 성공 여부는 '얼마나 잘했는가'보다 '얼마나 준비되었는가'로 결정된다.

> **공모사업 실행과 홍보 – 핵심 리스트 작성 TIP**
>
> ① **실행 일정표(Gantt Chart) 사전 설계**
>   · 공연 관련 전 활동을 주차별로 나눈 마스터 일정표 작성
>   · 창작, 연습, 리허설, 촬영, 홍보, 정산 등 흐름을 시간순으로 시각화
>   · 공연장 대관일, 아카이빙 일정, 보조금 집행 마감일을 중심에 배치
>
> ② **인력 역할 분장 리스트**
>   · 연출, 기술감독, 회계담당, 기획자, 출연자 등 주요 인력의 역할과 책임 명확화

- 인력별 활동 기간, 예산 투입 시점과 연동
- 정산 증빙용 계약서 목록과 연결되는 기본 자료

③ **계약서 체결 대상자 및 서명 현황 리스트**
- 출연자, 외부 용역, 기술인력 등 서면 계약 체결자 리스트 업
- 서명 방식(전자/자필), 계약일자, 계약서 스캔 파일 제출 여부 체크
- 사업 종료 후 회계감사 시 필수 제출 자료

④ **홍보 채널 및 콘텐츠 제작 일정 리스트**
- SNS, 웹배너, 인쇄물, 지역 언론 등 홍보 매체별 정리
- 발행 주기, 디자인 제작 일정, 도달 목표 등을 포함한 타임라인
- 홍보 예산, 디자인 용역 계약과 연동 계획 필요

⑤ **관객 개발 및 사전·사후 프로그램 리스트**
- 설명회, 체험형 클래스, 공연 후 토크, 피드백 설문 등 관객 유입 전략 정리
- 예상 참여 인원, 운영 방식, 장소 확보 여부도 포함
- 관객 만족도 평가 및 성과보고서용 질적 지표 근거로 활용 가능

⑥ **예산 항목별 증빙자료 체크리스트**
- 항목별로 요구되는 정산용 증빙자료 종류를 사전 정리
- 예) 계약서, 세금계산서, 통장 이체확인증, 결과물 자료 등)
- 집행 전, 준비자료 수집 완료 여부 체크 용도
- 정산 기간 단축 및 삭감 방지에 핵심 자료

⑦ **아카이빙 자료 정리 및 백업 구조 리스트**
- 영상(4K), 사진, 포스터, 결과 보고자료를 항목별 폴더로 정리
- 내부용(정산·보관)과 외부 공유용(홍보·성과 활용)을 구분
- 구글 드라이브, NAS, 외장하드 백업 계획 포함

⑧ **공연 운영 매뉴얼 항목 구성 리스트**
- 공연 당일 기준 운영 항목을 문서화
  (입장 관리, 무대 큐시트, 스태프 동선, 관객 동선, 응급 상황 대응 절차 등)
- 예술감독, 무대감독, 행정 담당자에게 가가 공유할 실무 지침시 제직
- 단체 내부 공연 매뉴얼 축적으로 차기 사업 운영에도 재활용 가능

공모사업 정산과 실적보고서 제출은 이렇게 해야 한다

공모사업의 완성은 정산과 실적보고를 통해 사업의 실행력을 수치와 문서로 입증하는 단계로 이어지며, 증빙 자료의 정리 방식, 입력 체계의 숙련도, 보고서의 논리 구조는 단체의 행정 신뢰와 재지원 가능성에 결정적 영향을 미친다. 항목별 증빙과 실수 방지 전략, e-나라도움 입력 체계, 결과보고서 구성과 회계 검증 준비는 단순 행정보고가 아니라 책임을 구조화한 행위이며, 보고와 감사는 성과가 아니라 과정의 정합성과 구조적 신뢰를 증명하는 절차다.

1) 지출 증빙 자료 정리 방법과 보관 요령
   : 분류 기준, 규칙 통일, 이중 보관 체계, 항목별 요약 및 체계

공모사업의 정산 과정은 지출 증빙의 체계적 관리 여부에 따라 성패가 갈린다. 계약서, 세금계산서, 통장 사본, 이체 내역, 결과물 등은 사업 수행의 법적·행정적 근거이다. 모든 지출은 문서화되어야 정산이 가능하다. 증빙 자료는 항목별로 정리하고, 파일명과 보관 체계를 통일해야 감사 대응이 가능하다. 사후 정리보다 사전 정리가 효율적이다. 집행과 동시에 정리하고, 이중 저장 구조를 갖춰야 행정 리스크를 최소화할 수 있다. 정산은 책임의 기록이다. 단체의 신뢰는 자료에서 완성된다.

첫째, 증빙 자료는 지출 항목별로 분류 기준을 정해 정리해야 한다. 인건비, 운영비, 용역비, 여비 등 항목별로 요구되는 증빙 서류가 다르기 때문에 지출 목적에 따라 계약서, 세금계산서, 통장 사본, 영수증 등을 나눠 정리해야 한다. 혼합 정리는 감사 시 불인정 사유가 되기 쉽다. 항목별 폴더 또는 바인더로 관리하면 행정 효율성과 제출 정확도가 높아진다.

둘째, 파일명과 정리 방식은 일정한 규칙으로 통일해야 한다. 파일명은 사업 연도, 단체명, 항목, 지출 일자, 순번 등을 기준으로 통일해야 한다. 예) '2025_단체명_홍보비_0401_001.pdf'처럼 일관된 명명 기준이 있으면 정산 시 검색과 제출이 쉬워진다. 파일명을 정리 기준 없이 보관하면 오류와 누락이 반복되고, 정산 일정에 차질을 줄 수 있다.

셋째, 종이 문서와 전자 문서는 이중 보관 체계로 관리해야 한다. 계약서 원본, 영수증, 통장 내역 등 실물 자료는 바인더에 항목별로 정리하고, 이를 스캔해 클라우드나 외장하드에 이중 저장해야 한다. 물리적 분실이나 데이터 손실에 대비하는 체계가 있으면 회계 검증과 실적 보고 준비 과정이 수월해진다. 자료는 단체의 자산이자 증명의 근거다.

넷째, 제출용 정산 패키지는 항목별 요약과 파일 체계를 갖춰야 한다. 제출용 정산자료는 단순 서류 모음이 아닌 보고용 패키지로 구성해야 한다. 항목별 폴더, 요약표, 체크리스트를 함께 구성해 실적보고서에 연계되도록 해야 한다. 항목별 자료가 흩어지면 누락 가능성이 크다. 정리의 품질은 단체의 행정 책임을 평가받는 기준이 된다.

⟨핵심 내용⟩

주요 항목	핵심 내용
항목별 증빙 자료 분류 기준 설정	세금계산서, 계약서 등 지출 항목별 분류 방식이 필요하다.
파일명·날짜·건별 정리 방식 통일	정리 기준을 통일하여 검색과 제출 편의를 확보한다.
종이 문서와 전자 문서의 병행 보관 체계	실물 문서 보관과 클라우드 백업을 병행한다.
회계 감사와 보고서 제출을 위한 제출용 패키지 구성	증빙 자료를 정리된 보고용 패키지 형태로 준비한다.

2) 정산 서류 항목별 작성법과 자주 하는 실수
  : 정산 서류, 일치, 오기, 통일 정리

정산 서류는 단순한 형식 문서가 아니라 보조금 집행의 적절성과 행정 책임을 입증하는 핵심 증빙자료다. 항목별로 요구되는 서류와 형식을 정확히 파악하고, 금액·날짜·계좌 정보의 일치 여부까지 점검해야 감사를 통과할 수 있다. 가장 많이 발생하는 오류는 서명 누락, 날짜 불일치, 금액 오기, 영수증 미첨부 등이다. 모든 지출은 사전에 정해진 양식과 방식에 따라 정리해야 하며, 표준화된 작성 규칙이 없으면 혼란과 삭감으로 이어진다. 정산은 정리된 증거의 언어다. 실수가 곧 손실이 된다.

첫째, 정산 서류는 항목별로 요구 문서를 정확히 구성해야 한다. 인건비는 계약서와 이체 내역, 용역비는 계약서·세금계산서·성과물, 여비는 영수증과 여비신청서 등으로 구성해야 한다. 각 지출 항목마다 정산에 필요한 필수 서류가 정해져 있으므로 기준에 맞지 않으면 보조금이 삭감된다. 지출 성격을 고려해 미리 필요한 서류를 목록화하고, 집행 전에 확보 전략을 세워야 한다.

둘째, 계약일, 송금일, 금액, 계좌 정보는 반드시 일치해야 한다. 정산 서류의 기본 항목들이 서로 불일치하면 감점 또는 환수 조치로 이어질 수 있다. 계약서 상의 지급일과 이체 내역이 다르거나, 계산서의 금액이 실제 입금액과 불일치할 경우 가장 먼저 삭감 대상이 된다. 날짜, 금액, 계좌번호 등 핵심 정보는 사전에 점검하고 동일한 내용으로 맞춰야 한다.

셋째, 가장 많은 실수는 서명, 첨부, 항목 오기에서 발생한다. 자필 또는 전자서명 누락, 계산서 누락, 항목 잘못 분류, 사후 발급된 문서 등은 감사에서 불인정 처리된다. 가장 기본적인 실수가 반복되면 단체의 행정력 자체가 의심받는다. 체크리스트를 통해 항목별 제출 여부를 사전 점검한다. 반드시 2인 이상이 교차 확인하는 절차를 포함시켜야 한다.

넷째, 모든 문서는 양식, 파일명, 폴더 체계를 통일해 정리해야 한다. 파일명과 작성 양식을 통일하지 않으면 감사 준비 과정이 혼란스러워진다. 정산 서류는 보기 쉬운 순서, 항목별 정리, 요약표 포함 등으로 구성된 제출용 패키지 형태로 정리해야 한다. 체계가 없으면 수정 요청이 반복되고 정산 마감에 차질이 생긴다. 정리된 구조는 행정 책임의 근거가 된다.

〈핵심 내용〉

주요 내용	핵심 내용
계약서, 세금계산서, 이체 내역 등 필수 항목 구성	항목별 필수 서류 종류와 기준을 정리한다.
문서 작성 시 날짜·금액·계좌 정보 일치 확인	기본 기재 사항 불일치가 가장 흔한 실수이다.
자주 하는 실수 항목별 정리와 예방 체크리스트	서명 누락, 첨부 누락, 항목 혼동 등을 예방한다.
양식 통일과 제출용 정리 방식 설계	표준화된 작성 방식과 폴더 정리가 핵심이다.

3) e-나라도움 정산 입력 시스템 이해와 실수 방지
  : 항목별 구조 이해, 준비, 중간 저장과 백업, 입력 실수

정산은 문서 정리뿐 아니라 e-나라도움 시스템 내 입력과 첨부까지 포함된 전자 행정 과정이다. 단체가 아무리 증빙자료를 철저히 준비했더라도 입력 실수, 항목 오류, 누락된 첨부 파일이 존재하면 반려되거나 정산이 지연된다. 시스템 구조와 입력 항목, 첨부 방식, 저장 순서를 사전에 파악하고 오류를 줄이는 것이 필수다. 마감 직전 시스템 오류나 인터넷 환경 불안정으로 중단되는 사례도 많다. 정산 입력은 문서 작업이 아니라 책임을 완성하는 마지막 행정 절차다. 익숙함이 안전을 만든다.

첫째, e-나라도움 정산 입력은 항목별 구조를 사전에 이해해야 한다. 인건비, 일반수용비, 일반용역비, 여비, 업무추진비 등 항목마다 입력 방식이 다르다. 선택 항목과 필수 필드가 구분되어 있다. 예를 들어 인건비, 일반수용비(사례비)는 참여자 등록이 필요하고, 용역비는 성과물 파일을 첨부해야 한다. 시스템 구조를 미리 익히지 않으면 입력 중 오류가 반복된다. 처음 입력 전에 구조도를 파악해 두는 것이 효율적이다.

둘째, 파일 포맷과 첨부 기준은 시스템에 맞춰 정확히 준비해야 한다. 모든 증빙 파일은 지정된 형식과 용량 기준을 따라야 하며, 파일명 규칙도 요구된다. PDF와 JPG가 대부분이며, 첨부 순서를 잘못 입력하면 시스템상 반려될 수 있다. 누락되거나 과도한 용량의 파일은 업로드 자체가 되지 않는다. 첨부 기준은 단체마다 공유하고 매뉴얼화해야 실수를 줄일 수 있다.

셋째, 중간 저장과 백업은 정산 입력의 안전 장치다. e-나라도움은 일정 시간이 지나면 자동 로그아웃되거나 저장되지 않는 오류가 발생할 수 있다. 입력 직후 '임시 저장'을 습관화한다. 하루 작업을 마칠 때마다 입력 내용의 출력본을

PDF로 저장해야 한다. 마감일 직전 집중 입력은 위험하다. 시스템 과부하로 인해 제출 자체가 실패하는 경우도 많다.

넷째, 입력 실수는 항목 오류, 불일치, 누락에서 가장 많이 발생한다. 입력 실수의 대부분은 잘못된 항목 선택, 계약명과 송금 계좌 불일치, 첨부 누락, 금액 오류에서 발생한다. 이를 방지하기 위해 입력 전 확인표를 작성한다. 담당자가 2인 이상인 경우 교차 검토 절차를 운영해야 한다. 실수는 반복되며, 입력은 저장 전 반드시 재검토되어야 한다.

〈핵심 내용〉

주요 항목	주요 내용
e-나라도움 정산 구조와 항목별 입력 흐름 이해	항목 구조와 입력 필드 구성을 미리 파악해야 한다.
증빙자료 첨부 방법과 파일 포맷 기준 확인	필수 첨부 파일 형식과 첨부 순서가 중요하다.
시스템 오류 예방과 중간 저장 습관화	임시 저장, 중간 백업 필수, 장시간 입력은 피해야 한다.
반복되는 입력 실수 사례와 사전 방지 전략 정리	항목 오류, 첨부 누락, 금액 불일치 등 주요 실수는 사전에 파악한다.

4) 실적보고서 작성 및 제출 전략
: 실적보고서, 연결 표현, 항목별 증빙 자료, 평가자 중심

실적보고서는 사업의 실적을 정리하는 문서가 아니라 기획과 실행의 정합성과 공공성과의 연결을 증명하는 최종 평가 자료다. 단순한 서술보다 성과 지표, 수치, 증빙 기반의 객관적 결과를 중심으로 작성되어야 한다. 기획 당시 제시한 목표와의 비교 구성이 핵심이다. 관객 수, 참여 인원, 홍보 성과, 예산 집행 결과 등이 하나의 흐름으로 정리되어야 한다. 누락된 자료는 완성도를 떨어뜨린

다. 정량성과 질적 분석이 분리되면 평가에 취약해진다. 보고서는 서류가 아닌 신뢰를 담는 구조다.

첫째, 결과보고서는 기획 목표와 실행 결과의 대응 구조로 구성되어야 한다. 처음 제시한 공연 목표, 관객 수 예측, 창작 목표 등과 실제 실적을 나란히 비교해야 한다. 표 형식 또는 항목별 대응 구조로 정리하면 정합성이 강조된다. 성과가 부족한 경우에도 그 사유를 근거와 함께 명확히 설명해야 평가자 신뢰를 얻을 수 있다. 보고서는 실행 결과의 수치가 아니라 기획에 대한 증명의 문서다.

둘째, 정량성과 질적 성과는 균형 있게 연결해서 표현해야 한다. 관객 수, 공연 횟수, SNS 도달률 등 수치는 기본이지만 관객 반응, 언론 리뷰, 설문 결과 등 질적 성과도 함께 기술해야 보고서의 밀도가 높아진다. 정량성과 정성 항목을 연결해 표현하면 실적의 신뢰도와 공공성이 함께 강화된다. 보고서는 단순 수치 요약이 아니라 체험과 반응을 담는 구조로 구성된다.

셋째, 보고서에는 항목별 증빙자료가 첨부되어야 신뢰를 확보할 수 있다. 공연 영상, 사진, 홍보물, 기사 스크랩, SNS 게시물, 설문지 등은 항목별로 구분된 폴더로 정리하고, 파일명도 구체적으로 설정해야 한다. 실적 수치만 기재하고 첨부가 없는 보고서는 실현성을 입증하지 못한다. 결과와 증거는 항상 한 쌍으로 구성되어야 보고서의 신뢰가 완성된다.

넷째, 보고서는 평가자 중심으로 읽히는 문장을 전략적으로 구성해야 한다. 문단마다 요약 구문을 포함시키고, 성과 문장은 수치와 파급효과를 함께 기술해야 한다. 예를 들면, "총 5회 공연에 2,300명 관람, 지역신문 3건 보도됨" 같은 형태가 핵심이다. 문장은 짧게, 내용은 구조적으로 정리하고, 강조 내용은 굵은 글씨나 박스 처리로 시선을 유도해야 한다. 평가 문서에는 읽는 전략이 필요하다.

〈핵심 내용〉

중요 항목	핵심 내용
기획 목표 대비 실행 결과 구조화	계획과 결과의 비교를 기준으로 구성한다.
정량성과 질적 성과의 균형 있는 표현 방식	수치와 서술의 연결 구조가 필요하다.
보고서 구성 항목별 증빙자료 정리	결과자료와 정산자료의 항목별 첨부가 전략이다.
평가 대응용 문장 구성 및 요약 전략	읽는 흐름, 요약문, 평가 어휘 구성 전략이 필요하다.

5) 회계 검증과 사후 감사 대응 준비
: 사전 확인, 회계 검증 보고서, 사후 감사, 감사 대응

공공보조금 사업은 일정 규모 이상일 경우 회계 검증과 사후 감사 대상이 되며, 정산자료뿐 아니라 단체의 회계 시스템과 책임 체계가 함께 검토된다. 단순한 지출 증빙이 아닌 집행 흐름, 계약 내역, 예산 잔액 처리까지 종합적으로 확인받는 절차다. 회계 검증 보고서는 결과보고서와 별개로 회계사의 의견서를 제출해야 한다. 사후 감사는 제출 이후 일정 기간 내 통보될 수 있다. 감사는 예외가 아닌 공식 절차다. 회계 흐름을 사전에 설계하고, 대응 체계를 준비한 단체만이 행정 신뢰를 얻는다.

첫째, 회계 검증 대상 여부와 제출 시기를 사전에 확인해야 한다. 총사업비는 지원기관마다 기준은 다를 수 있으나 지원 사업은 회계 검증 보고서 제출이 의무이다. 해당 보고서 미제출 시 보조금 환수나 추후 지원 제한 등 행정 제재를 받을 수 있다. 회계 검증은 정산서와 별도로 독립적인 검토 절차로 진행된다. 일정 내 제출해야 인정된다. 기획 초기부터 회계 검증 조건을 예산과 일정에 반영해야 한다.

둘째, 회계 검증 보고서는 지출 흐름을 객관적으로 분석한 문서다. 보고서에

는 전체 지출 요약, 항목별 편성·사용 내역, 계약서 정합성, 증빙자료 적합성 등에 대한 회계사의 평가가 포함된다. 회계 검증 수수료는 예산 내 편성되어야 한다. 경험 있는 외부 전문가를 조기 섭외하는 것이 오류와 반려를 줄인다. 보고서는 객관성과 명확성이 중요하다.

셋째, 사후 감사는 정산 외의 자료 정리 체계까지 검토한다. 감사는 단순 지출 증빙 외에 계약 진행 과정, 내부 검토 문서, 회의록, 이메일 교신, 파일 이력 등 운영 전반을 요구할 수 있다. 이런 자료는 비공식적이지만 판단 기준이 되므로, 체계적으로 정리해 두는 것이 중요하다. 물리적 바인더와 클라우드 저장 모두 병행해야 한다.

넷째, 조직 내 역할 분장과 사전 대응 전략이 감사 대응의 핵심이다. 회계 담당자, 단체 대표, 현장 실행자가 각각 어떤 질의에 응답할지 사전에 정리해야 한다. 대응 기준표를 작성하고 질의응답 시뮬레이션을 통해 감사 진행 흐름을 예측해야 한다. 문서 정리는 시스템이, 응답은 사람이 만든다. 대응 체계는 단체의 행정 수준을 드러낸다.

〈핵심 내용〉

주요 항목	핵심 내용
회계 검증 의무 대상 기준과 시기 파악	지원사업비는 회계 검증 필수, 제출 시점 숙지가 필요하다.
회계 검증 보고서 구성과 외부 회계사 연계 방식	보고서 내용, 포함 항목, 외부 전문가 계약 전략이 필요하다.
사후 감사 대응을 위한 자료 정리 체계 구축	계약서, 회의록, 문서 이력 등 추가 자료 준비가 필요하다.
대응 전략 수립과 조직 내 책임 분장	감사를 위한 문서 책임자, 정리표, 응답 기준 등이 필요하다.

정산과 실적 보고는 사업의 마무리가 아니라 단체의 행정 능력과 조직 신뢰도를 증명하는 과정이다. 모든 증빙은 수치의 정합성과 문서의 논리를 갖춰야 한

다. 정산 서류의 명확한 구성, 보고서의 전략적 작성, 회계 검증과 감사 대응까지 체계화된 행정 흐름을 완성해야 한다. 이는 다음 사업의 기반이 구축된다. 단체의 지속 가능성은 예술성과 함께 행정 신뢰 위에 세워진다는 사실을 인식해야 한다. 기획과 실행만큼 정산과 보고를 전략적으로 설계해야 한다.

공모사업 정산과 실적보고서 제출 – 핵심 리스트 작성 TIP

① 항목별 지출 증빙자료 구성표 만들기
- 예산 항목별로 필요한 계약서, 계산서, 이체 내역, 결과물 등을 매칭한 표 작성
- 항목마다 누락 시 불인정 사유와 필수 첨부 자료를 병기
- 정산 전 단체 내부 이중 체크리스트로 활용
- 예시) 용역비 = 계약서 + 세금계산서 + 결과물 파일

② 전자파일 정리용 폴더 구조 리스트
- 항목별(인건비, 여비, 용역비 등) → 건별(01_홍보디자인, 02_조명임차 등) 폴더 구조 설계
- 각 폴더에는 계약서 / 계산서 / 이체증명 / 증빙물 서브폴더 구성
- e-나라도움 업로드용, 내부보관용 따로 구성
- 파일명 예시) 2025_용역비_조명업체_계약서.pdf

③ e-나라도움 입력용 증빙자료 사전 매칭표
- 지출 항목별로 입력 시 선택해야 할 계정 분류, 필수 첨부 파일, 입력 방식을 정리
- 입력 담당자와 정산 담당자가 동일한 기준으로 작업 가능
- 예시) 운영비_홍보비 = JPG 리플렛 + 계약서 PDF + 송금 내역

④ 실적보고서 작성용 성과 요약표
- 계획 대비 실적 항목별 비교표: 공연 횟수, 관객 수, 협력 기관 수 등
- 수치 성과 + 질적 성과(후기, 언론 노출 등) 같이 병기
- 보고서 본문 구성 이전의 요약형 대시보드 자료로 사용

⑤ 자주 발생하는 정산 실수 예방 체크리스트
- 항목 오류 선택, 계약자 명과 통장 명의 불일치, 서명 누락, 첨부 파일 빠짐 등
- 감사팀에서 지적한 패턴 중심으로 체크박스형 사전 점검표 구성
- 제출 전 2인 이상 교차 검토 필수 항목
- 예시) 계약서 서명 확인됨. 이체 내역 존재, 첨부 파일명 규칙 확인

⑥ 회계 검증 준비용 자료 요청 리스트 사전 확보
- 회계사에게 요구될 가능성이 높은 문서 사전 준비
- 수입·지출 총괄표, 계약서 사본, 사업 주체 계좌 이체 내역, 세금계산서 등
- 검증 일정 1개월 전에는 기본 자료 정리 완료해야 무리 없음

⑦ 실적보고서 제출용 구성 항목별 템플릿 정리표
- 실적보고서 목차별로 어떤 파일을 첨부해야 하는지 리스트화
- 예) ① 사업 개요 → 계획서, ② 추진 결과 → 영상/사진/통계표,
  ③ 예산 집행 → 정산표
- PPT 발표용 요약 자료도 함께 정리 가능

4
세무 신고는 이렇게 해야 한다

예술단체와 예술인은 공모사업의 보조금 정산과는 별개로 과세 대상 소득의 발생 여부, 세금계산서 처리, 원천징수, 지급명세서 제출, 부가세 신고, 종합소득세 및 법인세 납부, 4대 보험 적용 여부 등을 체계적으로 이해해야 한다. 세무 신고는 단순 회계 절차가 아니라 행정 책임과 법적 의무가 연결된 사업 운영의 기본 기반으로 작동한다. 실무적 실수를 줄이고 세무 리스크를 예방하기 위해 정기적인 교육과 자료 정리, 세무 일정 관리, 전문가 연계 체계를 반드시 마련해야 한다.

1) 공모사업과 세무의 연결고리 이해하기
 : 보조금 지출, 소득 유형 구분, 세금계산서와 원천징수 처리, 정산과 세무

공모사업은 예술지원금이지만 엄연한 수입이며, 관련 거래는 세법상 과세 대상으로 간주되어 세무 신고의 대상이 된다. 보조금 사용에 대한 정산은 행정 절차이고, 사업자로서의 수입 처리와 세금 납부는 별도의 회계 영역이다. 세금계산서 발행, 원천징수, 사업소득과 기타소득 구분, 부가세 여부 등은 보조금과 연동된 실무 세무 지식이 요구된다. 세무 미이행은 추징 또는 누락의 원인이 된다.

예술 활동의 지속 가능성을 위협할 수 있다. 세무는 회계의 끝이 아닌 사업 운영의 기본 전제다.

첫째, 보조금 지출은 수입이 아닌 거래 흐름이므로 세무 구조를 구분해야 한다. 공모사업으로 받은 보조금 자체는 과세 대상이 아니지만, 그 자금으로 용역을 맡기거나 사례비를 지급하면 거래 상대방에게는 과세 소득으로 인식된다. 단체는 이를 단순 지출로 볼 수 없다. 해당 거래에 대한 세금계산서 발행 또는 원천징수 여부를 판단해야 한다. 정산의 행정 논리와 세무의 과세 논리는 다르다.

둘째, 지급 대상자의 주 활동 영역 여부에 따라 소득 유형을 구분해야 한다. 주 활동 영역에서의 예술 활동에 대한 증빙은 사업소득, 그 외의 활동에 대해서는 기타소득으로 신고한다. 이에 따라 원천징수 세율과 신고 방식이 달라진다. 단체는 지급 대상자의 사업자 여부를 확인하고, 인건비를 어떻게 신고할지 판단해야 한다. 4대 보험 적용 여부도 검토해야 한다. 세무는 지급자 입장에서 소득 구조를 설계하는 문제다.

셋째, 세금계산서와 원천징수 처리는 거래 성격별로 다르게 적용된다. 디자인 용역, 기술 장비 임차, 공연 촬영 등은 부가가치세 대상 거래로 세금계산서 발행이 필요하다. 출연료나 사례비는 원천징수와 예술인고용보험 필수 가입이 필요하다. 각 거래에 따라 증빙과 세금 처리가 다르며, 누락되면 가산세가 부가된다. 부정 수급 판정으로 이어질 수 있다. 세무 실수는 정산보다 파급력이 크다.

넷째, 정산과 세무는 같은 지출을 서로 다른 구조로 보기 때문에 분리 관리해야 한다. e-나라도움의 정산은 보조금의 흐름과 행정 근거 중심이다. 세무 신고는 소득·지출의 과세 기준에 따라 분리된다. 같은 계약서와 지급 건도 목적과 기준이 달라 별도로 관리되어야 한다. 매출 누락이나 중복 신고를 방지하기 위해 세무 전문가와 사전 협의가 필수다. 세무는 결과가 아니라 구조 설계다.

2) 예술단체가 꼭 알아야 할 세금 종류

예술단체는 보조금과 별도로 발생하는 사업소득과 용역대금에 대해 부가가치세, 소득세, 지방소득세, 원천징수세, 종합소득세, 법인세, 4대 보험료 등 다양한 세목을 이해하고 관리해야 하며, 인건비 지급 시에는 원천징수 후 지급명세서 제출이 필요하고, 사업자등록 여부에 따라 세금계산서 발행 의무가 발생하며, 연말정산과 부가세 신고 등 기한 내 신고·납부가 단체 운영의 법적 책임으로 연결되고, 단체의 규모나 법적 성격에 따라 적용되는 세무 항목도 달라지므로 이를 구체적으로 분류하고 정기적으로 점검해야 한다.

〈세금 종류〉

세금 종류	대상	주의사항
사업소득(3.3%)	출연진, 창작자 등에게 지급 시 (주 활동 영역에서의 수입)	원천징수 후 신고 의무
기타소득(8.8%)	출연진, 창작자 등에게 지급 시 (기타 활동 영역에서의 수입)	원천징수 후 신고 의무
부가세(10%)	용역비, 디자인, 음향 등 외주	면세 여부 확인 + 세금계산서 수취
예술인고용보험료	예술인, 기술인력 참여 시	사업주 부담분 포함 예산 편성 필수

3) 원천징수와 4대 보험 처리 실무

예술단체는 출연료·사례비 등의 인건비를 지급할 때 사업소득, 기타소득을 구분히어 지급액의 일부를 원천징수해 신고·납부해야 한다. 국세는 국세청(홈택스), 지방세는 위택스에서 신고·납부가 가능하며 매월 지출된 내역을 정리하여 다음 달 10일까지 신고·납부가 이루어져야 한다. 또한 매월 말일까지 신고·납부한 소득에 대한 지급명세서를 제출해야 한다. 상시 또는 일정 시간 이상 근무

하는 참여자에게는 고용보험, 국민연금, 건강보험, 산재보험 등 4대 보험 가입 의무가 발생한다. 단기 프로젝트형 인력은 예외 적용이 가능하지만 고용 형태와 근로 시간 기준이 명확해야 한다. 모든 세무·보험 처리는 계약서에 근거를 남기고 회계와 연동된 관리 체계를 통해 사전 대응이 필요하다.

〈세무 처리 실무〉

구분	항목	적용 대상	처리 방식 요약	주의사항 및 제출
원천징수	사업소득 기타소득	사업소득 (주 활동 영역) 기타소득 (기타 활동)	지급액의 일정 비율 (사업소득 3.3%, 기타소득 8.8%-125,000원 이상일 경우)을 원천징수 후 신고·납부	다음달 10일까지 신고·납부 (국세→홈택스, 지방세→위택스)
지급 명세서	지급명세서 제출	원천징수 이행 시	사업소득, 기타소득 신고 내역에 대한 인적 사항, 금액 신고	매월 말일까지 (홈택스)
4대보험	고용보험, 국민연금, 건강보험, 산재보험	고정 계약 또는 일정 이상 기간 근무자	월 60시간 이상 근무 시 사업주 부담금 포함하여 가입 의무 발생	인건비 예산 반영 필요
예술인 고용보험	예술인 고용보험	단기예술인, 일반예술인	예술활동에 참여한 예술인(연주자 등)에 대한 고용보험 가입	단기예술인: 매월 15일까지 노무제공확인서 제출 일반예술인: 근무 시작일 기준 취득신고, 근무 종료일 기준 상실신고 이행 (고용산재보험 토털서비스)

4) 세무 신고 일정과 실무 체크리스트

예술단체는 원천징수세 납부를 매월 10일까지, 부가가치세 신고는 1월과 7월에, 지급명세서 제출은 7월 말과 1월 말까지 완료해야 하며, 종합소득세 신고는 매년 5월, 법인세 신고는 3월로 고정되어 있어 사업 초기부터 회계 일정표를 수립하고 신고 대상별로 제출 항목, 신고 방법, 납부 방식, 증빙자료 보관 항목 등을 정리한 실무 체크리스트를 갖춰야 하며, 누락·지연·중복 제출은 가산세와 행정 불이익으로 이어지므로 세무 캘린더 관리, 홈택스 사전등록, 자료 스캔 보관 등의 기본 체계 구축이 필요하다.

〈세무 신고 일정〉

항목	마감 일정	유의 사항
원천징수 세금신고/납부	매월 10일	사업소득 3.3%, 기타소득 8.8%(125,000원 이상 시) 공제한 금액 지급 후 신고
지급명세서 제출	매월 말일	신고/납부한 사업소득, 기타소득에 대한 인적 사항, 금액 등을 기입
예술인고용보험	단기) 매월 15일 일반) 취득신고/상실신고	단기) 매월 공연과 연습에 참여한 날짜와 보수총액(수입액의 75%)을 정리하여 노무제공확인서 제출 일반) 근무 시작일 기준 취득신고, 근무 종료일 기준 상실신고 이행
부가세 신고	1월/7월	간이과세자, 면세사업자 여부에 따라 달라짐
사업소득세 신고	5월 종합소득세	프리랜서 예술가도 해당됨
회계 검증 결과 반영	회계사 보고서 활용	지원사업 종료 후 3개월 이내 반영 권장

세무 신고는 예술단체와 예술인이 공공 지원사업을 안정적으로 수행해야 한다. 지속 가능성을 확보하기 위한 행정적 책임의 완결이다. 정확한 소득 구분, 신고 일정 준수, 서류 정리, 원천징수 및 부가세 처리, 4대 보험 적용 등 모든 항목을 일관된 기준으로 관리해야 세무 리스크를 방지할 수 있다. 회계와 세무가 연결된 구조를 실무에 내재화하고 정기적인 점검과 외부 전문가 연계를 통해 신고 오류를 줄인다. 사업 운영의 신뢰와 재지원의 기회를 동시에 높여야 한다.

예술인·단체의 세무 신고 시 필수 체크리스트 TIP

① **지급한 인건비의 소득 구분 체크**
- 사업소득 vs 기타소득 구분: 지급 대상자의 사업자등록 여부 확인
- 계약서에 소득 유형 명시
- 기타소득이면 원천징수 8.8% 적용, 사업소득은 세금계산서 수취

② **원천징수세 납부 마감일 사전 체크**
- 매달 10일 이내 납부
- 국세는 홈택스, 지방세는 위택스에서 직접 처리
- 미납 시 가산세 부과, 연체 시 불이익 발생

③ **지급명세서 제출 대상자 분류 및 준비**
- 반기별 지급 대상자 명단 구성
- 상반기(7/31), 하반기(익년 1/31)까지 홈택스 전자 제출
- 명단 누락 또는 소득 구분 오류 시 행정처분 발생 가능

④ **부가가치세 신고 대상 거래 구분**
- 장비 임차, 디자인·홍보물 용역 등은 부가세 포함 여부 확인
- 면세/과세 거래 구분 → 세금계산서 수취 여부까지 확인
- 1월, 7월 부가세 신고 및 납부 기한 확인 필요

⑤ **종합소득세 및 법인세 신고 일정 확인**
- 개인 예술인 : 5월 종합소득세 신고 필수
- 법인 단체 : 3월 법인세 신고, 연간 손익 보고
- 홈택스 전자신고 또는 세무사 연계

⑥ **4대 보험 가입 및 제외 대상 명확화**
- 월 60시간 이상 근무자 4대 보험 적용 대상
- 프로젝트형 단기 인력은 예외 적용 가능
- 고용 형태, 근무 기간, 계약 내용 명시 필요

⑦ **세무 서류 백업 및 내부 보관 체계 구축**
- 모든 신고 자료 PDF로 저장 후 연도별 폴더 정리
- 계약서, 이체증명, 세금계산서, 신고접수증 등 포함
- 회계감사·지원사업 재신청 시 신뢰 확보 수단

⟨에피소드 ⑩⟩

사후 피드백의 힘, 탈락 너머의 성장 이야기

부평풍물대축제의 기획단장으로 활동하던 어느 해, 저자는 '대한민국 창작경연대전' 2차 면접 심사에 참여하게 되었다. 심사위원석에 앉아 있었지만, 사실 마음은 무대에 오르기 전의 그 떨림을 누구보다 잘 알고 있었다. 저자 역시 수많은 공모 심사에 참여해 왔기 때문에 그 마음을 잘 안다. 그래서 스스로 다짐했다.

'이번 심사는 탈락자를 가려내는 자리가 아니라, 참여자들이 성장할 수 있는 발판이 되어야 한다.'

면접장 문이 열리고, 참가자들이 한 명씩 들어왔다. 대부분 긴장으로 굳은 얼굴이었다. 그 모습에 저자는 단순한 평가자가 되기를 포기했다. 대신, 그들의 마음을 여는 질문 하나를 던졌다.

"오늘 이 자리에 서기까지, 어떤 마음이었나요? 여러분의 작품에서 가장 자랑스러운 점은 무엇인가요? 또, 어디서 가장 어려움을 느끼셨나요?"

질문이 끝나자, 공기 속의 긴장이 서서히 풀렸다. 닫혀 있던 마음의 창문이 열리는 듯했다. 참가자들은 조심스럽게 말문을 열었고, 곧 자신들의 이야기, 고민, 열정이 담긴 목소리로 인터뷰장을 채워나갔다. 그들의 이야기엔 기계적으로 만든 결과물이 아닌, 살아 있는 예술이 있었다.

그때부터 저자는 '심사' 대신 '대화'를 선택했다. 피드백도 달라졌다.
예를 들어, 한 참가자가 자신의 공연작품에 대해 설명하자 저자는 이렇게 이야기했다.

"이 작품은 꽤 인상적이에요. 다만, 관객과 함께 소통하는 내용을 조금만 더 담아보면 어떨까요? 그렇게 되면 작품이 훨씬 더 풍성해질 거예요. 그리고 그 안에 '관객과 함께 축제를 즐긴다'라는, 축제의 본질이 자연스럽게 녹아들 수 있을 거라 생각해요."

처음엔 멍하던 그 참가자의 눈빛이, 이내 반짝였다. 피드백 속에서 스스로도 미처 몰랐던 가능성을 발견한 것이다. 그 순간을 잊을 수 없다. 탈락자에게 전하는 한마디가, 오히려 재도전의 불씨가 되는 걸 직접 목격한 순간이었다.

면접이 끝나고, 놀라운 일이 벌어졌다. 참가자들이 결과보다 피드백에 더 집중하고 있었다.

"다음엔 더 나아지려면 어떻게 해야 할까?"라는 질문이 그들 스스로의 입에서 나왔다. 실망도 좌절도 없었다. 오히려 다음 도약을 준비하는, 단단한 눈빛만이 있었다.

그날 이후, 저자는 확신하게 되었다. 심사는 단순히 탈락자를 가려내는 자리가 아니다. 그들이 다시 비상할 수 있도록 방향을 제시하는 자리여야 한다. 사후 피드백은 결과의 마침표가 아니라, 가능성의 쉼표다.

그날의 짧은 대화와 피드백이 누군가에게는 큰 전환점이 될 수 있다는 것을 저자는 몸소 느꼈다. 그리고 다시 한번 믿게 되었다. 예술은 사람을 다시 일으켜 세우는 힘이 있다는 것을.

문화체육관광부 2024-2025 문화관광축제 지정 부평풍물대축제 대동놀이 (부평풍물대축제 사진 제공)

〈공모사업 참고 자료〉

《문화예술 공모사업의 정산 오류 분석》 | 한지성 | 문화정책실무 | 2023
공모사업 정산 과정에서 자주 발생하는 실수를 유형별로 분류하고, 이를 예방하기 위한 실무 매뉴얼을 제안한다.

《지원사업에서 알아야 할 모든 지식》 | 이철재 | 책인감 | 2025
2018년부터 동네책방·카페·1인 출판사를 운영하며 7년간 100여 개 지원사업을 검토하고 85건을 신청해 50건에 선정된 경험을 담았다. 지역 예술인과 협업한 다양한 문화 프로그램과 실무 노하우를 통해 문화예술 지원사업에 관심 있는 이들에게 실질적 도움을 제공한다.

《2022예술경영컨설팅FAQ》 | 문화체육관광부·예술경영지원센터 | 예술경영지원센터 인재양성지원팀 | 2022
문화예술 현장의 자생력과 경쟁력을 키우고 예술단체를 운영하는 데 필요한 전문 지식과 실무에서 발생할 수 있는 다양한 사례를 수집하여 유형별로 제공하는 실무 지침서이다.

부록

문화예술 공공 지원기관 리스트

기관명	지원 사업 구분	지원 사업명
문화체육관광부 www.mcst.go.kr	국가 문화예술 정책 총괄	- 예술 창작 진흥 - 문화 향유 기회 확대 - 문화복지 실현 - 예술인 권익 보호 - 지역 문화분권 강화 - 해외 문화홍보원 운영 - 세계 한국문화원 운영
아트모아 www.artmore.kr	예술 분야 일자리 정보 (예술경영지원센터)	- 일자리 정보 - 인재 정보 - 기업/직업 정보
아트누리 https://artnuri.or.kr	문화예술 지원사업 정보 예술 지원 정보 통합 안내 (한국문화예술위원회)	- 지원사업 찾기 - 예술인 관련 제도 안내
한국문화예술위원회 www.arko.or.kr	주요사업	- 예술창작 지원 - 예술인력 육성 - 문화예술향유 지원 - 지역문화예술 지원 - 예술의 관광자원화 - 문화예술기부 활성화 - 공간 운영
(재)예술경영지원센터 www.gokams.or.kr	예술 현장 성장 기반 조성	- 예술산업 인력 양성 - 예술기업 성장 지원 - 예술기업 확장 및 확산
	공연시장 활성화 지원	- 공연예술 통합전산망 - 공연예술 조사 - 정부시상 지원 - 공연, 전통예술경연대회 평가 - 서울아트마켓 - 서울국제공연예술제 - 공연전통 해외아트마켓 참가 및 해외진출 지원 - 공연예술 시장 활성화 기반구축 (k-뮤지컬) - 문화예술 전국 창제작 유통 지원
	미술시장 활성화 지원	- 대한민국 미술축제 - 한국미술 해외시장 개척지원 - 미술시장 조사 - 작가 미술장터 개설 지원 및 아트페어 육성 지원 - 한국미술 해외출판 지원 - 한국 미술시장 정보시스템 - 미술품 대여사업 지원 - 미술품 감정 및 유통 기반 구축 - 신진 작가 시장성 강화 및 마케팅 - 전속작가제

기관	사업 분류	세부 사업
재)예술경영지원센터 www.gokams.or.kr	미술시장 활성화 지원	– 우수 전속작가제 – 디지털 미술 활성화 기반 조성 – 지역 전시 활성화 지원 – 한국미술 해외쇼케이스
	예술 종합지원 플랫폼 (아트코리아랩)	– 예술×기술 테스트베드 지원 – 예술×기술 사업화 지원
재)전통공연예술 진흥재단 www.kotpa.org	대국민 향유 공연·축제	– 문화공간 활용 전통공연 운영 – 대한민국 전통연희축제 운영 – 한국민속예술제 운영
	융합형 교육·훈련 운영	– 전통공연 예술인 역량 강화 교육 – 신진국악 실험무대 운영 – 창작마루(인재육성센터)운영
	시장창출 활동지원	– 지역·중견 예술 활동 강화 – 홍보·마케팅 운영 및 활동 지원 – 콘텐츠 제작·유통 지원
	생활무대 저변 확대 프로그램	– 전통공연예술 문화학교 운영 – 노인요양시설 프로그램 지원 – 해외진출 지원
국립민속박물관 www.nfm.go.kr	문화예술 행사	– 우리민속한마당 – 문화/세시 풍속 행사
한국콘텐츠진흥원 www.kocca.kr	분야별 지원사업	
	R&D	– 문화콘텐츠 R&D – 개발(R&D) – 저작권 R&D – R&D 지원
	방송	– 방송영상콘텐츠 제작 지원
	애니메이션	– 영상콘텐츠산업 육성
	게임	– 게임기업 육성 – 마케팅
	신기술 융합	– 신기술 융합콘텐츠산업 육성
	캐릭터	– 영상콘텐츠산업 육성
	스토리	– 이야기산업 활성화
	만화·웹툰	– 영상콘텐츠산업 육성
	음악	– 음악산업 및 대중문화산업 육성
	패션	– 패션디자이너 육성 지원
	기업육성	– 콘텐츠산업 생태계 조성
	인재양성	– 콘텐츠산업 생태계 조성 – 방송영상콘텐츠 제작 지원 – 영상콘텐츠산업 육성 – 문화콘텐츠 국제협력 및 수출 기반 조성

기관	사업	세부내용
한국콘텐츠진흥원 www.kocca.kr	투·융자	– 문화콘텐츠 투융자 활성화
	지역	– 지역콘텐츠산업 균형발전 지원 – 게임산업 육성 – 음악산업 및 대중문화산업 육성 – 콘텐츠산업 생태계 조성 – 이야기산업 활성화
	수출	– 문화콘텐츠 국제협력 및 수출 기반 조성
	공정상생	– 음악산업 및 대중문화산업 육성 – 문화산업 정책개발 및 평가
한국국제교류재단 www.kf.or.kr	한국학 강좌운영	– 한국학 강좌 운영 – 한국전문가 육성 – KF 글로벌 e-스쿨
	글로벌 네트워킹	– 해외 유력인사 초청 – 차세대 지도자 교류 – 청년 교류 – 포럼 및 세미나 – 해외 정책연구 지원
	문화교류	– 해외 박물관 한국 전시 지원 – 한국 전문 기금큐레이터직 설치 – 한국미술 전문가 육성 – KOREANA 발간 – 기획출판
	KF 글로벌 센터	– 공공외교 아카데미 – 국민공공외교 프로젝트 – [세계문화] 전시, 공연 – KF 글로버센터 메타버스 – KF 글로벌 챌린저
한국메세나협회 www.mecenat.or.kr	기업과 예술의 만남	– 기업·예술단체 결연 – 예술지원 매칭펀드 – 지역 특성화 매칭펀드 – K-Art 예술인재 지원사업 – 예술단체 DB 등록
	문화공헌사업	– 찾아가는 세미나 – Art for children – Access Arts
해외문화홍보원 www.kocis.go.kr	주요 계기별 행사	수교계기 문화행사 상호 문화교류의 해 코리아시즌
	한류 페스티벌	모꼬지 대한민국 아시아송 페스티벌 문화잇지오 K-커뮤니티 페스티벌

한국문화원연합회 www.kccf.or.kr	문화예술 지원사업	- K-컬처 원천콘텐츠 발굴 및 활용 - 어르신 문화누림 - 지역문화 기반 조성
국립국악원 www.gugak.go.kr	교육/대회	- 유아 · 청소년/가족/교사/외국인 교육 - 경연대회 - e국악아카데미
	문화예술 지원사업 정보	- 소개/참여 (주요 사업 및 비전) - 국악원 소식 (공지사항)
한국문화예술회관 연합회 www.kocaca.or.kr	공연 · 페스티벌 지원사업	- 문예회관 특성화 지원 - KoCACA 아트 페스티벌
	아카데미 · 교육 · 연수	- 문예회관 아카데미 - 문예회관 종사자 해외연수 및 국제교류
	연구 · 조사 · 컨설팅	- 문예회관 종합컨설팅 지원 - 문예회관 운영현황 조사 - 문예회관 공연예술 기획 · 제작 컨설팅 지원 사업
한국문화예술 교육진흥원 www.arte.or.kr	문화예술 교육사업	- 시민 · 사회 문화예술 교육 - 학교 문화예술 교육 - 전문인력 양성 및 연수 - 문화예술 교육 R&D 및 정책 공감 - 어린이 복합문화공간 및 문화예술 교육 전문연수원 조성 - ESG 경영 및 문화예술 교육 거버넌스
서울남산국악당 www.hanokmaeul.or.kr	문화예술 지원사업	- 청년 전통공연 예술가 창작 지원사업 - 공연장 상주단체육성 지원사업
한국예술인복지재단 www.kawf.kr	예술인 지원사업	- 예술인 패스 - 예술활동준비금지원 - 예술인 파견지원 - 예술인 국민연금 보험료 지원 - 예술인 생활안정자금(융자) - 예술인 자녀돌봄 지원 - 법률상담 · 컨설팅 - 예술인 심리상담 - 예술인 주거공간 지원
한국문화정책연구원 www.kcti.re.kr	사회책임경영	- 찾아가는 컨설팅
지역문화재단	인천문화재단 https://ifac.or.kr/	- 문화누리카드 - 예술인지원센터 - 청년문화사업 - 문화예술교육지원센터 - 문화유산센터 - 문화협력네트워크 - 정책연구/아카이빙 - 문화예술기획사업 - 예술기부 아트레인 - 대외교류사업
	서울문화재단 https://www.sfac.or.kr	
	경기문화재단 https://www.ggcf.kr/	
	강원문화재단 http://www.gwcf.or.kr	

지역문화재단	충남문화관광재단 https://www.cacf.or.kr	– 문화누리카드 – 예술인지원센터 – 청년문화사업 – 문화예술교육지원센터 – 문화유산센터 – 문화협력네트워크 – 정책연구/아카이빙 – 문화예술기획사업 – 예술기부 아트레인 – 대외교류사업
	경북문화재단 https://www.gacf.kr	
	충북문화재단 https://www.cbfc.or.kr	
	대전문화재단 https://dcaf.or.kr	
	전남문화재단 https://www.jncf.or.kr	
	전북특별자치도 문화관광재단 https://www.jbct.or.kr/	
	제주문화예술재단 https://www.bscf.or.kr	
	부산문화재단 https://www.bscf.or.kr	
	울산문화관광재단 https://uctf.or.kr/	
	대구문화예술진흥원 https://dgfca.or.kr	
	광주문화재단 https://www.gjcf.or.kr	
	경남문화예술진흥원 https://www.gcaf.or.kr/	
국악방송 www.igbf.kr	국악무대/프로젝트 공모	– 21c 한국음악프로젝트 – 국악방송 공연실황중계 [국악무대] 제작 공모
국악신문사 www.gugakpeople.com	문화예술 관련 기사	– 경연대회 – 전통문화예술/무용/문화유산 – 방송연예 – 미술/전시/박물관 – 문화종교 – 사설/칼럼 – 장애인문화복지
대한민국 문화관광축제 https://kfes.ktovisitkorea.com/main/main.do	전국 문화관광축제 정보	– 문화관광축제 – 전국축제
위아츠 지원사업 사이트 http://www.wearts.co.kr/	문화예술 공모사업	– 창작사업 – 교육사업 – 지역사업 – 취업창업

※ **참고문헌 (저자 가나다순)**

강현지 《주민참여형 축제의 운영 사례》 문화콘텐츠리뷰, 2022
고은비 《문화예술 공모사업 기획서 작성법》 예술기획노트, 2022
권은주 《공연장의 수익 창출 전략》 공연경영리뷰, 2020
김경희 《예술가 중심의 조직 운영과 경영》 경희대학교출판문화원, 2018
김나영 《예술가의 생존을 위한 자율경영 연구》 한국문화예술연구원, 2020
김나현 《글로벌 아트마켓과 예술 마케팅》 문화마케팅저널, 2022
김다정 《전통예술 공연의 글로벌 진출 전략》 아시아문화학회지, 2020
김미진 《창작국악극의 제작 단계별 사례 연구》 한국전통예술학회, 2020
김민기 《예술의 경제적 가치와 경영》 나남, 2020
김세진 《지속가능한 예술과 환경운동》 예술환경연구, 2020
김소연 《예술경영의 사회적 가치 연구》 예술문화경영연구, 2021
김영선 《지역기반 공연장 마케팅 전략》 문화예술경영연구, 2020
김재훈 《축제를 통한 지역경제 활성화 방안》 지역문화정책, 2019
김정수 《예술경영의 이해》 학지사, 2021
김정희 《지역문화공간의 운영 전략》 민속원, 2020
김준수 《예산계획과 자부담 전략》 문화정책실무, 2021
김찬호 《창작과 자본 : 예술의 두 얼굴》 문학과지성사, 2020
김태리 《예술단체의 재원 확보 전략》 문화예술경영리뷰, 2021
김태영 《문화콘텐츠의 수출 전략》 콘텐츠산업연구, 2023
김형석 《국악과 스토리텔링의 만남》 국립국악원, 2019
문경연 《예술과 생존 : 예술인의 현실과 경영》 이화문화출판, 2016
박성희 《디지털 기반 예술 콘텐츠 홍보 사례 연구》 한국문화콘텐츠학회, 2023
박소민 《공공기관과의 축제 협력 사례 분석》 문화예술기획연구, 2021
박수정 《국악 콘텐츠의 대중화 전략》 한국국악학, 2019
박신의 《예술경영과 문화정책》 민속원, 2018
박연정 《문화예술 회계와 정산 실무》 예술재정연구, 2020
박유진 《넌버벌 공연과 글로벌 관객 확대》 예술과커뮤니케이션, 2022
박재은 《어린이 국악공연 콘텐츠 개발》 한국문화예술교육진흥원, 2021
박지훈 《전통공연장 플랫폼 구축 사례 연구》 예술과 정책, 2021
박현경 《국악극의 아동 관객 유치 전략》 국악예술학회, 2020
박현정 《전통예술 공연장의 기획과 제작》 공연예술학연구, 2019
송유진 《문화공간으로서의 예술공간 역할 분석》 문화공간연구, 2019
송은영 《지역축제 브랜딩 전략》 축제문화연구, 2020
신은경 《문화예술 경영론》 커뮤니케이션북스, 2019
오세현 《기업 메세나와 예술단체 협력》 메세나포럼, 2020
오은경 《공공성과 자율성의 예술경영》 한국문화예술교육진흥원, 2022
유경미 《해외 투어 공연과 재정관리 분석》 문화재정연구, 2020
유정화 《국악 콘텐츠의 디지털 마케팅 전략》 커뮤니케이션북스, 2022
윤재석 《예술단체의 해외 진출 전략》 한국문화예술연구원, 2021

윤지연 《미술품 렌탈 비즈니스 모델》 예술시장연구, 2019
이민호 《공연장 운영과 조직관리 사례 연구》 문화정책학연구, 2018
이성주 《공연예술의 해외 유통 시스템》 공연예술연구, 2019
이연수 《친환경 공연예술 사례 분석》 문화예술정책포럼, 2021
이예린 《안전한 축제 운영 전략》 문화안전관리학회지, 2020
이은미 《참여형 공연예술의 관객 경험 확장》 공연과리뷰, 2022
이은정 《전통예술 기반 공연의 브랜드 전략》 한국문화정책연구소, 2021
이은지 《예술가의 자생을 위한 경영 모델 제안》 예술경영리뷰, 2022
이정은 《예술단체의 크라우드펀딩 전략》 문화창업연구, 2022
이지연 《문화예술공연의 관객 분석 기반 마케팅 전략》 공연예술학연구, 2019
이지현 《시민 참여형 공연장 사례 분석》 한국문화정책학회, 2022
이지현 《지역문화콘텐츠와 예술교육의 융합 사례》 지역문화연구, 2019
임경희 《전통예술의 현대적 재해석 전략》 예술경영지원센터, 2018
장미진 《정부지원 프로그램의 활용 사례》 예술경영리뷰, 2020
장지연 《예술가를 위한 생존 전략》 알에이치코리아, 2021
장지은 《국악극의 창작 단계별 협업 사례》 국립국악원논문집, 2020
전유경 《에코아트와 사회적 메시지》 공공예술연구, 2022
전은정 《넌버벌 퍼포먼스와 글로벌 전략》 공연예술경영연구, 2023
정소라 《예술단체의 PR 전략 연구》 한국문화예술경영학회, 2018
정수진 《문화예술단체의 지속가능한 운영전략》 예술경영지원센터, 2021
정수진 《전통예술 공연의 브랜딩 전략 분석》 공연문화연구, 2020
정유진 《사회적기업 전환과 인증 사례》 사회적경제연구, 2020
정윤수 《예술경영의 사회적 역할과 비전》 민속원, 2022
정은혜 《문화예술교육과 지역공연장 연계 사례》 예술교육연구, 2021
정혜련 《환경예술교육 프로그램 기획》 환경과예술, 2021
조원재 《예술의 길, 경영의 눈》 학이시습, 2019
조현경 《창작공연의 브랜드화와 지속 가능성》 한국문화정책학회, 2021
조희정 《공모사업 결과보고서 작성 전략》 아카이빙실천연구, 2021
최병구 《문화예술의 시장화 전략》 연세문화사, 2017
최유림 《폐자원을 활용한 공공미술 프로젝트》 예술사회학연구, 2020
최윤정 《e나라도움 활용 매뉴얼》 공공지원관리포럼, 2023
최재원 《지역 문화공연장의 지속가능한 경영 모델》 예술경영지원센터, 2023
최혜정 《예술단체의 재원조성과 운영 전략》 예술과경영, 2021
한국예술경영학회 《예술경영학 총론》 예술문화연구소, 2023
한지영 《예술기업의 민관 협력 네트워크》 예술문화정책학회, 2021
홍지연 《국악공연의 해외 페스티벌 진출 사례》 국악과세계, 2021

⟨에필로그⟩
예술가처럼 경영하며
살아온 길 위에서

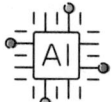

 돌이켜보면 긴 여정이었습니다. 장구채를 처음 잡던 날부터 오늘에 이르기까지, 예술은 언제나 쉽지 않은 길이었습니다. 때로는 생존을 위해, 때로는 지켜야 할 가치를 위해, 그리고 더 큰 꿈을 위해 걸었습니다. 그 길 위에서 분명히 깨달은 것은 예술이 혼자 설 수 없다는 사실입니다. 그리고 예술을 지탱하는 힘은 다름 아닌 '경영'이라는 진실이었습니다.

 예술가로서 기획자와 경영자의 역할을 함께하며 걸어온 시간은 무모함과 도전의 연속이었습니다. 남들보다 뛰어나서가 아니라, 더 오래 버티고, 더 많이 부딪쳤기에 여기까지 올 수 있었습니다. 그 과정마다 함께해 준 사람들과 믿어준 사람들 덕분에 단체가 세워지고, 극장이 만들어지고, 무대가 이어졌습니다. 이 책은 그 고마움에 답하고자 하는 마음에서 썼습니다.

 당초 이 책에 담고자 했던 내용 가운데는 잔치마당예술단이 창단 이래 30개국 50여 도시에서 태극기를 휘날리며 아리랑을 울린 해외공연의 기획과 진출을 위한 준비 사례와 전략이 있습니다. 또한 2024~2025 문화관광축제로 선정된 부평풍물대축제를 발굴하고 기획·연출하며 문화도시 부평의 문화적·경제적 가치를 창출한 이야기는 다음 이야기로 남겨두려 합니다.

AI 시대는 예술의 창작과 유통을 바꾸며 예술가에게 도전과 기회를 동시에 안겨주었습니다. 감성만으로는 부족한 시대, 전략과 구조를 갖춘 경영적 감각이 필요합니다. AI와 공존하며 변화를 받아들이는 것이 지금 예술가의 새로운 길입니다.

이 책을 읽는 여러분께 바랍니다. 예술가라면 경영의 감각을, 경영자라면 예술의 감성을, 그리고 그 둘이 아닌 이라면 새로운 시선과 영감을 얻어 가시기를. 예술가처럼 경영한다는 것은 단순한 기술이 아니라 삶의 태도이자 선택입니다.

이 책이 나오기까지 많은 분들의 도움이 있었습니다. 책쓰기 컨설팅을 이끌어 주신 이상민 작가님, 추천글을 보내주신 권기영 학장님, 김승국 원장님, 김혁수 대표님, 황의철 이사장님, 김영준 부장님, 배윤수 대표님께 깊이 감사드립니다. 문장을 다듬어 준 아내 김옥란 여사님, 제작에 도움을 준 김호석 부단장님과 신희숙 팀장님, 그리고 도서출판 행복에너지 권선복 대표님과 제작팀에도 고마운 마음을 전합니다.

마지막으로, 이 길을 함께 걸어온 모든 이들에게 감사의 마음을 전합니다. 묵묵히 응원해 준 가족과 동료들, 잔치마당을 지켜온 단원과 회원님들, 그리고 제게 믿음을 주신 수많은 관객과 예술인들에게 이 책을 바칩니다.

이제 저는 다시 길 위에 섭니다. AI 시대, 예술과 경영, 감성과 전략이 만나는 자리에서, 여전히 배우고 도전하는 한 사람으로. 앞으로도 예술가처럼 경영하며 살아가겠습니다.

지지 **서광일**

〈출간후기〉

예술과 경영,
AI의 접목으로 미래 경쟁력을 만드는 방법

권선복(도서출판 행복에너지 대표이사)

예술과 경영, 언뜻 들어서는 전혀 서로 관계가 없는 개념이라고 생각되기 쉽습니다. 경영은 효율과 시스템을 가장 중요시하는 데 반해 예술은 효율성을 거부하고 개인의 창의성에 의존하는 영역이라는 인식이 일반적이기 때문입니다. 하지만 시스템화되지 않은 예술은 그 지속 가능성에 한계가 명확하며, 예술을 이해하고 담아내지 못하는 경영은 그 경쟁력이 필연적으로 떨어질 수밖에 없는 것이 사실입니다.

35년간 장구채를 잡고 예술과 창작의 길을 걸었으며, '전통연희단 잔치마당'을 창단, 운영하며 콘텐츠를 기획하고 오랜 경험을 해온 잔치마당 대표 서광일 저자는 특히 AI가 많은 분야에서 인간을 대체하게 되는 시대를 맞아 경영은 예술을 이해하고, 예술은 경영을 받아들이며 AI라는 도구를 적극 활용하는 것으로 미래 경쟁력을 키워나갈 수 있다는 사실에 주목합니다.

저자는 35년여간 현장에서 겪은 다양한 경험을 통해 창작의 자유를 지키기 위해서는 경영의 구조가 반드시 뒷받침되어야 하며, 예술은 기술, 시장, 사회와 유기적으로 연결된 생존 전략의 일부라고 말합니다. 서광일 저자는 자신이 겪은 수많은 시행착오를 되돌아보며 실전 예술경영 지침서가 있다면 더 많은 예술가가 시행착오를 줄이고 예술경영의 길을 단단하게 걸어갈 수 있을 것이라는 마음가짐으로 이 책을 저술했음을 밝히고 있습니다.

특히 이 책에는 예술을 단순한 자기표현이 아닌 '사회적 책임과 생존 전략이 결합된 활동'으로 인식하는 서광일 작가의 철학이 고스란히 담겨 있습니다. 그는 예술가가 시장과 제도, 그리고 시대 변화에 대응하기 위해 어떻게 경영의 언어를 배워야 하는지를 강조하며, 창작과 경영의 유기적 결합을 '예술가의 새로운 생존 전략'으로 제시하고 있습니다. AI 시대에도 예술가가 주체가 되기 위해서는 감성과 기술, 창작과 경영의 통합적 사고가 필요하다는 그의 제안은 앞으로 예술가와 기획자, 문화정책 입안자에게도 의미 있는 통찰이 될 것입니다.

이 책은 예술가가 경영을 배워야 하는 이유에서부터 행정을 창작의 도구로 사용하는 문화예술 공모사업의 기획과 정산까지의 가이드까지, 단순히 개인의 창작에서 벗어나 체계적이고 지속 가능성 있는 예술의 토양을 운영해 나가기 위한 다양한 기법과 전략을 23개의 현장 사례, 28개의 실전 TIP, 10개의 에피소드, 38개의 지원기관 리스트, 75권의 참고서적 등을 통해 제공하고 있는 실전 예술경영 가이드북입니다.

서광일 저자의 35년간의 현장 경험과 지혜가 녹아 있는 이 책 『AI 시대, 예술가처럼 경영하라』가 예술경영 현장에서 활동하는 많은 분들에게 길잡이가 되어주기를 희망합니다!

좋은 **원고**나 **출판 기획**이 있으신 분은 언제든지 **행복에너지**의 문을 두드려 주시기 바랍니다.
ksbdata@hanmail.net www.happybook.or.kr 문의 ☎ 010-3267-6277

'행복에너지'의 해피 대한민국 프로젝트!

<모교 책 보내기 운동> <군부대 책 보내기 운동>

한 권의 책은 한 사람의 인생을 바꾸는 힘을 가지고 있습니다. 한 사람의 인생이 바뀌면 한 나라의 국운이 바뀝니다. 그럼에도 불구하고 많은 학교의 도서관이 가난하며 나라를 지키는 군인들은 사회와 단절되어 자기계발을 하기 어렵습니다. 저희 행복에너지에서는 베스트셀러와 각종 기관에서 우수도서로 선정된 도서를 중심으로 <모교 책 보내기 운동>과 <군부대 책 보내기 운동>을 펼치고 있습니다. 책을 제공해 주시면 수요기관에서 감사장과 함께 기부금 영수증을 받을 수 있어 좋은 일에 따르는 적절한 세액 공제의 혜택도 뒤따르게 됩니다. 대한민국의 미래, 젊은이들에게 좋은 책을 보내주십시오. 독자 여러분의 자랑스러운 모교와 군부대에 보내진 한 권의 책은 더 크게 성장할 대한민국의 발판이 될 것입니다.

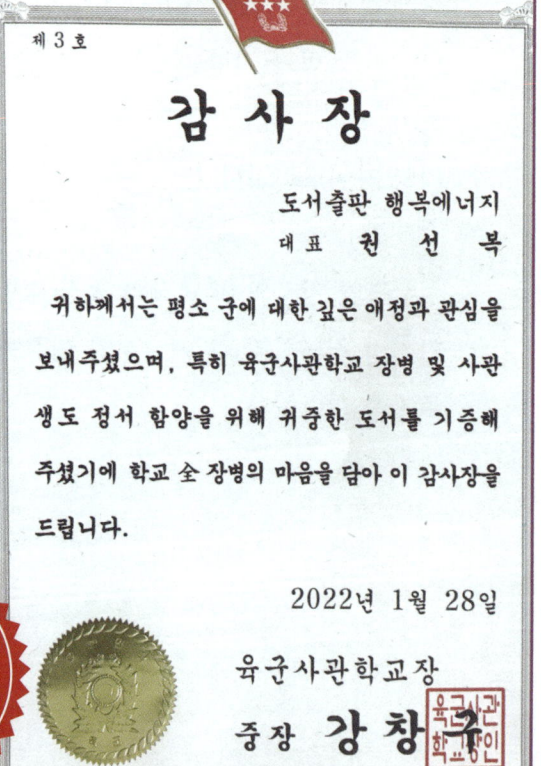